HAMBURGER BEITRÄGE ZUR ÖFFENTLICHEN WISSENSCHAFT
Im Auftrag der Universität Hamburg
herausgegeben von
Rainer Ansorge, Ludwig Huber, Helmut Vogt

BAND 3

Rolf Oberliesen,
Anneliese Stiebeling (Hg.)

NEUE MEDIEN
NEUE TECHNOLOGIEN

Bildung und Erziehung in der Krise?

DIETRICH REIMER VERLAG BERLIN · HAMBURG
1988

CIP-Titelaufnahme der Deutschen Bibliothek

Neue Medien, neue Technologien : Bildung und Erziehung in der Krise? /
Rolf Oberliesen ; Anneliese Stiebeling (Hg.). –
Berlin ; Hamburg : Reimer, 1988
(Hamburger Beiträge zur öffentlichen Wissenschaft ; Bd. 3)
ISBN 3-496-00900-4

NE: Oberliesen, Rolf [Hrsg.]; GT

Dr. Friedrich Kaufmann
Unter den Eichen 57
1000 Berlin 45

Umschlaggestaltung: Thomas Rode/Werner Ost, Frankfurt/M.
unter Verwendung einer Karikatur von Here

Satz: Laser-Drucker Rechenzentrum der Universität Hamburg

Printed in Germany

ISBN 3-496-00900-4

INHALTSVERZEICHNIS

ROLF OBERLIESEN
ANNELIESE STIEBELING

EINLEITUNG

Die in diesem Band gesammelten Aufsätze sind überarbeitete Vorträge einer Ringvorlesung, die unter dem Titel "Neue Medien, neue Technologien - Eine Krise für Bildung und Erziehung?" im Wintersemester 1985/86 an der Universität Hamburg veranstaltet worden ist. Die Vorlesungsreihe wurde dabei bewußt nicht als fachbereichsinterne Veranstaltung des Fachbereichs Erziehungswissenschaft geplant, sondern von vornherein für den Rahmen des "Allgemeinen Vorlesungswesens" der Universität Hamburg konzipiert. Damit sollte sowohl ein fächerübergreifendes, wie auch ein über den universitären Zuhörerkreis hinausgehendes Publikum angesprochen werden: Haben doch in weiten gesellschaftlichen Lebensbereichen, darunter auch in vielen. Familien und Schulen, längst Weichenstellungen zugunsten einer breiten Nutzung neuer Medien und Technologien stattgefunden, ohne daß Bildungsforscher und Bildungspolitiker auch nur im mindesten angemessen programmatisch auf diese Entwicklung eingestellt sind.

Angesichts sich schnell verselbständigender Entwicklungen finden sich Erziehungs- und Sozialwissenschaftler in höchster Dringlichkeit mit einem komplexen Aufgabenfeld konfrontiert: Fast parallel zum eigenen Sich-Vertraut-Machen mit den Möglichkeiten und Potentialen der neuen Informations- und Kommunikationstechnologien in Bildungszusammenhängen stehen sie vor dem Problem, schnellstmöglich die damit verbundenen impliziten und expliziten Sozialisationswirkungen einzuschätzen, um mit ihnen aktuell umgehen zu können, und sehen sich überdies genötigt, den Bildungsauftrag der Schule in bezug auf die neuen Technologien so zu bestimmen, daß die Schule ihrer Ausbildungspflicht für gesellschaftlich relevante Qualifikationsbereiche nachkommen kann.

Das Bildungssystem ist unter Druck geraten; gerät es in eine Krise? Neue Informations- und Kommunikationstechnologien revolutionieren Produktion und Reproduktion. Nach Auffassung des Bremer Informatikers Klaus HAEFNER, der schon 1982 von einer "neuen" Krise der Bildung sprach, stehen tiefgreifende gesellschaftliche Veränderungen ins Haus: Seine Vision ist die "Homuter" - Gesellschaft: Menschliches Denken und Handeln werde zukünftig in vielen Bereichen durch technische Informationsverarbeitung verändert oder gar abgelöst. Eine zunehmende Verschiebung der Informationsverarbeitung aus den Gehirnen in technische Systeme stehe unmittelbar bevor. Während der größte Teil der Bevölkerung von kognitiv-intellektuellen Handlungsvollzügen befreit werden könne und der Muße, Kreativität und Sinnlichkeit wieder mehr Platz im Leben eingeräumt werde, übernehme eine kleine Gruppe von Vertretern rationaler Intelligenz, die "Unberechenbaren", die gesellschaftlichen Führungsaufgaben.

Unter solchen Bedingungen scheint Bildung als Qualifikation nicht mehr notwendig, allenfalls als sozialhygienische Maßnahme, die eine entsprechende Wertorientierung sichert: Bildungs-Beschäftigung als Sozialmaßnahme. Damit stellt sich aber nicht nur die Frage nach der potentiellen Entbehrlichkeit von breit angelegter Bildung für alle: Wollte man derartiges befürworten, wäre zugleich damit verbunden, daß eine Korrektur dieser Aufgabenverteilung später kaum mehr möglich ist.

Es gibt keinen Zweifel, daß dieser Problemzusammenhang von maßgeblicher Bedeutung für die künftigen Formen des Zusammenlebens in unserer Gesellschaft sein wird. Mit der Verfügung über zunehmend komplexer werdende Technologien und ihren umfassenden Möglichkeiten der Steuerung und Kontrolle gesellschaftlicher Prozesse eröffnen sich herausragende Gefahren politischer Herrschaftsausübung. Jedoch führen die neuen Medien und Technologien nicht von sich aus zu einer Ausgrenzung vieler und zur Herrschaft weniger Privilegierter: Es ergeben sich möglicherweise völlig neue Chancen, Wissen und Information für **alle** zu erschließen und gesellschaftliche Handlungsabläufe für **alle** transparent und planbar zu machen und Arbeitsprozesse ganzheitlicher zu gestalten. Hierfür muß aber eine umfassende Handlungskompetenz vorausgesetzt werden, die in Mitbestimmungs- und Solidaritätsfähigkeit gründet, wie Wolfgang KLAFKI formuliert. Das Erlernen einer Programmiersprache und der Erwerb von Bedienungswissen, von beruflichen Qualifikationen im engeren Sinne, werden allein wohl kaum die Voraussetzung für ein bewußtes eingreifendes gesellschaftliches Handeln abgeben. Dieses ist jedoch notwendiger denn je, wenn wir unsere politische, soziale und kulturelle Zukunft demokratisch gestalten wollen.

Die Ringvorlesung versucht diese in der Öffentlichkeit und in bildungspolitischen Kreisen stark kontrovers diskutierte Thematik in verschiedenen Dimensionen und unter verschiedenen Aspekten zu beleuchten: Inwieweit werden neue Informations- und Kommunikationstechnologien zukünftig Gegenstand und Mittel der Erziehung sein müssen? Muß das Bildungswesen im Zeitalter des Computers verändert werden? Müssen die Inhalte einer allgemeinen Bildung grundlegend neu vermessen werden? Wo bekommen bisherige pädagogische Forderungen, z.B. nach Ausweitung des sozialen Lernens, eine neue Bedeutung? Wo ist gegenüber bestimmten Entwicklungen Widerstand anzumelden?

Hochschullehrerinnen und Hochschullehrer des Fachbereichs Erziehungswissenschaft, und des Fachbereichs Philosophie und Sozialwissenschaften der Universität Hamburg erschließen das Spektrum der einzelnen Fragenkreise und Horizonte aus ihrer jeweiligen spezifischen Sicht. Hierin liegt die Besonderheit der Repräsentation: Während in den meisten Veröffentlichungen jüngster Zeit eher ein genereller gesellschaftlicher Bezug zur gestellten Thematik gewählt ist, erscheint das Thema in dieser Reihe von Vorträgen vor allem auch im Hinblick auf spezifische Wirkungsfelder (BRUHN, MARTIN, WITT, WITTERN), auf Gruppen von Betroffenen (FAULSTICH-WIELAND/ HORSTKEMPER, METTLER-MEIBOM) sowie bezogen auf relevante Grundfragen pädagogischen Handelns (ANDRE-DEITERT, CLAUSSEN, LUCA-KRÜGER, SCHAACK, TILLMANN) und curriculare Innovation (OBERLIESEN) aufgearbeitet.

So facettenreich wie die gewählten Vortragsperspektiven sind die Antworten und Stellungnahmen zum Problemfeld: Neben Ausblicken auf fatale Sozialisationswirkungen stehen vehemente Forderungen nach einer dringend notwendigen curricularen Revision in Bildung und Ausbildung sowie Plädoyers, die deutliche Warnungen aussprechen. Im Spektrum der Analysen und Antworten wird deutlich, daß der Herausforderung durch neue Informations- und Kommunikationstechnologien differenziert begegnet werden muß. Eine informations- und kommunikationstechnologische Grundbildung für alle (OBERLIESEN) erscheint als unerläßliches Desiderat. Technische Kompetenz muß hierin mit sozialer Kompetenz eine Einheit bilden. Dies setzt jedoch spezifische Aus- und Weiterbildung voraus, an der es gerade an Schulen und Hochschulen noch in erheblichem Maße mangelt.

Die Ringvorlesung versteht sich als Initiative für den Beginn einer grundlegenden Standortbestimmung. Angesichts der bereits begonnenen Computerisierung der Schulen und des mit Nachdruck vorgetragenen Anspruchs an das Bildungssystem, eine Qualifizierung entsprechend den Neustrukturierungen in der Produktion zu vermitteln, erscheint diese dringender denn zuvor. Die in den einzelnen Vorträgen aufgeworfenen Fragen sind als Einstieg in eine noch zu führende breit gespannte Auseinandersetzung zu verstehen, der sich die Wissenschaft, insbesondere auch die Erziehungswissenschaft, und eine sensibilisierte Öffentlichkeit gemeinsam stellen müssen.

Die Herausgeber

KLAUS-JÜRGEN TILLMANN

NEUE TECHNOLOGIEN UND DER BILDUNGSAUFTRAG DER SCHULE

Der Buchdruck wurde von Johannes Gutenberg um 1450 erfunden, es hat dann mehr als 400 Jahre gedauert, bis alle Kinder in der Schule das Schreiben und Lesen lernen durften bzw. mußten. Konrad Zuse hat den ersten Computer vor 44 Jahren erdacht, und in mehreren Bundesländern steht die Einführung eines Computer- und Informatik-Unterrichts für alle Schüler kurz vor der Realisierung. Sollte dies in absehbarer Zeit Wirklichkeit werden, hätten wir es mit einem absoluten Kurzzeit-Weltrekord bei der Einführung eines neuen Unterrichtsfachs zu tun.

Angesichts dieser Situation scheint es sinnvoll, die überschwappende Debatte über Computer und Schule mit einem Stück Distanz und Skepsis zu betrachten und dabei - weil es um Pädagogik geht - **die Frage nach dem Interesse und den Bedürfnissen der Heranwachsenden** in den Mittelpunkt zu stellen. Genau dies soll im folgenden versucht werden; es geht um die Perspektive eines Erziehungswissenschaftlers, nicht um die eines Informatikers oder Ökonomen - wenngleich durchaus auch über den fachwissenschaftlichen Zaun geblickt werden soll.

Thema sind also **die vernetzten Informations- und Kommunikationstechnologien als Gegenstand des schulischen Bildungsprozesses**.

Es soll in drei Schritten abgehandelt werden: Zunächst wird versucht, in exemplarischer Weise die sozialen Auswirkungen zu skizzieren, die mit dem Vordringen der neuen Technologien verbunden sind. Daran anschließend stellt sich die Frage nach dem Verhältnis dieser gesellschaftlich-technischen Veränderungen zum Konzept der "Allgemeinbildung": Welche Kompetenzen brauchen Menschen, um in dieser veränderten Welt human zu leben und zu überleben? Und schließlich wird gefragt, welche Auswirkungen dies auf das allgemeinbildende Schulwesen hat: In welcher Weise sind die neuen Technologien zum Gegenstand des Unterrichts zu machen, was ist dabei von den Konzepten zur "informationstechnischen Grundbildung" für alle zu halten?

DIE SOZIALEN AUSWIRKUNGEN DER NEUEN TECHNOLOGIEN. DAS BEISPIEL BÜRO-RATIONALISIERUNG

Was bedeuten die neuen Technologien für die davon betroffenen Menschen? Welche Fähigkeiten, Kompetenzen, welche Haltungen sind erforderlich, um nicht überrollt zu werden, sondern um human bestehen zu können? Diese grundsätzliche Ausgangsfrage kann hier nur exemplarisch behandelt werden, ich wähle dazu eine Untersuchung aus dem beruflichen Bereich:

Das "Soziologische Forschungsinstitut" der Universität Göttingen (SOFI) hat eine umfangreiche Studie vorgelegt, die sich mit den Auswirkungen des EDV-Einsatzes bei kaufmännischen Angestellten in Industrie, Banken, Versicherungen und Handel beschäftigt (vgl. BAETHGE/OBERBECK 1983, 1986). Durch Einführung der aktenlosen Sachbearbeitung, durch Automatisierung der Korrespondenz, durch maschinelle Erledigung von Kontrollarbeiten sind bisher menschliche Arbeitstätigkeiten an Datenverarbeitungs-Systeme übergeben worden. Je nach Betrieb ergaben sich daraus innerhalb von fünf Jahren Personaleinsparungen zwischen 10 % und 50 % (Baethge/Oberbeck 1983, S. 7).

Betrachtet man nun die Tätigkeit der verbleibenden Sachbearbeiter und fragt nach den Qualifikationsänderungen, die sich aus dem Einsatz der neuen Technologien ergeben, so läßt sich keine einlineare Antwort geben: Es ist keineswegs so, daß neue EDV-Systeme zwangsläufig zu einer Verschärfung der Arbeitsteilung, zu einer weiteren Aufsplitterung der Arbeit und damit zu Arbeitsplätzen mit niedrigerem Qualifikationsniveau führen müssen. Aber es besteht auch keine umgekehrte Zwangsläufigkeit. Das EDV-System führt auch nicht automatisch dazu, daß nur noch hochqualifizierte Allround-Sachbearbeiter gebraucht werden können. Die soziale Organisation der Arbeit wird somit nicht von einem technischen Sachzwang determiniert. Vielmehr kann ein neues EDV-System - etwa in einer Versicherung - mit sehr unterschiedlichen Konsequenzen für die Arbeitsorganisation eingeführt werden. Die Entscheidung darüber liegt bei der Unternehmensleitung. Damit ist zugleich ausgesagt, daß die Veränderung von Arbeitsplätzen beim Einsatz neuer Technologien **sozial gestaltbar ist**.

Dabei ist das Interesse der Beschäftigten leicht auszumachen:
Ihnen geht es um den Abbau von Arbeitsteilung und damit um den Erhalt möglichst vielseitiger, qualifizierter Arbeitsplätze. Erwünscht ist für die Beschäftigten einer Versicherung somit ein EDV-System, das in verstärktem Maße zu integrierter Vorgangssachbearbeitung führt und damit möglichst viele unterschiedliche Arbeitsaufgaben an einem Platz bündelt. Eine Voraussetzung dafür, daß ein so angelegtes EDV-System im Betrieb funktionieren kann, ist allerdings, daß es hinreichend viele qualifizierte Sachbearbeiter gibt, die einen integrierten Arbeitsplatz bewältigen können. Dabei werden von den Sachbearbeitern nicht Programmierkenntnisse verlangt; vielmehr geht es um die Fähigkeit, sich in umfassender Weise neue inhaltliche und organisatorische Kompetenzen anzueignen; dazu gehört auch die Bereitschaft, entsprechend dazu- und umzulernen.

Nun zeigen Erfahrungen aus der betrieblichen Weiterbildung immer wieder, daß die Bereitschaft und auch die Fähigkeit, sich bei technologischem Wandel für anspruchsvollere Arbeitsplätze "umschulen" zu lassen, ganz erheblich von der jeweiligen schulischen Vorbildung abhängig ist. Je länger, je umfassender, je intensiver ein Arbeitnehmer in schulische Bildungsgänge eingebunden war, desto eher gelingt es ihm, sich auf neue Qualifikationsanforderungen einzulassen (vgl. FAULSTICH 1981, S. 34 ff.). Aus diesem Zusammenhang läßt sich zunächst einmal folgern, daß Arbeitnehmer künftig mehr denn je eine breite intellektuelle Qualifikation (allgemeine Denkfähigkeit, generelle Lernbereitschaft, selbständiges Erarbeiten neuer Kenntnisse) benötigen; denn nur auf einer solchen Basis können sie ihren Anspruch auf humane, inhaltsreiche Arbeitsplätze verteidigen und damit einer weiteren Dequalifizierung entgegentreten.

BAETHGE/OBERBECK haben weiter festgestellt, daß bei der Einführung neuer EDV-Systeme die Arbeitnehmer und ihre Betriebsräte ihre realen Einflußmöglichkeiten nur höchst selten ausgelotet haben. Die Möglichkeit, auf die EDV-Organisation gestaltend Einfluß zu nehmen, wird von den Beschäftigten in der Regel grob unterschätzt - zugleich gibt es einen weit verbreiteten Glauben an den technischen Sachzwang. Bei der Einführung solcher Systeme findet sich meist eine Fixierung auf die technische Seite des Prozesses, verbunden mit einem "hohen Maß an Ratlosigkeit auf der Arbeitnehmerseite, ... wenn es darum geht, sich mit den Bedingungen und Wirkungsweisen moderner Bürotechnik auseinanderzusetzen." (1983, S. 28) Daß zur gleichen Zeit der EDV-Einsatz im Büro von den Unternehmern "sozial gestaltet" wird, zeigt sich nicht zuletzt an den geschlechtsspezifischen Auswirkungen: Weil die Konkurrenz um die verbleibenden qualifizierten Arbeitsplätze zunimmt und weil die (männlichen) Personalchefs den Frauen eine "höhere Unsicherheit in ihrem Berufsverhalten" (1983, S. 25) unterstellen, werden die Aufstiegschancen von Frauen noch weiter reduziert.

Es scheint, daß an diesem Beispiel deutlich wird, welche generellen Reflexions- und Handlungsfähigkeiten die Betroffenen benötigen, um nicht Opfer fremdgesetzter Bedingungen zu werden: Nur der **kritische Gebrauch der Vernunft** kann helfen, den Mythos vom technischen Sachzwang zu entschleiern; **Selbstbewußtsein** und **Zivilcourage** sind erforderlich, um sich bei betrieblicher Rationalisierung für die Interessen der Arbeitnehmerinnen und Arbeitnehmer einzusetzen. Ansätze eines **historischen Bewußtseins** sind notwendig, um die vorhandenen Interessengegensätze und die Bedeutung von Arbeitnehmerorganisationen angemessen einschätzen zu können (vgl. BUSSMANN/HEYMANN 1985, S. 52).

Unbestreitbar ist allerdings auch, daß Arbeitnehmer in solchen Situationen Fachkenntnisse benötigen, daß sie die Auseinandersetzungen ohne technisches know-how nicht bestehen können. Allerdings ist dieses Wissen für verschiedene Branchen sehr unterschiedlich, so daß hier auf die berufliche Aus- und Weiterbildung oder auch auf gewerkschaftliche Beratungen zu verweisen ist. Kritischer Gebrauch der Vernunft, Selbstvertrauen und historisches Bewußtsein sind hingegen seit jeher Bestandteile eines Konzepts von Allgemeinbildung, das in seinen Ursprüngen - so bei W. v. HUMBOLDT und SCHLEIERMACHER - auch eine kritisch - gesellschaftliche Komponente enthält.

NEUE TECHNOLOGIEN UND ALLGEMEINBILDUNG

Nun kann allerdings eine solche Forderung nach einer umfassenden Allgemeinbildung im Jahre 1986 inhaltlich nicht das gleiche bedeuten wie 1820; denn "es gibt keine Definition, mit der festgelegt werden könnte, was Bildung ein für alle mal inhaltlich bedeutet" (MENZE 1983, S. 350). Vielmehr werden durch die jeweilige gesellschaftliche, technische und ökonomische Situation einer Gesellschaft die Lebensbedingungen vorgegeben, die im Bildungsprozeß angeeignet und kritisch reflektiert werden sollen. Wenn demnach gilt, daß die Sachverhalte, die in der Welt von Bedeutung sind, von den Menschen verstanden werden müssen, dann gehören heute auch Kenntnisse über neue Technologien zur Allgemeinbildung. Damit stellt sich dann aber das zentrale Problem: **Welche** Art von Wissen über Computer und EDV-Systeme ist als "allgemeinbildend" anzusprechen, welche Kenntnisse sollen daher im allgemeinbildenden Schulsystem vermittelt werden?

Eine so formulierte Frage läßt sich nur bearbeiten, wenn das dabei unterstellte Verständnis von "Allgemeinbildung" offengelegt wird. Wie der Bildungsbegriff vor dem Hintergrund der gegenwärtigen gesellschaftlichen Situation neu interpretiert werden kann, wird in unserer kürzlich erschienenen Untersuchung von KLEMM/ROLFF/TILLMANN (1985, S. 161 ff.) aufgezeigt. Angesichts der Herausforderungen, denen sich die jungen Menschen in der Gegenwart und der absehbaren Zukunft werden stellen müssen, werden dort fünf Merkmale eines erneuerten Bildungsverständnisses vorgeschlagen. Für das hier zu behandelnde Problem - die allgemeinbildenden Aspekte der neuen Technologien - scheinen drei Kriterien besonders bedeutsam:

- Bildung muß den Zusammenhang der Lebenspraxis verständlich machen.

- Ein gründliches Verstehen dieser Welt setzt Kenntnisse des Entstehens voraus.

- Durch Wissenschaft gewonnenes Wissen muß für den einzelnen durchschaubar werden.

Diese drei - notwendigerweise recht abstrakten - Anforderungen an einen zeitgemäßen Bildungsbegriff stellen den Ausgangspunkt dar, um zu fragen: Welche Bedeutung hat hier der Computer, welchen Beitrag leistet Wissen über EDV-Systeme für eine so verstandene Allgemeinbildung?

BILDUNG MUSS DEN ZUSAMMENHANG DER LEBENSPRAXIS VERSTÄNDLICH MACHEN

Bildung soll dem einzelnen ermöglichen, in einer zerstückelten, fragmentierten Welt eine Vorstellung von den Zusammenhängen zu entwickeln. Gebildet ist demnach jemand, der angesichts der Flut von Einzelinformationen die verbindenden Bezüge zu erkennen vermag, der diese reflektieren und daraus seine Schlüsse ziehen kann, um sie dann zur Grundlage seines Handelns zu machen. Bildung erwerben bedeutet damit nicht zuletzt, sich ein Bild dieser Welt, eine Art kognitive Landkarte anzueignen. Die Differenziertheit und Vollständigkeit dieser Landkarte - aber auch die Bereitschaft, sie zu ergänzen oder auch zu revidieren - sagt etwas über den Grad der Gebildetheit des einzelnen aus. Das allgemeinbildende Schulwesen steht unter dem Anspruch, Orientierungswissen über die Lebensbedingungen in dieser Gesellschaft zu vermitteln. Aufgrund der großen Bedeutung, die die neuen Technologien inzwischen gewonnen haben, muß die Schule auch hierüber orientieren: Computer und EDV-Systeme müssen in der kognitiven Landkarte des einzelnen ihren Platz haben. Daraus kann gemeinsam mit BUSSMANN/HEYMANN (1985, S. 45) der Schluß gezogen werden, daß im allgemeinbildenden Unterricht eine kritische Thematisierung dieses Ausschnitts von Welt unverzichtbar geworden ist.

Das bedeutet, daß u.a. folgende Fragen in der Schule behandelt werden sollen: Welche Bedeutung hat der Computer für die berufliche Arbeit? Wie ragen die vernetzten Systeme in Freizeit und Familie hinein? Welche Probleme politischer Kontrolle sind damit verbunden? Wie notwendig, wie wirksam ist Datenschutz? Welche Rolle spielen die neuen Technologien im Militärwesen?

Werden EDV - Systeme in dieser Weise zum Unterrichtsgegenstand gemacht, so kann es nicht vorrangig darum gehen, "hardware" und "software" technisch zu verstehen. Vielmehr zielt allgemeinbildender Unterricht darauf ab, in einer fundierten Einschätzung über Möglichkeiten und Grenzen dieser Techniken, über ihre gesellschaftlichen Chancen und Gefahren zu gelangen. Jedes Unterrichtskonzept für die allgemeinbildende Schule muß sich vor diesem Anspruch ausweisen können: Es geht nicht um technisches Spezialwissen, sondern um ein zeitgemäßes Weltbild als Voraussetzung kritischer Handlungsfähigkeit.

EIN GRÜNDLICHES VERSTEHEN DIESER WELT SETZT DIE KENNTNISSE DES ENTSTEHENS VORAUS

Historische Analysen zeigen auf, warum etwas entstanden ist, wie es sich gewandelt hat, wie Menschen in verschiedenen Epochen Änderungen bewirkt haben. Einsicht in historische Prozesse ist damit immer auch Einsicht in die Gestaltbarkeit der Welt. Nur vor dem Hintergrund eines derartigen historischen Wissens lassen sich aktuelle Ereignisse fundiert beurteilen. So sind - um nur ein Beispiel zu nennen - Debatten über Umwelterziehung verkürzt, wenn sie nicht aufbauen auf eine Geschichte der industriellen Entwicklung.

Natürlich haben auch die neuen Technologien eine Geschichte. Mir scheint es notwendig, diese Geschichte wenigstens in den Grundzügen zu erkennen, um den gesellschaftlichen Stellenwert und auch die soziale Beeinflußbarkeit der technischen Entwicklung angemessen einschätzen zu können. Eine solche historische Betrachtung ist gerade hier erforderlich, weil Computer wie andere technische Geräte nur allzuleicht als geschichtslos begriffen und entsprechend verdinglicht oder gar mystifiziert werden. Dies läßt sich nur aufbrechen, wenn die gegenwärtige technische Realität von den Heranwachsenden als (vorläufiger) Endpunkt der abendländischen Ideen- und Technikgeschichte begriffen werden kann. Allgemeinbildender Unterricht über neue Technologien sollte deshalb z.B. klarmachen, daß wesentliche Vorarbeiten der modernen Datentechnik bereits im 17. Jahrhundert vor allem durch LEIBNIZ gelegt wurden. "Er entwarf eine völlig stimmige Konstruktion einer mechanischen Rechenmaschine mit Speicherwerken. Doch noch viel wichtiger als der mechanische Zwischenspeicher war für die moderne Datenverarbeitung das von Leibniz entwickelte duale Zahlensystem ... Obwohl erst rund 300 Jahre später Rechenmaschinen gebaut wurden, die mit dualen Zahlen rechnen konnten, erkannte schon Leibniz, daß dieses Zahlensystem für Rechenmaschinen gut geeignet ist." (LINDNER/WOHAK/ZELTWANGER 1984, S.51)

Für die Entwicklung seit Beginn des 19. Jahrhunderts läßt sich aufzeigen, in welche politischen und ökonomischen Prozesse die Entwicklung von Rechenapparaten und Computern eingebunden war: Der Aufschwung von Produktion, Handel und Versicherungen im 19. Jahrhundert war daran ebenso beteiligt wie später das Interesse, durch Volkszählungen die wehrpflichtigen Männer möglichst vollständig zu erfassen. Verrechnung von Daten für militärstrategische Abwehrsysteme, aber auch für volkswirtschaftliche Modellrechnungen erwiesen sich im 20. Jahrhundert als Antriebskraft der datentechnischen Entwicklung (vgl. OBERLIESEN 1982).

Eine solche historische Betrachtung vermag die Einsicht zu vermitteln, daß die moderne Welt von heute nicht bei IBM erfunden wurde, sondern in einem langen historischen Prozeß entstanden ist. Sie läßt zugleich erkennen, daß es keine autonome Technikentwicklung gibt, sondern daß die Erfindung und Verbreitung von neuen Techniken stets in interessenbestimmte gesellschaftliche Prozesse eingebunden sind.
Wenn in allgemeinbildenden Schulen neue Technologien zum Unterrichtsgegenstand gemacht werden, so darf diese historische Dimension nicht vernachlässigt oder gar ausgeklammert werden. Vielmehr ist allgemeinbildender Unterricht gerade auch an diesem Anspruch zu messen: Was trägt er bei zu verstehen, wie die "Computerwelt" von heute entstanden ist? Welche Einsichten über gesellschaftliche Interessen und Bewegkräfte, über den Fortschritt und seine Kosten sind dabei zu gewinnen?

DURCH WISSENSCHAFT GEWONNENES WISSEN MUSS FÜR JEDEN EINZELNEN DURCHSCHAUBAR WERDEN

Computer sind Geräte, in denen wissenschaftliches Wissen in einer für den Benutzer völlig undurchschaubaren Weise akkumuliert wird. Als Reaktion darauf wird häufig das Gerät mystifiziert. So wird oft unterstellt, es könne denken, man könne mit ihm kommunizieren. Was sich hinter "harten" wie "soften" Informationsverarbeitungssystemen wirklich verbirgt, wird um so weniger einsehbar, je komplexer die Systeme angelegt sind. Kinder und Jugendliche haben viel Vertrauen und zunehmende Übung darin, "black-box"-Systeme anzuwenden. Dies mag bei Radio und Kassettenrecorder unbedenklich sein, die Bedeutung und Macht der Informationsverarbeitungssysteme macht es jedoch erforderlich, diese **im Prinzip** zu durchschauen. Denn der "Laie zieht aus dem formal korrekten Funktionieren von Computern, Computerprogrammen und Computersystemen häufig den Schluß, eine unbestechliche und objektiv urteilende Instanz vor sich zu haben. Von da ist es für den Laien nur ein kleiner Schritt, in dem Computer auch einen möglichen Träger von Verantwortung zu sehen." (BUSSMANN/HEYMANN 1985, S. 49)

Anders formuliert: Mit dem Auftauchen der Computer wird in einem besonderen Sinne ein Schein erzeugt; nur durch den Gebrauch der kritischen Vernunft ist es möglich, diesen Schein zu durchbrechen (vgl. ebenda, S.47). Dazu ist es erforderlich, u.a. die folgenden Einsichten zu gewinnen:

- Computer können mit Riesengeschwindigkeit nur solche Probleme lösen, die **algorithmierbar** sind. Weil viele Probleme nicht algorithmierbar sind, gibt es klare Grenzen des Computereinsatzes.
- Computer können nicht denken, nicht interpretieren, nicht verstehen.
- Computer arbeiten in Modellen; die Arbeitsbasis besteht vor allem aus Symbolen, Algorithmen und Elektrizität.
- Computer selber agieren nicht, handeln nicht, beabsichtigen nichts. Sie werden von Menschen eingesetzt, die etwas wollen, die mal lautere, mal unlautere Absichten haben.

Um solche Einsichten zu erwerben, ist es nicht erforderlich, Ingenieurwissen anzuhäufen. Es ist sogar diskussionsbedürftig, ob es hierzu erforderlich oder hilfreich ist, Computer in die Schulen zu holen. Allerdings sind solche Einsichten Voraussetzung, um nicht als unabänderlichen Sachzwang zu interpretieren, was von Menschen mit bestimmten Interessen auf dem gegenwärtigen technologischen Niveau realisiert wird: Die heutigen Verwaltungsabläufe gehören ebenso dazu wie betriebliche Organisationsformen und militärische Strukturen. Allgemeinbildender Unterricht über EDV und Computer muß darauf ausgerichtet sein, zu ent-mystifizieren, den technologischen Schein durchschaubar zu machen und vorgebliche Sachzwänge zu hinterfragen. Unterrichtskonzepte sind zu befragen, ob sie in diesem Sinne einen Beitrag zur Bildung des Schülers leisten wollen.

FOLGERUNGEN FÜR DIE ALLGEMEINBILDENDEN SCHULEN

Aus den vorangegangenen Überlegungen läßt sich zunächst recht klar folgern, was kurzschlüssige oder sogar pädagogisch schädliche Konsequenzen wären:

- Falsch wäre es, einen verpflichtenden Informatikunterricht für alle einzuführen, der sich vorwiegend oder gar isoliert mit den technisch-mathematischen Aspekten der EDV beschäftigt.
- Ebensowenig läßt sich ein Pflichtunterricht begründen, der sich auf den Rechner, seine Bedienung und Programmierung konzentriert.
- Folglich wäre es auch falsch, die Beschäftigung mit Computern, EDV und Informationstechnologien in die Haupt- oder gar Alleinzuständigkeit der Lehrer für Mathematik und Naturwissenschaften zu geben.
- Und schließlich: die Beherrschung oder gar Perfektionierung einer Programmiersprache kann nicht Gegenstand des Pflichtkanons im allgemeinbildenden Unterricht sein. Dies gilt auch angesichts der Tatsache, daß Schüler dies häufig sehr faszinierend finden.

Eine solche Einordnung ermöglicht es nun, die verschiedenen Konzepte beurteilen zu können, die in den einzelnen Bundesländern für den **Pflichtunterricht über neue Technologien in der Sekundarstufe I** entwickelt wurden (vgl. dazu auch PFEIFFER/ROLFF 1986).

So wurde in Rheinland-Pfalz vom Kultusminister eine Handreichung zur "Informationstechnischen Grundbildung" herausgegeben (1985), die ausdrücklich als "Bestandteil einer soliden, breiter definierten Grundbildung" (S. 5) beschrieben wird. Bei der Durchsicht dieses Konzepts verfestigt sich der Eindruck, daß die soeben aufgeführten Fehlschlüsse nicht hinreichend vermieden wurden. Von sieben Themenblöcken haben sechs eine eindeutige Schwerpunktsetzung auf Computertechnologie, auf Handhabung von Mikrocomputern, auf Programmsprache und Anwenderprogramme. Dafür werden etwa 80 % der zur Verfügung stehenden Unterrichtszeit verwendet, die gesellschaftlichen Auswirkungen werden in einem abschließenden Themenblock gleichsam angehängt. Jeder Schulpraktiker weiß, daß die Wahrscheinlichkeit, daß dieses Thema wegen Zeitmangels dann ganz ausfällt, sehr groß ist. (vgl. KULTUSMINISTER RHEINLAND-PFALZ 1985).

Andere Bundesländer bemühen sich hingegen sehr bewußt, solche Fehler und Verkürzungen zu vermeiden. Hier ist vor allem das nordrhein-westfälische Rahmenkonzept "Neue Informations- und Kommunikationstechnologien in der Schule" (1985) zu nennen. Dort werden die Grundstrukturen eines fächerübergreifenden und projektmäßig organisierten Unterrichts gezeichnet. Dabei steht - anders als in Rheinland-Pfalz - die Handhabung und Programmierung eines Personal-Computers ausdrücklich **nicht** im Mittelpunkt. Vielmehr wird starkes Gewicht auf die Behandlung der gesellschaftlichen Bedeutung vernetzter EDV-Systeme gelegt. Dieses nordrhein-westfälische Rahmenkonzept kann wohl als das differenzierteste und sorgfältigste Papier bezeichnet werden, das zu diesem Problem bisher von einem bundesdeutschen Kultusministerium erstellt wurde. Doch auch bei diesem Konzept sind - wie bei allen anderen auch - bildungstheoretisch begründete Anfragen erforderlich:

Zu allererst ist zu fragen, warum curriculare Ergänzungen in bestehenden Fächern wie Mathematik, Geschichte, Sozialkunde und Naturwissenschaften nicht ausreichen, um das notwendige Orientierungswissen über die neuen Technologien zu vermitteln. Warum ist es statt dessen erforderlich, die "informationstechnische Grundbildung" in unterrichtsfach-ähnlicher Weise neu zu konstituieren?

Zum zweiten kann man nicht darüber hinwegsehen, daß die Schule nicht beliebig mit immer neuen Lerngegenständen vollgestopft werden kann: Welche Inhalte sollen weichen, wenn die "informationstechnische Grundbildung" mit etwa 50 Unterrichtsstunden (so in NRW) eingeführt wird? Welche Inhalte werden für weniger bildungsrelevant gehalten?

Und schließlich: Für welche der weiter vorn skizzierten Bildungsprozesse ist es hilfreich oder gar unverzichtbar, in der Schule selbst an Computern zu arbeiten? Kann es nicht sogar sein, daß das Hantieren an Rechnern eher von den allgemeinbildenden Einsichten ablenkt, die zuvor als wünschenswert dargestellt wurden?

Es mag durchaus sein, daß sich diese Fragen einleuchtend beantworten lassen. Dazu wäre es allerdings erforderlich, einmal systematisch darzulegen, in welchem Verhältnis die neue "informationstechnische Grundbildung" denn zu dem viel grundlegenderen Auftrag der Schule steht, den Erwerb von **Allgemeinbildung** zu ermöglichen und zu unterstützen. Keines der gegenwärtig vorliegenden Konzepte - auch nicht das nordrhein-westfälische - geht auf diese Frage systematisch ein, ihre bildungstheoretischen Begründungen weisen damit ganz erhebliche Defizite auf.

LITERATUR

BAETHGE, M./OBERBECK, H.: Berufspolitische Folgerungen aus Entwicklungen im Angestelltenbereich. Soziologisches Forschungsinstitut Göttingen (Manuskript) 1983.

BAETHGE, M./OBERBECK, H.: Zukunft der Angestellten. Neue Technologien und berufliche Perspektiven in Büro und Verwaltung. Frankfurt/Main 1986.

BUSSMANN, H./HEYMANN, H.W.: Computer und Allgemeinbildung, Occasional Paper 73 des Instituts für Didaktik der Mathematik. Bielefeld 1985.

EURICH, C.: Computerkinder. Wie die Computerwelt das Kindsein zerstört. Reinbek 1985.

FAULSTICH, P.: Arbeitsorientierte Erwachsenenbildung. Frankfurt/Main 1981.

KLEMM, K./ROLFF, H.G./TILLMANN, K.J.: Bildung für das Jahr 2000. Bilanz der Reform, Zukunft der Schule. Reinbek 1985.

KULTUSMINISTER NORDRHEIN-WESTFALEN (Hrsg.): Neue Informations- und Kommunikationstechnologien in der Schule (Rahmenkonzept). Düsseldorf/Köln 1985.

KULTUSMINISTER RHEINLND-PFALZ (Hrsg.): Handreichung Informationstechnische Grundbildung. Entwurf zur Erprobung im Schuljahr 1985/86. Mainz 1985.

LINDNER, R./WOHAK, B./ZELTWANGER, H.: Planen, Entscheiden, Herrschen. Vom Rechner zur elektronischen Datenverarbeitung. Reinbek 1984.

MENZE, C.: Bildung. In: LENZEN, D./MOLLENHAUER, K.: Theorien und Grundbegriffe der Erziehung und Bildung (Enzyklopädie Erziehungswissenschaft, Bd. 1). Stuttgart 1983, S. 350-356.

OBERLIESEN, R.: Information, Daten und Signale. Geschichte technischer Informationsverarbeitung. Reinbek 1982.

PFEIFFER, H./ROLFF, H.G.: Technologische Grundbildung - oder wie Schulen auf die "Informationsgesellschaft" vorbereiten. In: ROLFF, H.G./KLEMM, K./TILLMANN, K.J. (Hrsg.): Jahrbuch der Schulentwicklung, Band 4. Weinheim 1986, S. 183-209.

WESTERMANNS PÄDAGOGISCHE BEITRÄGE, 38. Jg., Heft 10/1986: "Neue Medien II - Computer im Unterricht".

BERNHARD CLAUSSEN

NEUE TECHNOLOGIEN, POLITISCHE SOZIALISATION UND DIE ZUKUNFT DER SCHULE

Reflexionen über einen unaufgeklärten Zusammenhang

"Der Triumph der Apparatewelt besteht darin, daß er den Unterschied zwischen technischen und gesellschaftlichen Gebilden hinfällig und die Unterscheidung zwischen den beiden gegenstandslos gemacht hat" (Anders 1981, S. 110).

VORBEMERKUNG

Neue Technologien, politische Sozialisation und die Zukunft der Schule sind jede für sich seit längerem Gegenstand lebhafter öffentlicher Auseinandersetzungen und (sozial-) wissenschaftlicher Dispute. Gleichwohl wurde keine von ihnen bislang so umfassend diskutiert, daß man über sie unstrittige und endgültige Erkenntnisse formulieren oder zu einem völlig eindeutigen Urteil kommen könnte. Nicht zuletzt deshalb ist an dieser Stelle die Darbietung eines stimmigen Resümees unmöglich. Im Gegensatz zur großen Anzahl von teilweise recht verwirrenden Einzeldaten und Überlegungen zu neuen Technologien, zur politischen Sozialisation und zur Zukunft der Schule, seien sie empirischer oder spekulativer Art, sind Erörterungen ihres Zusammenhangs mehr als nur selten. Auch in dieser Hinsicht kann daher eine referatartige Zusammenschau gesicherten Wissens oder unumstößlichen Denkens nicht geboten werden. Es wird deshalb lediglich der bescheidene **Versuch einiger unvollständiger Reflexionen** zum Thema gewagt, das sich als ein im großen und ganzen theoretisch wie praktisch noch weitgehend unaufgeklärter Zusammenhang erweist. Als eine Art propädeutischer Beitrag zur allerdings notwendigen und überfälligen **Aufklärungsarbeit** können und sollen die nachfolgenden Ausführungen den Leser vom eigenen Nachdenken keineswegs entlasten; sie haben vielmehr gegenteilige Funktion.

Die Inbeziehungsetzung von neuen Technologien, politischer Sozialisation und Zukunft der Schule bedingt die Gliederung des Vorgehens. So sind denn zunächst die neuen Technologien auszuloten, um dann nach ihrem Hineinwirken in das Feld des politischen Lernens und die künftige Gestalt der Schule zu fragen. In der Sache selbst, um die es geht, liegt es, daß dabei nicht einseitige Abhängigkeiten zur Sprache kommen, sondern ein **Geflecht von Wechselwirkungen** wenigstens anzudeuten ist. Als Modus des Nachdenkens wird hier die **skeptisch-kritische Problematisierung** gewählt. Sie verwahrt sich ausdrücklich gegen eine Verzettelung in positivistischer Detailbetrachtung und nimmt den **gesamtgesellschaftlichen Zusammenhang** in den Blick, in welchem das Thema steht. Das ist freilich nicht als Ausflucht vor dem Konkreten und der Mühsal filigranartiger Reflexionsarbeit zu mißdeuten. Es ist nämlich so, daß das Aufklärungsinteresse gerade zugunsten des Konkreten, d.h. der lebenden Subjekte und ihrer Vielfältigkeit, die Aufdeckung des Abstrakten einfordert. Zusammen mit - freilich wenigen - anderen Sozialwissenschaftlern teilt sich der Verfasser in die (stellvertretend und treffend bei ADORNO 1979b, S. 586, ausgedrückte) Überzeugung: "Die Totale reproduziert sich selber immer wieder aus den Einzelheiten des gesellschaftlichen Lebens, letztlich den Individuen. Wenn wir auf die Totalität der Gesellschaft einen solchen Wert legen, dann geschieht das nicht deshalb, ... weil wir uns an den großen Begriffen, an der Macht und der Herrlichkeit der Totale berauschten, sondern im Gegenteil, weil wir in ihr das Verhängnis sehen (...). Es käme darauf an, die Vormacht der Totale zu brechen, anstatt so zu tun, als ob Pluralität bereits existent wäre. Es ist darauf hinzuarbeiten, daß so etwas wie eine Pluralität, eine Assoziation freier einzelner Menschen doch einmal möglich wird."

Mit einer solchen Zugriffsweise ist es vermacht, daß in die mancherorten euphorische Technikgläubigkeit, naive Behauptung ausreichender politischer Lernprozesse und vergnügliche schulpädgogische Zukunftsschau hier nicht eingestimmt wird. Selbstverständlich soll nicht geleugnet werden, daß neue Technologien, politische Sozialisation und die Zukunft der Schule **Momente der Befreiung** des Menschen zu enthalten vermögen. Denn immerhin verknüpfen sich mit technologischem Fortschritt Aussichten auf Entlastung von unwürdiger Reproduktionstätigkeit und Freisetzung des Menschen für produktive Betätigung, mit sozialisierter Politisierung Möglichkeiten der Entlassung aus Unmündigkeit und der demokratischen Aktivität sowie mit der Schule in späteren Zeiten Chancen für die Aufarbeitung von Persönlichkeitsdeformationen und die Entwicklung vitaler Staatsbürger. Jedoch sind Aussichten, Möglichkeiten und Chancen nach dem bisherigen Geschichtsverlauf lediglich als Aspekte einer konkreten Utopie **Potentiale** - und als solche oft genug verschüttet, verdrängt oder alibihaft für die Durchsetzung ihres Gegenteils instrumentalisiert. Sie wollen von Menschen in Prozessen gesellschaftlichen Handelns erst noch freigelegt und ausgeschöpft sein. Ihrer Entfaltung stehen andersgerichtete Tendenzen gegenüber, welche immer wieder das Wissen um die Potenzen lähmen oder darauf gerichtete Bedürfnisse umfunktionieren.

Skeptisch-kritische **Herausarbeitung von Tendenzen**, die sich zu versprochenen oder realen Potenzen im Widerspruch befinden, ist deshalb nicht gleichzusetzen mit genereller Technikfeindschaft, Diffamierung politischen Lernens oder Denunziation von (über-)morgiger Schule. Sie ist, trotz aller damit verbundenen Nackenschläge anti-opportunistischen und zeitgeist-unkonformen Bemühens, ein unabdingbarer **Schritt auf dem Wege zur Potentialenentfaltung**. Läßt man sich als Sozialwissenschaftler folglich auch nicht darauf ein, das Potential in blumigen Worten exakt zu beschreiben und präzise positiv vorherzubestimmen - weil seine Entdeckung und Nutzung im einzelnen den Betroffenen selbst aufgegeben bleiben muß, wenn nicht abermals durch falsch verstandene Verwissenschaftlichung der Entfremdung Vorschub geleistet werden soll -, dann **widersetzt man sich genau jenem etablierten Trend der Wissenschaften**, welcher an der dilemmahaften Ausbreitung gefahrenvoller Tendenzen der Gegenwart maßgeblich beteiligt ist (dazu: ADORNO 1975). Denn in der Regel besteht "die Aufgabe der heutigen Wissenschaft ... nicht mehr darin, das ... verborgene Wesen oder die verborgene Gesetzmäßigkeit der Welt oder der Dinge aufzuspüren, sondern darin, deren geheime Verwertbarkeit zu entdecken. Die (gewöhnlich selbst verborgene) metaphysische Voraussetzung der heutigen Forschung ist also, daß es nichts gibt, was nicht ausbeutbar wäre" (ANDERS 1981, S. 32; Kursivdruck wurde nicht übernommen). Der Hintergrund dafür ist eine allmählich und nachdrücklich weltweite Allgegenwart einer instrumentalistisch-funktionalistischen Rationalität, die mittlerweile jedem Gedanken an humane Vernunft Hohn spottet und von ihr längst schon abgekoppelt ist. Sie bedeutet letztlich eine immer rapider um sich greifende **Unterwerfung des Besonderen unter ein Allgemeines**; die **Vorherrschaft der Tauschabstraktion** mit ihrer Verdinglichung des Menschen und Sinnentleerung seines Tuns oder der ihm wichtigen Dinge, in der sich dieser Vorgang auszudrücken pflegt, findet im Kapitalismus nur eine spezifische Variante, ist auf ihn aber durchaus nicht beschränkt, wie der real existierende Sozialismus und die übliche Praxis der Überwindung sogenannter Unterentwickeltheit lehrt (vgl. ANDERS 1981, 1983; HIRSCH 1973; HORKHEIMER / ADORNO 1984; ULLRICH 1979a; DAMUS 1986). Damit ist im Grunde der Kern des Themas getroffen.

NEUE TECHNOLOGIEN UND IHR HISTORISCH-GESELLSCHAFTLICHES UMFELD: ZUR POLITISCHEN BEDEUTUNG ZIVILISATORISCHEN FORTSCHRITTS

Von Anbeginn der Menschheitsgeschichte war die **Entwicklung von Technologien** als ein Ergebnis gesellschaftlichen Willens und Tuns nie eine nur sich selbst genügende Angelegenheit, sondern stets mit Herrschaftsaspekten verwoben - und von daher **ambivalent**: Ihre Ursprünge liegen im Erfordernis der Naturbeherrschung durch den Menschen aus emanzipatorischem Interesse, nämlich um der Sicherung des Überlebens und der Verbesserung der Lebensbedingungen willen. Die **Komponente der Befreiung** (von Unterworfenheit und für Entfaltung) fand jedoch zu allen Zeiten ihr **Gegenstück der Unterdrückung** (von freier Entfaltung) in den Mechanismen und Folgen der Naturbeherrschung. Denn spätestens seit der Ausprägung von mit unterschiedlichen Graden des Sozialprestige einhergehender Arbeitsteilung ist das emanzipatorische Potential der Naturbeherrschung nicht allen Menschen in gleicher Weise dienlich und hat einen zugleich affirmativen Zug (siehe FETSCHER 1985): Technik als Produktivkraft sichert von jeher seinen Eignern einen Vorteil vor allen anderen Zeitgenossen und wird nicht eben selten als Instrument der Absicherung oder Ausdehnung der daraus oder aus anderen Quellen gespeisten Machtpositionen, Privilegien und Einflußmöglichkeiten eingesetzt; aus der anfänglichen und mittlerweile perfektionierten Beherrschung bloß äußerer Natur sind inzwischen materielle und immaterielle Zwänge ungeheuren Ausmaßes erwachsen, die mit durchaus alles andere als lediglich freiheitlichen Funktionen von der Beherrschung innerer Natur über die Folgelasten der Beherrschung äußerer Natur bis hin zur Zerstörung von Natur schlechthin reichen. Seit geraumer Zeit schon ist die eigentliche Natur des Menschen überwiegend seine Unnatürlichkeit, und unterworfen ist er gegenwärtig weniger der Naturherrschaft als der sozialen Herrschaft in zahlreichen Variationen. Und unter dem Primat eines im Geschichtsverlauf allmählich verselbständigten **Übergewichts technisch-pragmatischer Interessen**, die mehr auf effizienzsteigernde Zurichtung und Einrichtung des Lebens als auf die

Transzendenz beengender Verhältnisse hinauslaufen, erweist sich immer mehr zivilisatorischer Fortschritt wenn nicht als Gegenteil von Kultur, so doch als deren hauptsächliches Moment, dem alle anderen Momente nachgeordnet oder unterworfen sind und kaum noch zu folgen vermögen.

Daß **in der Vergangenheit Befreiungsbewegungen** - verkörpert durch Teile selbstbewußter Arbeiterschaft, progressive Intellektuelle und liberale Humanisten etwa - stets mit **technologischem Fortschritt** geliebäugelt haben und unter Ausschöpfung seiner emanzipativen Kapazitäten in ihm einen Motor auch gesellschaftlichen Fortschritts gewähnt haben, kann nicht verwundern. Denn immerhin bedeutete tatsächlich über lange Zeiträume hinweg die Ausdehnung von Instrumenten und Apparaten unter anderem auch einen **Bruch mit überkommenen sozialen Ordnungen, entmenschlichender Mühsal im Arbeitsprozeß sowie Befangenheiten in naturhaft-mythologischen Weltbildern** und/oder war die Erlangung von Teilhabe an ihr bzw. ihren Hervorbringungen eine **Grundvoraussetzung für die Beseitigung massenhaften materiellen Elends und totaler Knechtschaft**. Eben deswegen standen konservative Kreise - vornehmlich an der Stabilität von Hierarchien, Besitzstandswahrung und Vorteilssicherung interessiert - technologischen Neuerungen mit ausgeprägter allgemeiner Modernisierungsscheu abwartend bis ablehnend gegenüber; dies allerdings so gut wie nie, ohne im zumeist rechten Augenblick entweder aus Profitsucht schließlich sich dann doch funktionalistisch auf Modernisierungen einzulassen oder aus ihrer Unabwendbarkeit geschickt den allerbesten Eigennutz zu ziehen. Nicht von ungefähr sind es **in der Gegenwart** nun überwiegend die sozial fortschrittlichen Kräfte, welche den neuen und neuesten Technologien skeptisch, problematisierend, kritisch und warnend gegenüberstehen, während **Vertreter des Konservatismus** es sich zu eigen gemacht haben, den **technologischen Fortschritt** zu propagieren und mit Vehemenz durchzusetzen zu beginnen. Maßgeblich für die einen ist der kaum zu leugnende Umstand, daß jeder Fortschrittsglaube brüchig oder gar gefährlich geworden ist, der auf unbegrenzte Ausbeutbarkeit der Natur, ungezügeltes Wachstum und instrumentell-apparative Steuerbarkeit aller Lebensprobleme setzt; die Verknappung von Ressourcen, die Folgelasten wildwüchsiger Ausdehnungen und zahlreiche Kollapse des Menschseins sprechen neben vielem anderen immerhin eine beredte Sprache. Demgegenüber ist für die anderen die zivilisatorische Weiterentwicklung, da sie allmählich ihrer emanzipativen Momente beraubt scheint, geradezu das **Vehikel für die Eroberung neuer Sektoren des Profitmachens, für die Aufrechterhaltung oder Vergößerung von Herrschaft und für das Unterlaufen bzw. die Demontage machtbedrohender Folgen erkämpften minimalen sozialen Fortschritts**, wie er sich in Vorformen der Bürgermitbestimmung, Freisetzung von Energien für selbstbestimmte Produktivität sowie Sicherheit für Leib und Leben beispielsweise ausdrückt; wenn dabei Leerformeln und Versatzstücke dessen als Begründung herhalten müssen, was sozialer Fortschritt genannt wird, so ist das regelhaft blanke Ideologie, weil damit einstmals taugliche Parolen zweckbestimmt umgemünzt werden.

Zum besseren Verständnis der angedeuteten Tendenz sollte man sich zweierlei vergegenwärtigen:

- Das eine betrifft die Folgen der Verselbständigung des Interesses an Technik und von technischem Interesse im Geschichtsverlauf als nur eine, allerdings inzwischen nicht mehr schlagartig, kurzfristig und beliebig umgestaltbare Konzeption der Menschheitsentwicklung im Rahmen vorwiegend sozialen Handelns: "Als ein technologisches Universum ist die fortgeschrittene Industriegesellschaft ein **politisches** Universum - die späteste Stufe der Verwirklichung eines spezifischen geschichtlichen Entwurfs - nämlich die Erfahrung, Umgestaltung und Organisation der Natur als des bloßen Stoffs von Herrschaft. (...) Indem der Entwurf sich entfaltet, modelt er das gesamte Universum von Sprache und Handeln, von geistiger und materieller Kultur. Im Medium der Technik verschmelzen Kultur, Politik und Wirtschaft zu einem allgegenwärtigen System, das alle Alternativen in sich aufnimmt oder abstößt. Produktivität und Wachstumspotential dieses Systems stabilisieren die Gesellschaft und halten den technischen Fortschritt im Rahmen von Herrschaft. **Technologische Rationalität ist zu politischer Rationlität geworden**" (MARCUSE 1980, S. 18f.; Kursivdruck wurde nur teilweise - als Fettsatz - übernommen, und einige Hervorhebungen stammen von B.C. - ergänzend siehe ULLRICH 1979b; auch im folgenden wird bei Zitaten Kursivdruck in Fettsatz transformiert, weil die Produktionstechnik für dieses Buch Kursivierungen nicht zuläßt).

- Das andere bezieht sich auf die Folgen der Ausbildung und Durchorganisation des modernen Staates in industriellen Massengesellschaften: "In dem Maße, in dem das Wirtschaften sich von den Fesseln ständischer Gemeinschaften emanzipiert, abstrakter Reichtum produziert wird und sich seine gesellschaftliche Form dadurch universalisiert, abstrahiert und universalisiert sich auch die gesellschaftliche Gewaltsamkeit (in einem **technokratisch** zu nennenden Sinne, B.C.) zur politischen Herrschaft. Aus den vielen besonderen ständischen Gewaltverhältnissen wird ein allgemeines Gewaltverhältnis, das sich statt auf die Sicherung der vielen ständischen Ordnungen auf die Sicherung einer gebiets- und personen-universalen Ordnung bezieht. Die institutionelle Form dieser neuen Qualität von Herrschaft - ihrer Abstraktion von konkreten Lebens- und Arbeitsverhältnissen - ist die Bürokratie" (PREUSS 1975, S. 29). Indem die Entscheidungsprozesse zur Regelung des Zusammenlebens ihr zuliefern, auf sie abzielen, von ihr zu exekutieren sind und durch sie umfunktioniert, depotenziert oder neutralisiert werden können, **ist politische Rationalität auf technologische Rationalität reduziert** (siehe dazu außerdem BAHR 1970).

Die Durchdringung von Technik und Politik, die durch andauernde Vollzüge der **Verwissenschaftlichung** (nicht durch Einflußnahme der Wissenschaften schlechthin, sondern **auf der Grundlage eines begünstigten, spezifischen naturwissenschaftlich-positivistischen und sozialtechnologischen Typs von Wissenschaft**) vorangetrieben wird (vgl. GRAUHAN 1975, HABERMAS 1970 und HIRSCH 1973), ist längst schon evident. Obwohl solche Einsichen in der Auseinandersetzung mit alten

Technologien der ersten und zweiten industriellen Revolution, also im Anschluß an die Zeitalter der manufakturartigen Fabrikation und beginnenden automatisierten Produktion, gewonnen wurden, treffen sie auch noch und in verschärfter Weise erst recht die Auswirkungen der als **Bestandteile der dritten industriellen Revolution** bezeichneten **neuen Technologien** der sogenannten Spätmoderne oder bereits sich abzeichnenden Post-Moderne. Postindustriell ist oder wird diese Phase nicht im Sinne der Abschaffung industrieller Produktion, sondern - sofern sie überhaupt in absehbarer Zeit schon allerorten reale Gestalt zumindest in der Ersten und Zweiten Welt mit Ausstrahlung auf die Dritte und Vierte Welt annimmt (vgl. BÜHL 1983) - als Einführung und Ausbreitung von neuartigen Technologien für Industrialisierungszwecke.

Im wesentlichen handelt es sich dabei um eine rapide um sich greifende **Mikroelektronisierung** innerhalb und außerhalb aller bislang herkömmlich industrialisierten Lebensbereiche **in Gestalt der Multiplikation und Diversifikation massenmedialer Kommunikation, Erfassung und Verarbeitung von Daten, Rationalisierung der Arbeitswelt sowie der Effizienzsteigerung und des Austausches von Waffensystemen** (siehe BASLER/HANSEN 1981). Daß das Revolutionäre daran sich als Umwälzung vorhersagbar lediglich auf die apparativen Aspekte konzentriert bzw. in sozialer Konsequenz eine Zerschlagung bereits erreichten Fortschritts nicht ausschließt und daher als Konterreform sich erweisen könnte, ist zweifach plausibel zu machen:

- **Einerseits** sind auch die neuen Technologien bloß eine **Innovation von der Qualität einer Modernisierung**, die in den Spuren längst etablierter ökonomischer Strukturen verbleibt. Sie markieren gleichsam die Perfektionierung und Steigerung eines instrumentalistischen Effizienzstrebens, das primär nicht erhabenen und gewandelten menschlichen Bedürfnissen folgt, sondern diese den eigenen Zwecken unterwirft und sie dafür nutzbar macht. Die Vorbereitung der neuen Technologien erfolgt weitgehend zügellos, was nicht heißt, daß sie nicht durch massive Lobby und durch technokratische Technologiepolitik begünstigt oder durch die Suche nach neuartigen Problemlösungen herausgefordert wird, sondern daß sie an Zwecke nicht gebunden ist, da sie für beliebige Zwecke verfügbar ist. Die Beliebigkeit der Zwecke ist allerdings schon längst nicht mehr grenzenlos, da sie durch die mikroelektronische Zurichtung der Welt bereits kanalisiert und vorbestimmt werden.

- **Andererseits** ist die **politische Herrschaft des modernen Staates** zwar nicht inhaltslos, weil sie ja der bestehenden Marktökonomie zuliefert, aber wegen ihrer grundsätzlichen Gleichgültigkeit gegenüber den zu individuellen Privatangelegenheiten stilisierten Lebensperspektiven **inhaltsabstrakt**, indem sie mit der gewaltsamen Garantie von Modi der Vergesellschaftung alle beliebigen privat gesetzten Zwecke und Inhalte schützt. Die Definition des Allgemeininteresses als vorrangige Gesamtheit aller Einzelinteressen legt davon Zeugnis ab. Indem aber von den materiellen Voraussetzungen, Bedingungen und Möglichkeiten der Artikulation und Durchsetzung privat gesetzter Zwecke und Inhalte abstrahiert wird, gerät die vermeintliche Neutralität des Staates zur Parteilichkeit für die Privilegierten und Mächtigen. Mikroelektronik-Industrie favorisierende oder gar hoffierende Steuerungstätigkeit ist von daher geradezu naheliegend. Im real existierenden Sozialismus liegt die Variante außer im technologischen (Zeit-)Defizit gegenüber dem Kapitalismus in der stellvertretenden und holzschnittartig auswählenden Setzung privater Zwecke und Inhalte durch den Staat sowie in der Parteilichkeit für die Interessen von Funktionärskadern. Der ideologische Wettkampf der Systeme verschärft die innersystemare Eigendynamik - und den Allgemeinzustand weltweit (siehe abermals DAMUS 1986).

Auch im Zeitalter der dritten industriellen Revolution sind demnach **Technologie und Politik verschränkt** - und das auf eine **eindimensionale**, nämlich instrumentalistisch-linear der Eigendynamik des Systems folgende Weise. Hinzu kommt noch, daß das Geflecht gesellschaftlicher Institutionen und das

Bewußtsein der Staatsbürger überwiegend noch nicht einmal die Folgen der ersten und zweiten industriellen Revolution verarbeitet, überstanden, geschweige denn produktiv ausgeschöpft haben (Einzeldaten dazu bei ANDERS 1981, 1983). Es ist überaus fraglich, ob ihnen die Mikroelektronik dabei wird behilflich sein (können). Denn ihre Apparate müßten ja geradezu mit Imperativen gespeist werden, die sich auf angemessenes Problembewußtsein und darüber hinausschießende Kreativität stützen, um anders als affirmativ tätig zu werden.

Exemplarisch läßt sich der aktuelle und künftige Problemgehalt der Mikroelektronisierung folgendermaßen (in den Worten von NARR 1979, S. 503) verdeutlichen: "Die sozialen Effekte der Informations- und Kommunikationsformen sind weder aktuell zureichend untersucht, noch wird ihre Entwicklung vorausgreifend ermittelt. Insofern kann man über sie nur mehr oder minder begründet spekulieren (vgl. SORGE 1984 und BORRIES 1984 sowie PFLÜGER/SCHURZ 1987). Eindeutig läßt sich allerdings feststellen, daß die Entwicklungsrichtung und die Entwicklungsdynamik der Information, ihrer Medien und der vielerlei Kommunikationsformen, vom Telefon über die Breitbandkommunikation bis hin zur automatischen U-Bahn, nicht an der sozialen Organisation der einzelnen, deren Bedürfnisse und Möglichkeiten anknüpfen, sondern einer **ökonomischen Verwertungslogik** folgen. Eindeutig ist auch, daß hier nicht eine ökonomische List der Vernunft am Werke ist, deren Erfindungen dem gesellschaftlichen Zusammenhang dienen. Vielmehr zerstört diese Art der Entwicklung der Informations- und Kommunikationstechniken die Integrität sozialer Räume und der Individuen selber. Der einzelne besitzt keine Kontrollkriterien, Kontrollinformationen und Kontrollkommunikationen; er kann die Komplexität der Informations- und Kommunikationsfülle in der Tat nur reduzieren, indem er ihr vertraut. Das ist ihr herrschaftlicher Sinn" (Hervorhebungen von B.C.; überdies beachte BETZ/HOLZER 1983, KEVENHÖRSTER 1984, KOFLER 1983, SARCINELLI 1987, ULLRICH 1979b und WEIZENBAUM 1978). Andere, mehr als nur hypothetische Überlegungen passen dazu exakt, nämlich daß "in

Parallelität zur wachsenden Wissenskluft auf der Individualebene, makrotheoretisch gesehen, davon auszugehen (sei), daß die Informationstechnologie vor allem **hierarchisch aufgebauten Organisationen** Vorteile bringe. Begünstigt würden Organisationen, deren Entscheidungsspielraum mehr technisch und ökonomisch und weniger durch Probleme der politischen Konsensbildung begrenzt werde" (SARCINELLI 1985, S. 991, Hervorhebungen durch B.C.). Im Klartext: Die volle Entfaltung und Ausschöpfung der Computerleistungen bedarf gar nicht der Zweckbindung durch demokratische Willensbildung, sondern scheint geradezu darauf angewiesen, daß Sinnfindung, Problematisierung und Außenlenkung als Störgrößen aus dem kybernetischen Universum zu tilgen sind.

Im Gefolge dessen werden literarische Negativutopien zum konkreten Möglichkeitsmodell von Zukunft, die, ähnlich wie auch bereits vorliegende politische Programmschriften auf der Grundlage funktionalistischer Systemtheorie, eine nicht auszuschließende politisch-gesellschaftliche Regression zugunsten einer modernisierten und perfektionierten Neuauflage des **autoritär-chauvinistischen Staates** suggerieren (vgl. SARCINELLI 1985, S. 988f., und GREVEN 1982), vielleicht bittere Wirklichkeit. Es könnte dann dazu kommen, daß nicht nur der Weg in eine humane demokratische Gesellschaft endgültig versperrt wird, sondern daß elementare bürgerliche Freiheitsrechte außer Kraft gesetzt werden, bevor sie überhaupt jenseits ihrer postulativen Verkündigung auch nur annäherungsweise verwirklicht worden sind. Dazu paßt jene Tendenz der Stilisierung des Individuums zu einem Abstraktum durch die Technologie der Entfremdung in einer programmierten Gesellschaft (von der TOURAINE 1982 spricht), die lediglich die Vereinzelung des Menschen als funktionstüchtiges Rädchen im Systemgetriebe ins Visier nimmt; diese Art Kult des Individuums und seine Begleitumstände führen in letzter Konsequenz der Uniformitäts- und Loyalitätserwartungen zur Ausrottung des Individualismus und des einzelnen Individuums - sogar wortwörtlich, wie ein Seitenblick auf die Vernichtungskapazitäten der mikroelektronisch gelenkten Waffenarsenale zeigt. Trends zur Entsolidarisierung und Gefahren für oppositionelle soziale Bewegungen befördert er ohnehin schon (zu weiteren politisch-gesellschaftlichen Aspekten der Technikentwicklung vgl. auch die aktuellen Kongreßergebnisse aus Politikwissenschaft und Soziologie: HARTWICH 1986 und LUTZ 1987).

Damit es dazu nicht erst bzw. nicht auch noch kommt, ist vonnöten, was an dieser Stelle nicht ausführlich programmatisch entfaltet zu werden vermag, sondern sich bloß stichwortartig andeuten läßt: (1) In bezug auf die Abwendung der benannten Bedrohungen kann eine "Korrektur niemals das Ergebnis des technischen Fortschritts selber sein. Sie **macht eine politische Umwälzung notwendig"** (MARCUSE 1980, S. 245; Hervorhebungen von B.C.). (2) Und für eine nicht technokratisch-instrumentalistische, sondern human zu nennende Bewältigung der angedeuteten Probleme ist es "unverzichtbar ..., daß ein breiter öffentlicher Dialog über die ... anstehenden Herausforderungen in Gang kommt ... Wenn die Diskrepanz zwischen dem sozial Wünschenswerten und dem technisch Machbaren nicht noch größer werden soll, so **bedarf es** über den Kreis der einschlägigen Experten hinaus **der Beteiligung aller"** (SARCINELLI 1985, S. 992; Hervorhebungen von B.C.). Die lediglich formale Unterwerfung der Technik(folgen) unter Steuerungsimpulse der Politik reicht keineswegs aus, solange das politische System wie bisher und in der oben gekennzeichneten Weise beschaffen ist. Zur Politisierung im Sinne einer Regelungspraxis auf internationaler und nationaler, regionaler und kommunaler Ebene des Staatshandelns muß die Vergesellschaftung des Staates als Ausdehnung von Mit- und Selbstbestimmung hinzukommen. Tiefgreifende, wenn auch behutsame **Demokratisierungs**forderungen und -vorgänge sind darum unabdingbar - nicht zuletzt auch deswegen, weil ein Konsens über das sozial Wünschenswerte, mit dem es das technisch Machbare zu versöhnen gilt, noch nicht einmal näherungsweise in Aussicht ist (vgl. GAGEL 1987).

Eine **Vorstufe** davon ist, was derzeit beinahe illusorisch klingen mag, nämlich "die Qualität und Bereitschaft politischer Akteure ..., mehr als bisher den Dialog mit dem Bürger öffentlich und in einer den Entscheidungsprozeß transparent machenden Weise zu führen" (SARCINELLI 1985, S. 992). Ein **weiterer Schritt** läßt sich wagen mit massenhaft vorhandenen Staatsbürgern, die als Mündige aufgeklärt und ich-stark, kritisch und vernünftig sowie handlungsorientiert und kompetent (selbst-)bewußt und -reflektierend sowie hochgradig motiviert in laufende Prozesse einzugreifen imstande sind. Dabei muß sich die Problembewältigung, weil trotz aller berechtigten Skepsis neuzeitliche Gesellschaften als Massengebilde auf Technologien im Interesse eines minimalen Verwaltungsaufwandes und einer unverzichtbaren maximalen bzw. optimalen Bedürfnisbefriedigung angewiesen bleiben werden, im **Spannungsfeld von naiver Apparateeuphorie und bilderstürmerischer Rigorosität** als untauglichen Extremen bewegen. Denn es "bedeutet blinde Technokratiegläubigkeit Verzicht auf politische Teilhabe. Ebenso kämpft der, der nur abwehrt, auf verlorenem Posten, verliert er doch am Ende die Chance auf Mitgestaltung" (SARCINELLI 1985, S.992; ergänzend siehe HILLIGEN 1985). Dafür, daß es in absehbarer Zeit im Gegensatz zu heute hinreichend viele Individuen geben wird, die in sich und unter sich diese anspruchsvolle Vermittlungstätigkeit praktizieren und die Zerreißprobe aushalten können, **gibt es keine Garantie**. Allerdings gibt es, allen gegenläufigen Erscheinungen zum Trotz, in Form von **mannigfachen Revolten der Lebenstriebe, des stillen oder lauten Leids, der blinden Wut und des organisierten Aufbegehrens** immerhin Indikatoren dafür, daß die Hoffnung darauf nicht völlig aussichtslos ist (vgl. ROTH 1985; außerdem siehe HILLIGEN 1985).

TECHNOLOGISCHE MODERNISIERUNG UND POLITISCHES LERNEN: ÜBER HERRSCHAFTSMOMENTE IM SOZIALISATIONSPROZESS

Wenn hier soeben der mündige, den aufrechten Gang praktizierende Staatsbürger als Modell der Rettung der Liquidation des Individuums durch das System vermittels seiner Re-Vitalisierung im und gegen das System geradezu emphatisch gefordert wurde, so wird damit die Behauptung aufgestellt, daß es eben diesen Zeitgenossen derzeit nirgends in nennenswerter Anzahl und wohl auch als gelegentliche Einzelerscheinung nicht in vollster Vollendung gibt. Eine solche Behauptung ist weniger kühn oder arrogant als realitätsgerecht. Ihre Angemessenheit läßt sich belegen mit einer Vielzahl tendenziell sich nicht widersprechender sozialwissenschaftlicher Forschungsbefunde und Erklärungshilfen. Sie alle belegen, wenn auch unterschiedlich interpretierend oder bewertend, daß die **politische Sozialisation** - also die Gesamtheit aller emotionalen, intellektuellen und handwerksähnlich-praktischen Lernprozesse, in deren Verlauf der Mensch politisch kenntnisreich, bewußt, empfindsam und aktiv wird - weltweit und auf eigentümliche Weise in der Bundesrepublik Deutschland **hochgradig defizitär** genannt werden kann (im einzelnen siehe dazu die Beiträge zu CLAUSSEN/WASMUND 1982). Die Mängel erweisen sich sowohl am Maßstab, der sich aus den Erfordernissen der bestehenden repräsentativ-formalen Demokratie gewinnen läßt, als auch an demjenigen, welcher sich aus der Beanspruchung einer noch freiheitlicheren, demokratisierten Gesellschaft ergibt. Denn die vorhandenen Produktanalysen, die nach den meßbaren Ergebnissen politischen Lernens in verschiedenen Lebensaltern und nach Durchlaufen unterschiedlicher Sozialisationseinrichtungen fahnden, belegen das massenhafte Vorkommen von eklatanten Lücken selbst einfachsten politischen Wissens, realitätsfernen Erklärungsmustern für die Einschätzung politischer Sachverhalte, Vorgänge und Zusammenhänge sowie unzureichenden Fähigkeiten zur Teilhabe an der Politik. Und andere, mehr qualitativ den Bedingungen und Mechanismen des politischen Lernens zugewandte Forschungsarbeiten zeigen die Beschaffenheit von erworbenen Persönlichkeitsstrukturen und die in ihnen liegenden Hemmnisse für eine kritisch-aktive Wahrnehmung der Staatsbürgerrolle auf: Unsicherheit, Angst, Apathie, Zerrissenheit, Bornierungen des Alltagsverstands.

Legt man bei alledem ein vordergründiges Politikverständnis zugrunde, das allein auf den Parlamentarismus, Parteien und Verbände, Wahlkämpfe und internationale Beziehungen beschränkt bleibt, so zeigt sich, daß die Ergebnisse politischen Lernens - in Elternhaus und Schule, durch Massenmedien und am Arbeitsplatz, vermittels Gleichaltrigen-Gruppen und im Freizeitsektor beispielsweise - mit freilich schicht-, alters- und geschlechtsspezifischen Variationen nicht einmal ausreichen, um eine **Demokratie als Staatsform** mit Leben zu füllen. Daß sie trotzdem noch nicht völlig aus den Fugen geraten ist und sogar, oberflächlich betrachtet, als einigermaßen stabil gelten kann, ist zum einen auf hyperaktive Minderheiten zurückführbar, für die freilich der Begriff Elite oftmals eine erhebliche Überbewertung ist. Zum anderen hängt das damit zusammen, daß den systemimmanenten Gehorsamsgeboten im Sozialisationsprozeß und seinen Hervorbringungen durch die Entwicklung von konformem Verhalten und entsprechenden mentalen Konstellationen entsprochen wird - ein Umstand, der auf tiefgreifende Reformen drängende Opposition geradezu unmöglich und daher eine **Demokratie als Lebensform** unwahrscheinlich werden läßt. Konzentriert man sich bei der Betrachtung politischer Sozialisation auf den wesentlichen Aspekt der Vermittlung von Herrschaft, dann kann man nicht umhin zu konstatieren, daß ihr gängiges Produkt nach wie vor die autoritäre Persönlichkeit ist, deren Charakteristika Ich-Schwäche, Konfliktscheu, Unterwerfungsverhalten nach oben und Druckverhalten nach unten innerhalb akzeptierter Hierarchien sowie irrationale Weltbilder sind (vgl. dazu CLAUSSEN 1985 und HOPF 1987).

Freilich handelt es sich dabei in der Gegenwart zunehmend um eine **autoritäre Persönlichkeit neuen Typs**: Der hauptsächlich nur noch in Teilen der älteren Generation vorkommende - zynische - obrigkeitsstaatliche Untertan scheint darin abgelöst durch den - gelegentlich sarkastischen - Konsumbürger mit allgemeiner Saturiertheit und stets auf der Höhe fremdbestimmter Forderungen der Zeit; zuweilen findet sich auch der äußerliche Nonkonformist, der seinen inneren Zwängen allerdings auch nicht entgehen kann, auf rigide Art Nonkonformität zur wünschenswerten Konformität erhebt und das herrschende System als Hofnarr oder Provokateur für Repressionsmaßnahmen keineswegs gefährdet - oder der unstete opportunistische Mitläufer, der sich im Zweifelsfalle stets willenlos auf die Seite der Autorität schlägt. Wie dem auch immer im einzelnen sei: Mit dem neuen Typus sind nicht die allgemeinen Merkmale der autoritären Persönlichkeit überwunden, sondern nur in eine andere Erscheinung gekleidet. Er ist gleichsam die **modernisierte Variante** eines gleichgebliebenen Grundmusters - und als solche das **Subjekt-Pendant zu den objektiven gesellschaftlichen Verhältnissen** der Spät- oder beginnenden Post-Moderne. Der alte Typus verdankte sich noch den Erlebnissen der Versagung und der züchtigenden Erziehung als Reflex auf beengende materielle Lebensverhältnisse und/oder materielle Gewalttätigkeit. Demgegenüber basiert der neue Typus auf Erlebnissen des Überflusses, der sanften Überredung und der Verschleierung von struktureller Gewalt. Beiden ist eine **nicht intakte Identität** eigen - im ersten Falle als Ausfluß wiederholter Beschädigungen aufkeimender Subjektstrukturen, im zweiten Falle als Auswirkung der Behinderung des Aufkeimens von Subjektstrukturen. Daher ist der neue Typus vermutlich mit aller ihm eigenen Modernität seinerseits eine Verschärfung und Zuspitzung.

Am Zustandekommen des alten Erscheinungsbildes autoritärer Persönlichkeit waren noch unaufgearbeitete Relikte der Vor-Moderne und die unzureichende Verarbeitung der Moderne beteiligt; in die Entstehung des neuen Erscheinungsbildes autoritärer Persönlichkeit teilen sich Überreste der unaufgearbeiteten (Spät-)Moderne und Vorläufer der Post-Moderne. Ablesen kann man das an den gewandelten Sozialisationsbedingungen seit dem Zweiten Weltkrieg (vgl. die Materialien bei PREUSS-LAUSITZ u.a. 1983 und besonders ROLFF/ZIMMERMANN 1985), in die augenblicklich immer mehr die neuen

Technologien und ihre Begleiterscheinungen hineingeraten. Unter dem verstärkten Einfluß der Mikroelektronik geschieht es beispielsweise, daß

- räumliche und zeitliche Entfernungen immer rascher überwunden und dadurch soziale Zusammenhänge durchschnitten, aufgebrochen und überlagert oder ohne Intensität kurzdauernd hergestellt werden;

- immer mehr Daten über eigene Lebenssituationen erhoben, jedoch von teilweise völlig anonymen Instanzen gespeichert und nach meistenteils undurchschaubaren Absichten ausgewertet werden;

- von Spezialisten erhobene Daten in beliebigen, aber absichtsvoll lückenhaften Mengen und Aufbereitungsformen präsentiert werden, ohne daß damit eine Befähigung zur verständigen Informationsnutzung einhergeht;

- optische und akustische Reize an Menge, Dauer und Eindringlichkeit zunehmen, die den einzelnen überfordern, seine Konzentrationsfähigkeit beeinträchtigen und in ihrer chaotischen Vielfalt und Zufälligkeit Sachverhaltszusammenhänge nicht mehr herstellen;

- künstliche Wirklichkeiten geschaffen werden, die eine Ausdehnung von sekundären zu Lasten von primären Erlebniswelten bedeuten, personal-interaktive durch appartiv-lineare Kommunikation ersetzen und von der realen Wirklichkeit entweder ablenken oder sie pseudokonkret-verzerrt spiegeln;

- Bedrohungspotentiale zugleich verharmlost und multipliziert werden, die man auf unterschiedlichen Kanälen zu rechtfertigen versucht.

Für das politische Lernen kann das nicht folgenlos bleiben. Zur Erläuterung dessen taugen bereits einige wenige formale und materiale Aspekte, die einander bedingen und durchdringen (vgl. KELLNER 1982; POSTMAN 1983, 1985; WIENER 1984):

Als **Formalia** lassen sich benennen: Hektik, Flutung und Undurchschaubarkeit verzehren Energien, wie sie für eine produktive Beschäftigung mit Politik unabdingbar wären, vergrößern apathierelevante Ohnmachtserlebnisse und Orientierungslosigkeit oder sättigen den Bedarf an Betätigung vorschnell. Die Linearität der Beziehungen schleift Hierarchien als etwas Selbstverständliches ein, erschwert Rückkoppelungen und dadurch die Entdeckung und Artikulation von Wünschen, Meinungen und Argumenten auch zu politischen Tatbeständen. Die Präsentation von Antworten auf nicht gestellte Fragen manipuliert die Willensbildung, suggeriert Lösungsauswahl als Optimum und Maximum und schüttet jene epistemische Neugier zu, die zielgerichtet und interessengeleitet nach den Ursachen, Wesenheiten und Konsequenzen politisch-gesellschaftlicher Phänomene fragen könnte. Der permanente Sensationswechsel erschwert ein Verweilen bei Wesentlichem und schafft uneinlösbare oder unangemessene Erwartungshaltungen für eine vordergründig attraktive Aufbereitung auch des Politischen. Die Bevorzugung rezeptiven Verhaltens läßt Eigenaktivitäten erlahmen oder begrenzt sie auf aktionistische Nachvollzüge des Vorgegebenen bzw. Beteiligungen am Ablaufenden. Die Formallogik selbst alltäglichster Operationen breitet standardisierend den Modus eindimensional-binären Denkens und mathematisierenden Umgangs mit der Welt aus, welcher als Modell für die Beschäftigung mit den dialektischen Verschlingungen von Politik und Gesellschaft keineswegs genügt. Bei alledem nimmt **Entfremdung** zu; betraf sie anfänglich nur den Arbeitsprozeß, so durchwuchert sie nun bald schon alle gesellschaftlichen Lebensbereiche. Mit den dadurch auftretenden Problemen wird der Einflußnahme einer fremdbestimmenden Politik dort erheblich Vorschub geleistet, die ihrerseits den Abstand zur Politik größer werden läßt.

Als **Materialia** sind erwähnenswert: Präsentation und Nutzung von Inhalten bedeuten selbst dort, wo sie unpolitisch gemeint sind oder politisch unverfänglich scheinen, immer auch direkte gesellschaftlich-politische Normierung; mit Produkten und Geschichten werden stets auch Verhaltensvorbilder und Einstellungsmuster angepriesen. Die Ausdehnung unaufhaltsamer Zerstreuung und zerstreuender Unterhaltsamkeit geht auf teilweise artifiziell erzeugte menschliche Bedürfnisse nach Ersatzbefriedigungen ein und beutet sie schamlos aus; damit werden Themenfelder der Kommunikation strukturiert und in großem Umfang das Thema Politik scheindemokratisch marginalisiert oder ausgegrenzt. Die Selbstdarstellung der Politik bedient sich im direkten wie indirekten Umgang mit dem Bürger vermehrt des Mittels der Unterhaltsamkeit; damit wird das eigentlich Politische entwertet, verballhornt, verharmlost und kaschiert. Verbleibende Reste der Fremddarstellung von Politik unterwerfen sich gleichfalls aus verkaufsstrategischen Gründen dem Unterhaltungszwang; dadurch wird Politisches nur in seinen mediengerechten Gesichtspunkten, fetzig aufgemacht, pseudo-lustbar, reduktionistisch und verniedlicht wahrnehmbar. Es vergrößert sich die Wahrscheinlichkeit, daß all jene Bereiche der Politik unerwähnt bleiben, die sich der technologischen Aufbereitung und Verwertbarkeit oder den sich verengenden Sachzwängen und Imperativen des Systemganzen nicht fügen; daher wird Politisches zu leicht amputiert, umgedeutet und verschönt. Bei alledem wächst ein ungeheurer **Infantilisierungsdruck**; war er früher materielle Entmündigung, so wird er nun zur geistigen Verödung. Im Anschluß daran wird die Sucht nach kompensatorischen Erzeugnissen der Kultur- und Bewußtseinsindustrie noch erweitert, deren ideologieträchtige Angebote zur Ausbreitung von falschem Bewußtsein und naivem Alltagsverstand erheblich beitragen.

Entfremdung und Infantilisierung sind **psychische Kosten politisch-sozialer Verhältnisse**. Die Rechnung derjenigen, die darauf im Interesse der Erhaltung der Herrschaft des Systemganzen oder/und ihrer eigenen Anteile daran setzen, geht gegenwärtig offenkundig noch auf. Denn weder wird in den politikbezogenen Sozialisationsergebnissen ein nennenswertes Bewußtsein bezüglich der sozialen Brisanz von Technik sichtbar, noch zeugen die technikbezogenen Sozialisationsergebnisse auffällig von einer Politisierung des üblichen Technikverständnisses (vgl. beispielsweise REICHHARDT u.a. 1983 sowie GEISSLER 1985). Politisches Protestgebahren und

Technikskepsis sind zwar ab und an in deutlichen Minderheiten beheimatet (siehe REICHHARDT 1983), lassen sich aber keinesfalls verallgemeinern oder hochrechnen; sie sind nämlich zu instabil und ihrerseits eventuell nur eine flüchtige Modeerscheinung, als daß sie schon eine Abkehr vom Muster der autoritären Persönlichkeit darstellen oder einleiten könnten (siehe WAGNER 1982). **Politische Sozialisation ist überwiegend affirmativ** - auch in bezug auf den unkritischen, selbstzufriedenen Umgang mit Technik (vgl. exemplarisch SCHLAFFKE 1986). Dabei wird die Lebenslänglichkeit des Lernens immer eintöniger, und es verwischen sich die Grenzen zwischen Kindern, Jugendlichen und Erwachsenen - wegen der Allgegenwart allgemeiner Sozialisationsmedien und -technologien (vgl. auch CLAUSSEN 1984 und ERDHEIM 1982 sowie POSTMAN 1983).

Unbestreitbar bleibt gleichwohl, "daß die menschlichen Verstandeskräfte, die bestimmte technologische Entwicklungen hervorzubringen imstande sind, grundsätzlich auch dazu in der Lage sind, sinnvolle, ja optimale Verwendungen oder Nichtverwendungen der Technik zu erarbeiten. Nur ist eben die Menschheit nicht ein einzelner in sich geschlossener Intellekt, sondern ... durch viele Antagonismen und partikulare Interessen zerklüftet. Nicht das Verhältnis ... zur Technik ist ein gestörtes, sondern das zwischen Mensch und Mensch oder zwischen Menschengruppen und Menschengruppen. Die Frage der Bewältigung technischer Innovationen verlagert sich damit eindeutig auf die Ebene sozialer Gegebenheiten" (REICHHARDT 1983, S. 266; zusätzlich: HARTWICH 1985 und KRUEDENER/SCHUBERT 1981). Zu fragen bleibt allerdings auch, wie sich denn, sozialreformerisch etwa, die Verstandeskräfte produktiv entfalten sollen, nachdem sie, vermittelt über soziale Störungen und Pathologien, bereits dem Diktat entfesselter Technik preisgegeben sind. **Eine befriedigende Antwort darauf ist nicht möglich**.

Hoffnungsschimmer mag sein, daß die Art der dominierenden politischen Sozialisation noch nicht total ist, nicht jeden auf dieselbe Weise erfaßt und Widersprüche erzeugt, die sich unter erarbeitbaren Bedingungen therapeutisch, kontrasozialisatorisch und alternativ nutzen lassen. Dafür läßt sich als Beispiel werten, wenn in Nischen des Systems weniger entfremdende Kultur überwintert, Ausgegrenzte sich notgedrungen auf die Suche nach qualitativ Neuem machen, Technologien für gezielte Gegeninformationenen umfunktioniert werden und sozialisatorisch bedeutsame Lebensformen experimentell erprobt werden, die veränderte Bedürfnisse sich entwickeln lassen, Platz für Aufklärung gewähren und menschlichere Umgangsformen spielerisch einüben (siehe etwa KOCH 1985; genauer HABERMAS 1981a, 1981b). Es bedeutet nämlich **ein schemenhaftes Modell für die Möglichkeit von Lernprozessen, in denen eine Vermittlung von Realitäts- und Lustprinzip gelingt und so etwas wie eine demokratische Persönlichkeit heranreifen kann**. Vielleicht läßt auch die Absättigung der sinnlich-vitalen Bedürfnisse ein produktives Bedürfnis nach neuartigem Lernen und politischer Betätigung jenseits von systemfunktionalem Instrumentalismus entstehen, sofern nicht seine Übermäßigkeit eben dagegen immunisiert und Entfremdung ebenso wie die Infantilisierung die Bedürfnisentwicklung auf systemkonforme Nebenfelder lenken.

SCHULE UND VERWALTETE WELT: EINIGE ZUKUNFTSAUSSICHTEN IN DER ÜBERGANGSGESELLSCHAFT

In der Institution Schule spiegeln sich, mit Brechungen, bekanntermaßen die gesellschaftlichen Verhältnisse. Auch sie ist daher nicht frei von Widersprüchen: Ihre Potenzen bewahrt sie unter dem stetig wachsenden Druck der Tendenzenentfaltung. Wie ein Paradoxon mutet es an, daß die **Schule in der verwalteten Welt der Übergangsgesellschaft** zugleich

- erheblich **veraltet** ist, insofern sie nämlich teilweise noch nicht einmal Schritt gehalten hat mit den Neuerungen der (Früh-)Moderne, wie sich an der Antiquiertheit von Unterrichtsmitteln, Lernverfahren und Lehrplänen ablesen läßt;

- eindrücklich **auf der Höhe der Zeit** ist, insofern sie

nämlich überwiegend den Systemimperativen mit zur Durchsetzung verhilft, wie ein Blick auf die Ergebnisse der manifesten und latenten politischen Sozialisation ihrer Einrichtungen und Veranstaltungen zeigt;

- merkwürdigerweise **ihrer Zeit voraus ist**, insofern sie nämlich sporadisch ein Vorgriff auf eine Zukunftsmöglichkeit ist, was sich in der Freisetzung von Erwerbstätigkeit und Bewahrung nicht-technologisierbarer Kreativität abzeichnet.

Die Tendenz der Schule verweist eindeutig auf ihr **Ausgeliefertsein an Herrschaft auf der Grundlage eines technologisch-instrumentalistischen Funktionalismus**. Tatsächlich trägt die (bei LENHARDT 1984, S. 2) im Gegensatz zu der - ehedem euphorisch und reformfreudig gemeinten, ihrerseits aber bereits illusionär-technokratisch gedachten - "Annahme von der schulisch vermittelten Kongruenz zwischen Persönlichkeitsstruktur und Sozialstruktur ... entwickelt(e) ... These: die Schule hebt den Widerspruch zwischen Individuen und Gesellschaft nicht auf. Die Formalisierung der kulturellen Überlieferung durch Schulen - sowohl ihrer Inhalte als auch ihrer Organisationsformen - verschärft diesen Antagonismus vielmehr. Mit den nationalstaatlich verfaßten Bildungssystemen werden die Individuen ihrer kulturellen, gesellschaftlichen und materiellen Ressourcen enteignet. Die Bildungsexpansion ist Ausdruck bürokratischer Rationalisierung, die alle Lebensbereiche unterwirft. Die anstaltsförmige Zweck-Mittel-Rationlität der Schulen läßt Erziehungsprozesse nur formal berechenbar, der Sache nach aber naturwüchsig werden." Einmal mehr erweist sich (um mit ADORNO 1979a, S. 93f., zu sprechen): Schulische Bildung ist längst schon "zu sozialisierter Halbbildung geworden, der Allgegenwart des entfremdeten Geistes. (...) Alles ist darin von den Maschen der Vergesellschaftung eingefangen, nichts mehr ungeformte Natur; deren Rohheit aber ... erhält zäh sich am Leben und reproduziert sich erweitert. Inbegriff eines der Selbstbestimmung entäußerten Bewußtseins, klammert sie sich unabdingbar an approbierte Kulturelemente. Aber unter ihrem Bann gravitieren sie, als Verwesende, zum Barbarischen."

Angesichts eines solchen Trends hat längst der **Doppelcharakter von Schule zugunsten ihrer affirmativen und zuungunsten etwaiger emanzipatorischer Momente** sich zu wandeln begonnen. Mit ihrer reproduktionsartigen Überlieferungsfunktion ist sie noch auf der Höhe der Zeit, indem sie so etwas wie Sinntradierung leistet. Ihr Veraltetsein schränkt aber bereits - selbst immer noch systemimmanent bleibende - Sinnerschließung ein. Und in dem Maße, wie ihr Traditionsvermögen (z.B. bezüglich der Vermittlung überlieferter Sekundärtugenden) reaktiviert und für die Erschließung modernisierten Herrschaftssinns instrumentalisiert werden soll (z.B. Ausrichtung auf wirtschaftliche Erfordernisse im Zeitalter neuer Technologien), wird ihre emanzipative Kraft, nämlich die Anleitung zur Sinnkonstitution in widerständiger Auseinandersetzung, depotenziert und marginalisiert; nicht von ungefähr stammen die Befürworter konservativer bis reaktionärer Werte- und Moralerziehung und die Apologeten einer Ausrichtung der Schule auf die Erfordernisse der dritten industriellen Revolution aus demselben ideologischen Lager (siehe dazu BÖHM 1986). Es ist nicht auszuschließen, daß leerformelhaft bleibende, d.h. inhaltsabstrakt-mehrzweckhafte Re-Traditionalisierung und modernistisch verengte, d.h. an der Vordergründigkeit von Fortschritt orientierte Innovationsbegehren überhaupt nur oder hauptsächlich der Absicht dienen, emanzipatorische Gehalte zu tilgen oder zurückzudrängen; die kaum auf praktikable Konzepte hinauslaufende Vagheit der Forderungskataloge deutet darauf. Immerhin gibt es eine systemgerechte Konsequenz, die langfristig einen völligen **Verzicht auf Schule im Herrschaftsinteresse** nahelegt. Denn eben diese Institution wird nach der Logik der obwaltenden instrumentellen Rationalität spätestens von dem Zeitpunkt ab überflüssig, wo die Anpassung an die Mechanismen der technologisch geprägten Spät- und Post-Moderne vermittels anderer Sozialisationsinstanzen effizienter und kostengünstiger bewerkstelligt werden kann. Unterbleibende Investitionen im Bildungssektor sind dann erst recht nicht unabdingbare Folge unabänderlicher Mitteldefizite, sondern nahezu unverblümter Ausdruck unangefochtenen Machtdünkels und nicht lediglich bloß sachzwang-gemäßer politischer Prioritätensetzungen.

In dieser Situation wäre es fatal, wollte man aus herrschaftskritischer Perspektive der Betrachtung des Schulwesens heraus der Liquidation der Institution (bzw. im Vorfeld: etlicher ihrer angestammten und teilweise mühsam erkämpften Elemente) gleichgültig, sekundantenhaft oder gar stillschweigend frohlockend gegenüberstehen. Denn mit der Abschaffung der Schule, und sei es auch auf dem lautlos-sanft anmutenden Wege der Aushöhlung ihrer wesentlichen Bestandteile, werden zugleich ihr emanzipatorisches Restpotential vernichtet und etliche Chancen für die Freilegung der freiheitlichen Möglichkeiten der Spät- und Post-Moderne vertan. **Daher kommt es darauf an, an der Idee von Schule festzuhalten, gleichsam darauf zu insistieren, daß die Alternative zur Schule die Schule bleibt**. Daß es sich dabei um eine gewandelte Schule wird handeln müssen, dürfte einsichtig sein. Ihre Konturen lassen sich nicht gewinnen durch einen spekulativ-postulatorischen Gegenentwurf allein, obwohl durchaus Spekulation bedeutsam ist für die Entdeckung brachliegender Möglichkeiten und Postulate ein Ansporn sind für zielgerichtetes Handeln. Vorrangig muß es darum gehen, aus den Konstitutionsbedingungen von Schule heute und in Konfrontation mit human zu bewältigenden Herausforderungen der näheren Zukunft den eigentlichen **Bildungsauftrag der Schule in historisch spezifizierender Form** wieder zu ermitteln und gegen seine Eliminierung aus der Pädagogik theoretisch wie praktisch in Schutz zu nehmen. Dabei wird man keinesfalls umhin können, zunächst einmal mit gesellschaftstheoretischer und mikrosozialer Feinanalyse auf eine bestimmte Negation von Schule in ihrer gegenwärtigen Gestalt im Kontext bereits darauf abzielender Untersuchungen unablässig weiter hinzuarbeiten. Erst auf der Grundlage einer Vergewisserung der Unmöglichkeit von Schule kann die Erarbeitung ihrer Möglichkeiten geleistet werden.

Kurz-, mittel- und langfristig wird sich allerdings nicht einmal aus der dezidiertesten und konstruktivsten Schul-

oder Bildungskritik ein ausgefeiltes positives Konzept entwickeln lassen, das es dann nur noch mechanisch umzusetzen gilt. Das wird schon deshalb auch gar nicht anzustreben sein, weil in der - letztlich fremdverfügenden - Ausfeilung und Fixierung auf etwas Positives ein Schlüssel zur bisherigen Funktionalisierung des pädagogischen Denkens und Handelns liegt. Es läßt sich aber zum einen bereits absehen, daß strikte **Antipädagogik** und in Nischen längst schon **etablierte Alternativschulen** mit ihren schroffen Ablehnungen, denen oft genug auch unverzichtbare Errungenschaften der Gattungs- und Schulgeschichte zum Opfer fallen (man denke etwa an generelle Theoriefeindlichkeit aus Verwissenschaftlichungskritik, Geringschätzung von Vorbildlichkeit aus Manipulationssorge, Leistungsverweigerung aus Angst vor Leistungszwängen u.a.m.), nicht oder nur sehr eingeschränkt wegweisend sein werden; mit ihrer nur graduell verschiedenen Eindimensionalität sind sie oft nicht anders als affirmativ, eine Art Flucht in vermeintliche Idylle und auf polarisierende Weise vermittlungsuntauglich. Zum anderen jedoch läßt sich vermuten, daß auch **jener Reformeifer** nicht problemlösend sein wird, der bereits einmal in eine Sackgasse geführt oder gar das Dilemma noch vergrößert hat: **das Gemenge aus organisatorischer Erneuerung, Verrechtlichung und beziehungszentrierter Unterrichtskommunikation** etwa: In "Formeln der (schein)progressiven Pädagogik wie 'das Lernen lernen' ... kommt die nicht eben junge Erkenntnis emphatisch zum Ausdruck, daß die eigene Lebenserfahrung nicht ausreicht, um sich zurechtzufinden. 'Lebenslanges Lernen' heißt die ergänzende Formel. In diesen, die Ekstase der modernen Pädagogik repräsentierenden Losungen bekundet sich freilich mehr als die Erkenntnis des Kontinuitätsmangels. Die autoritäre Stoff-, weniger die Sinnhuberei der älteren Pädagogik werden zugunsten einer gleichsam prozessualen Pädagogik überwunden: alles fließt, und die Prozeßpädagogik lehrt einen das permanente Abschiednehmen. Auf diese Weise wird die Pädagogik selbst zum Prozeß ohne Substanz bzw. zu einem Prozeß, dem die Substanz immer schon durch die allgemeine gesellschaftliche Entwicklung vorgegeben ist. Das pädagogische Ziel wird deligiert, das aufklärerische Erbe wird zugunsten des Linsengerichts 'postmoderner' Gesellschaftsfähigkeit aufgegeben. (...) Lernen wird zum Ersatzhabitus, dem jedes Instrument recht ist. (...) Die verschachtelte und verstellte Wirklichkeit, die der einzelne in der Tat nur passiv zu erleben vermag, wird in den Erziehungsinstitutionen selbst nur als Segment und rollenspezifisch zugänglich: dem Fachidiotentum ...; der auf Spezialaspekte verengte Verstand, der idiotisch wird, wenn er das Chemielabor verläßt. (...) Solchen 'funktionalen' Lernmodellen ... entspricht, daß man Schularchitektur und Schulorganisation in ihren sozialen Voraussetzungen und Effekten kaum beachtet. (...) Die Schule wird intern weiter enträumlicht, ein Unort, wo man in permanenten 'Orientierungsstufen' die Orientierung vollends verliert" (NARR 1979, S.508f.; vgl. ergänzend HENTIG 1981). In durchaus emanzipatorisch gemeinter, weil auf den Abbau von sozialen Unterschieden zielender Absicht, setzen sich derartige Partikularisierungen noch innerhalb der Segmente fort: durch die Ausrichtung auf operationalisierte Lernziele in quasi-behavioristischer Manier und durch die Digitalisierung des Bewußtseins(vermögens) vermittels der Nutzanwendung von Computern in immer mehr Unterrichtsfächern oder -phasen. Als Folgen lassen sich vorhersagen bzw. schon jetzt diagnostizieren: Verluste an zwischenmenschlichen Beziehungen, Wirklichkeitsreduktion auf Eindeutiges und Sachliches, Aggression gegenüber allen nicht algorithmisierbaren Problemen, Macht- und Einflußillusionen, Sucht nach realitätsblinden Programmwelten, Verkümmerung non-verbaler Ausdrucksmittel, Normalisierung und Regression des Informationsaustausches, Versiegen von Erfahrungsfähigkeit, Verarmung sprachlicher Ausdruckskraft (siehe dazu besonders MÜLLERT 1984).

Sollen demgegenüber Heranwachsende in der Schule sowohl die Spannung zwischen naiver Apparteeuphorie und bilderstürmerischer Rigorosität aushalten und vielleicht sogar produktiv auflösen, als auch durch Korrektur ihrer funktionalen politischen Sozialisation zu einer Mündigkeit gelangen, die sich nicht in konsumfreudiger Geschäftsfähigkeit verflüchtigt, dann ist ein "Anachronismus an der Zeit: **an Bildung festzuhalten, nachdem die Gesellschaft ihr die Basis entzog. Sie**

hat aber keine andere Möglichkeit als die kritische Selbstreflexion auf die Halbbildung, zu der sie notwendig wurde" (ADORNO 1979a, S.121; Hervorhebungen von B.C.). Eine angemessene Präzisierung dieses Bildungsverständnisses (wie sie von HORKHEIMER 1985, S. 415f., gewagt wird) ist vielleicht nicht übermäßig originell, überraschend und neuartig: "Gebildet wird man nicht durch das, was man 'aus sich selbst macht', sondern einzig in der Hingabe an die Sache, in der intellektuellen Arbeit sowohl wie in der ihrer selbst bewußten Praxis. Nicht anders als in dem Eingehen in die sachliche Arbeit vermag das Individuum über die Zufälligkeit seiner bloßen Existenz hinauszukommen (...). Mit dem Aneignen ist es nicht getan. Wer nicht aus sich herausgehen, sich an ein Anderes, Objektives ganz und gar verlieren und arbeitend doch darin sich erhalten kann, ist nicht gebildet ... Das Andere, Objektive aber ist heute nicht bloß ... Beruf als ein abgetrennter Sektor des gesellschaftlichen Lebens, ... spezifisches Arbeitsfeld, das, was zu(m) ... persönlichen Fortkommen gehört, sondern ... in erster Linie das, ohne was die Entfaltung des einzelnen gar nicht möglich ist; serung und Durchbildung des gesellschaftlichen Ganzen."

Damit werden für die Schule der Zukunft insgesamt ein **anspruchsvolles Verfahren Politischer Bildung** und für die bildungsbedeutsame unterrichtliche Kommunikation die **Inhaltsebene** konstitutiv. Das eine findet seinen Grund in der Tatsache, daß das Politische - in Form von Herrschaft und als Gestaltbarkeit des gesellschaftlichen Ganzen - das Allgemeine in allem ist; die andere findet ihre Erfüllung eben gerade nicht in bloßen Bildungsgütern, die es nur zu konsumieren gilt. Gefordert und zu fördern ist eine **an relevanten Themen interessierte Suchbewegung**, zielgerichtet und methodenbewußt, in der politisch-gesellschaftlich Strittiges und dessen wissenschaftliche Verarbeitung den Inhalt liefert, an dem sich Identität durch Aufklärung, Vernunft durch Kritik und Kompetenz durch Handlungsorientierung gewinnen lassen. Angezeigt ist also die Kultivierung produktiver Bedürfnisse unter Ausschöpfung technischer Möglichkeiten. **In der Unzeitgemäßheit der Präzisierung des re-formulierten Bildungsver-**

ständnisses liegt dann vielleicht die Originalität, das Überraschende und die Neuartigkeit der Schule - einer Schule, die nicht mit den üblichen Sozialisationsmedien durch Steigerung der dortigen Mittel und Mechanismen wetteifert, sondern die sich zu ihnen in eine **unterscheidende Konkurrenz** begibt. Die Konkurrenzfähigkeit wird sich nicht einstellen, wenn Schule die andernorts üblichen Muster des Lernens perfektioniert, sondern nur darin zu finden sein, daß sie etwas dazu Anderes, freilich durchaus attraktiv und lustvoll, anzubieten imstande ist. Keineswegs wird sie sich deswegen in eine Gegenwelt oder ein Refugium zu flüchten haben, die sich als Neuauflage der unheilvollen schonraumhaften pädagogischen Provinz erweisen. Vielmehr muß sie gleichermaßen mitten in der Welt sein und zu ihr eine distanzierte Perspektive einzunehmen gestatten. Das aber heißt: Sie muß "Raum schaffen für Fragen, die sich subversiv an den diskontinuierlichen Gelenken der gesellschaftlichen Entwicklung festsetzen, um die Polyvalenz menschlicher Rationalität gegen ihre Vereinheitlichung zu schützen. Damit muß pädagogisches Denken ... als Sand im Getriebe der Normalisierungen fungieren" (MEYER-DRAWE 1985, S. 180).

Der solchermaßen bezeichnete allgemeine, politische bzw. politisch relevante Bildungsauftrag gewinnt im Hinblick auf die **Immunisierung gegen die fatalen Verödungstendenzen neuer Technologien** Kontur durch folgende Stichworte, die darauf verweisen, daß es mit einer Aktivierung der Lernformen als inhaltsspezifischer Wert an sich (vgl. RÖHRIG 1985) oder einem bloßen Schritthalten mit der technischen Zivilisation (siehe HENTIG 1985) nicht sein Bewenden haben darf: Eröffnung von Zugängen zu Primärerlebnissen; ideologiekritisch-analytischer Umgang mit Sekundärerfahrungen; Durchdenken der Ursachen, Erscheinungen, Konsequenzen und Perspektiven des zivilisatorischen Fortschritts; Destillation des herrschaftlichen Gehalts von Technik und der Möglichkeiten seiner Auflösung oder ökologisch-humanen Nutzanwendung; Gegeninformation und Informationsverarbeitung statt Wissensvermittlung; Auseinandersetzung mit Zusammenhängen anstelle der Beschäftigung mit Einzelfakten; Anbahnung von Subjekt-

und Objektbeziehungen; Kultivierung von Emotionen und Handlungsfähigkeiten bei vorrangiger Erweiterung verantwortbarer kognitiver Kapazitäten; konstruktiver Umgang mit Furcht und Sehnsüchten; Ausdehnung des Ausdrucksrepertoires; Sensibilisierung des Wahrnehmungsvermögens; Förderung begriff sprachlicher Artikulationskompetenz; Einübung dialektischen Denkens; exemplarische Intensivversenkungen; Abstraktion und Rekonkretisierung im punktuellen und systematischen Umgang mit Sachverhaltskomplexen; Unterstützung von Pluralität und gemeinschaftlichem Tun; Favorisierung von Konsens- anstelle von Kompromiß- und Mehrheitshandeln; Konfrontation mit Widersprüchen und Aufdeckung des Interesses am Verschweigen von Gewißheiten; Teilhabe an bewährten wissenschaftlichen Erkenntnissen und Verfahrensprinzipien sowie Durchschaubarmachung der geführten Kontroversen ...

Wenn all das im Rahmen **interaktiver** Kommunikation und als **vieldimensionaler** Vermittlungsprozeß geleistet wird, verringert sich die Gefahr einer subjektivistisch oder objektivistisch verkürzten Bildungspraxis. Und mit der Erweiterung von Lernvielfalt könnte sich auch eine Erweiterung von Handlungsmöglichkeiten ergeben, die verantwortungsbewußte Eingriffe in dynamisch gewordene Zivilisation und damit einhergehende Interessenprioritäten nach sich ziehen könnten. **Grundsätzlich** stehen einer Schule der Zukunft derartige **Chancen** offen, weil sie von etlichen anderen ihrer heutigen Funktionen entlastet sein wird und weil die Grenzen zwischen Kindheit, Jugend und Erwachsenenalter bereits in Fluß geraten sind und kaum noch eine erzieherische Einführung in die Welt erforderlich machen; auf der Grundlage reaktivierter Bildung muß Schule als Beitrag zur Therapie oder zur Verhinderung der autoritären Persönlichkeit einen **Vorschuß auf Mündigkeit** bieten. Um Entfremdung und Infantilisierung wirksam begegnen zu können, sollte die Parole lauten: "Vor allem muß den Kindern ihre Verantwortung ... entgegen den Tendenzen einer allumfassenden Pädagogisierung eingeräumt werden. (...) Wir sollten die Kinder erwachsen sein lassen, ihnen die Verantwortung dafür so früh wie möglich übertragen und ihnen bei den daraus resultierenden Schwierigkeiten unsere

Hilfe anbieten" (GIESECKE 1985, S. 122). **Mancherorten** wird darauf schon hingearbeitet, weil **beherzte und kompetente, demokratisch gesonnene und glaubwürdige Lehrer(innen) als zivilcouragierte Einzelne und solidarische Gruppen verbliebene Freiräume und Freiheiten offensiv ausschöpfen**. Zur Erweiterung solcher Bemühungen aber bedarf es neben didaktisch-methodischem Geschick und unbedingter Aufrichtigkeit des politischen Kampfes; denn eine humane Schule der Zukunft will den herrschenden Verhältnissen und ihren Statthaltern in mühsamen Auseinandersetzungen abgerungen sein. Wenn auch dafür der aufrechte Gang eigentlich Voraussetzung ist, so mag es tröstlich sein, daß man ihn auch in den Auseinandersetzungen selbst erwerben und stabilisieren kann. (Ergänzend siehe die Beiträge zu ACKERMANN u.a. 1988; dort finden sich auch ein weiterführender Text des Verfassers und zusätzliche Literaturhinweise.)

SCHLUSSBEMERKUNG

Spät- und erst recht Post-Moderne sind auf ungleichgewichtige Art zweideutig. Die augenblickliche **Phase des Übergangs** zwischen ihnen ist einer Häutung nicht unähnlich, nach der Gesellschaft eine neue Gestalt annimmt, von der sich nicht exakt voraussagen läßt, wie sie tatsächlich beschaffen sein wird. **Potentiell** könnte es eine zu sich selbst gekommene und über sich hinausgewachsene Gesellschaft mit humanem Antlitz (partizipatorische Demokratie mit sanften Lebensformen und allgemeiner Prosperität für alle) sein; **tendenziell** scheint es eine technisch informatisierte sowie kulturell und politisch regredierte Gesellschaft totalisierten Zuschnitts (Sozialkapitalismus oder Kollektivismus mit einer voll entfalteten bürokratisch-zentralistischen Reglementierung und Militarisierung auf der Grundlage von Härte und ungerechter Vorteilsverteilung) zu werden. Im **emanzipatorischen Interesse** ist **Parteinahme für die Potenzen** geboten. Sie macht einen sozialverpflichteten produktiven Umgang mit technischem Fortschritt und seinen politisch-sozialen Implikationen erforderlich, der bislang weitgehend kontrafaktisch ist.

Dieser aber ist auf derzeit überwiegend Fiktion bleibende Strukturen politischer Persönlichkeit angewiesen, die sich mit Ich-Stärke, Konfliktfähigkeit und Realitätssinn für Notwendigkeiten und Wünschenswertes umschreiben lassen. Auf anspruchsvolle und ansprechende Bildung konzentrierte Schule hätte zu ihr einen Beitrag zu leisten, obwohl sie augenblicklich gänzlich anderen Funktionen dienstbar gemacht wird.

Niemandem soll und kann abschließend eine rezeptologische Vorschrift gemacht werden, wie er oder sie an der Potentialentfaltung sich beteiligen soll. Bescheidener und wegen der besonderen Verantwortlichkeit der Wissenschaft ist demgegenüber eine **Perspektive**, welche der Verfasser als Sozialwissenschaftler für sich und seine Aktivität gefunden bzw. übernommen hat - und zugestandenermaßen nur alles andere als perfekt zu leben weiß (vgl. OFFE 1981). Sie ist zweidimensional: **Zum einen** besteht sie in der Insistenz der Aufklärung in ihrer radikalisierten Form - Aufklärung also, die sich ihrer Dialektik bewußt ist und darüber die Trauerarbeit angesichts der Preiskosten jeden Fortschritts nicht verabsäumt (vgl. auch WELLMER 1985). **Zum anderen** ist sie "heute, im gedeihenden Kriegsführungs- und Wohlfahrtsstaat ... die Absage an alle Härte, Kumpanei und Brutalität; Ungehorsam gegenüber der Tyrannei der Mehrheit; das Eingeständnis von Angst und Schwäche ...; eine empfindliche Intelligenz, die Ekel empfindet angesichts dessen, was verübt wird; der Einsatz für die schwächlichen und verhöhnten Aktionen des Protestes und der Weigerung. Auch diese Äußerungen der Humanität werden durch den notwendigen Kompromiß beeinträchtigt - durch das Bedürfnis, sich zu decken, imstande zu sein, die Betrüger zu betrügen, ihnen zum Trotz zu leben und zu denken" (MARCUSE 1980, S. 253). Münchhausen läßt grüßen!

LITERATUR

ACKERMANN, H. u.a. (Hrsg.): Technikentwicklung und Politische Bildung, Opladen 1988.

ADORNO, T.W.: Negative Dialektik, Frankfurt/Main 1975.

ADORNO, T.W.: Theorie der Halbbildung, in: ADORNO, T.W.: Soziologische Schriften I, Frankfurt/Main 1979, S. 93-121 (a).

ADORNO, T.W.: Diskussionsbeitrag zu 'Spätkapitalismus oder Industriegesellschaft?' In: ADORNO, T.W.: Soziologische Schriften I, Frankfurt/Main 1979, S. 578-587 (b).

ANDERS, G.: Die Antiquiertheit des Menschen, Bd. 2: Über die Zerstörung des Lebens im Zeitalter der dritten industriellen Revolution, 2. Aufl. München 1981.

ANDERS, G.: Die Antiquiertheit des Menschen, Bd. 1: Über die Seele im Zeitalter der zweiten industriellen Revolution, 6. Aufl. München 1983.

BAHR, H.-O.: Kritik der 'politischen Technologie', Frankfurt/Main 1970.

BETZ, K./HOLZER, H. (Hrsg.): Totale Bildschirmherrschaft? Staat, Kapital und 'Neue Medien', Köln 1983.

BÖHM, M.: Konservative Werterziehung. Exemplarische Untersuchungen zur pädagogischen Forschung und zur Konservatismustheorie, Weinheim 1986.

BORRIES, V. v.: Techniksoziologie zwischen soziologischer Theoriebildung und interdisziplinärer Technikforschung, in: Soziologische Revue 7(1984), Sonderheft 1, S. 97-105.

BOSLER, U./HANSEN, K.-H. (Hrsg.): Mikroelektronik, sozialer Wandel und Bildung, Weinheim u. Basel 1981.

BÜHL, W.L.: Die 'Postindustrielle Gesellschaft', eine verfrühte Utopie? In: Kölner Zeitschrift für Soziologie und Sozialpsychologie 35(1983), S. 771-780.

CLAUSSEN, B.: Sozialisation in der Industriegesellschaft, elektronische Massenkommunikation und sozialkundlich-politische Bildung - Tendenzen und Perspektiven im 'Orwellschen Jahr' und darüber hinaus, in: KÜBLER, H.-D. (Hrsg.): Jenseits von Orwell. Analysen zur Instrumentierung der Kultur, Frankfurt/Main 1984, S. 36-71.

CLAUSSEN, B.: Die 'autoritäre Persönlichkeit': verdrängt - und doch aktuell, in: Westermanns Pädagogische Beiträge 37(1985), S. 205-207.

CLAUSSEN, B./WASMUND, K. (Hrsg.): Handbuch der politischen Sozialisation, Braunschweig 1985.

DAMUS, R.: Die Legende von der Systemkonkurrenz. Kapitalistische und realsozialistische Industriegesellschaft, Frankfurt/Main u. New York 1986.

ERDHEIM, M.: Die gesellschaftliche Produktion von Unbewußtheit. Eine Einführung in den ethnopsychoanalytischen Prozeß, Frankfurt/Main 1982.

FETSCHER, I.: Technik als Weg zur Macht oder zur Freiheit? In: Gewerkschftliche Monatshefte 36(1985), S. 513-522.

GAGEL, W.: Didaktische Probleme angesichts des technisch-ökonomischen Wandels - Barrieren für einen Konsens? In: SCHIELE, S./SCHNEIDER, H. (Hrsg.): Konsens und Dissens in der politischen Bildung, Stuttgart 1987, S. 102-114.

GEISSLER, R.: Technikfeindlich und leistungsscheu? Zum Einstellungswandel der Jugend, in: aus politik und zeitgeschichte 34(1985), 38, S. 27-37.

GIESECKE, H.: Das Ende der Erziehung. Neue Chancen für Familie und Schule, Stuttgart 1985.

GRAUHAN, R.-R.: Grenzen des Fortschritts? Widersprüche der gesellschaftlichen Rationalisierung, München 1975.

GREVEN, M.T.: Vom Wohlfahrtsstaat zum autoritären Staat der 'reinen' Politik? Eine zugespitzte Frage bezüglich der politischen Konsequenzen von Niklas Luhmanns 'Politische(r) Theorie im Wohlfahrtsstaat', in: PVS-Literatur 23(1982), S. 143-152.

HABERMAS, J.: Technischer Fortschritt und soziale Lebenswelt, in: HABERMAS, J.: Technik und Wissenschaft als 'Ideologie', 4. Aufl. Frankfurt/Main 1970, S. 104-119.

HABERMAS, J.: Theorie des kommunikativen Handelns, Bd. 1: Handlungsrationalität und gesellschaftliche Rationalisierung, Frankfurt/Main 1981 (a).

HABERMAS, J.: Theorie des kommunikativen Handelns, Bd. 2: Zur Kritik der funktionalistischen Vernunft, Frankfurt/Main 1981 (b).

HARTWICH, H.-H.: Die politischen Dimensionen der Technikentwicklung. Eine Problemskizze aus politikwissenschaftlicher Sicht, in: Gewerkschaftliche Monatshefte 36(1985), S. 523-537.

HARTWICH, H.-H. (Hrsg.): Politik und die Macht der Technik, Opladen 1986.

HENTIG, H. v.: Aufwachsen in Vernunft. Kommentare zur Dialektik der Bildungsreform, Stuttgart 1981.

HENTIG, H. v.: Der technischen Zivilisation gewachsen bleiben, in: ENGHOLM, B. (Hrsg.): Demokratie fängt in der Schule an. Beiträge zur Wiederherstellung der Bildungspolitik am Ausgang des 20. Jahrhunderts, Frankfurt/Main 1985, S. 33-78.

HILLIGEN, W.: Grenzen des Wachstums - Grenzen des humanen Fortschritts? In: Mitteilungen der Humboldt-Gesellschaft für Wissenschaft, Kunst und Bildung (1985), S. 435-451.

HIRSCH, J.: Wissenschaftlich-technischer Fortschritt und politisches System. Organisation und Grundlagen administrativer Wissenschaftsförderung in der BRD, 3. Aufl. Frankfurt/Main 1973.

HOPF, C.: Zur Aktualität der Untersuchungen zur 'autoritären Persönlichkeit', in: Zeitschrift für Sozialisationsforschung und Erziehungssoziologie 7 (1987), S. 162-177.

HORKHEIMER, M.: Begriff der Bildung, in: HORKHEIMER, M.: Gesammelte Schriften, Bd. 8: Vorträge und Aufzeichnungen 1949 - 1973, Frankfurt/Main 1985, S. 49 - 419

HORKHEIMER, M./ADORNO, T.W.: Dialektik der Aufklärung. Philosophische Fragmente, Frankfurt/Main 1984.

KELLNER, D.: Kulturindustrie und Massenkommunikation. Die Kritische Theorie und ihre Folgen, in: BONSS, W./ HONNETH, A. (Hrsg.): Sozialforschung als Kritik. Zum sozialwissenschaftlichen Potential der Kritischen Theorie, Frankfurt/Main 1982, S. 482-515.

KEVENHÖRSTER, P.: Politik im elektronischen Zeitalter. Politische Wirkungen der Informationstechnik, Baden-Baden 1984.

KOCH, G. (Hrsg.): Experiment: Politische Kultur. Berichte aus einem neuen gesellschaftlichen Alltag, Frankfurt/Main 1985.

KOFLER, L.: Beherrscht uns die Technik? Technologische Rationalität im Spätkapitalismus, Hamburg 1983.

KRUEDENER, J. v./SCHUBERT, K. v. (Hrsg.): Technikfolgen und sozialer Wandel. Zur politischen Steuerbarkeit der Technik, Köln 1981.

LENHARDT, G.: Schule und bürokratische Rationalität, Frankfurt/Main 1984.

LUTZ, B. (Hrsg.): Technik und sozialer Wandel, Frankfurt/Main u. New York 1987.

MARCUSE, H.: Der eindimensionale Mensch. Studien zur Ideologie der fortgeschrittenen Industriegesellschaft, 15. Aufl. Darmstadt u. Neuwied 1980.

MEYER-DRAWE, K.: Humane Kommunikation und elektronisches Schweigen, in: BAUMGART, F. u.a. (Hrsg.): Emendatio rerum humanarum. Erziehung für eine demokratische Gesellschaft, Frankfurt/Main 1985, S. 167-181.

MÜLLERT, N.R.: Wenn die Welt auf den Computer zusammenschrumpft, in: Westermanns Pädagogische Beiträge 36(1984), S. 420-425.

NARR, W.-D.: Hin zu einer Gesellschaft bedingter Reflexe, in: HABERMAS, J. (Hrsg.): Stichworte zur 'Geistigen Situation der Zeit', Bd. 2: Politik und Kultur, 2. Aufl. Frankfurt/Main 1979, S. 489-528.

OFFE, C.: Sozialwissenschaften zwischen Auftragsforschung und sozialer Bewegung, in: GREIFF, B. v. (Hrsg.): Das Orwellsche Jahrzehnt und die Zukunft der Wissenschaft, Opladen 1981, S. 98-108.

PFLÜGER, J./SCHURZ, R.: Der maschinelle Charakter. Sozialpsychologische Aspekte des Umgangs mit Computern, Opladen 1987

POSTMAN, N.: Das Verschwinden der Kindheit, 7. Aufl. Frankfurt/Main 1983.

POSTMAN, N.: Wir amüsieren uns zu Tode. Urteilsbildung im Zeitalter der Unterhaltungsindustrie, Frankfurt/Main 1985.

PREUSS, U.K.: Bildung und Herrschaft. Beiträge zu einer politischen Theorie des Bildungswesens, Frankfurt/Main 1975.

PREUSS-LAUSITZ, U. u.a.: Kriegskinder - Konsumkinder - Krisenkinder. Zur Sozialisationsgeschichte seit dem Zweiten Weltkrieg, Weinheim u. Basel 1983.

REICHHARDT, R.H.: Segregationstendenzen in der Einstellung zur Technik, in: Journal für Sozialforschung 23(1983), S. 261-267.

REICHHARDT, R.H. u.a: Einstellungen zum technischen Fortschritt, in: Journal für Sozialforschung 23(1983), S. 245-260.

RÖHRIG, W.: Aktive Lernformen - eine Antwort der Schule auf die Herausforderung durch die neuen Medien und Technologien? In: Die Deutsche Schule 77(1985), S. 385-404.

ROLFF, H.-G./ZIMMERMANN, P.: Kindheit im Wandel. Eine Einführung in die Sozialisation im Kindesalter, Weinheim u. Basel 1985.

ROTH, R.: Rebellische Subjektivität. Herbert Marcuse und die neuen Protestbewegungen, Frankfurt/Main u. New York 1985.

SARCINELLI, U.: Politisches Verhalten im technologischen Wandel, in: Universitas 40(1985), S. 983-993.

SARCINELLI, U.: Entwicklungstendenzen zur Politikvermittlung in der Informationsgesellschaft, in: SARCINELLI, U. (Hrsg.): Politikvermittlung. Beiträge zur politischen Kommunikationskultur, Bonn 1987, S. 303-328.

SCHLAFFKE, W.: Neue Technologien, neue Anforderungen, neue Chancen: Die Jugend nimmt die technologische Herausforderung an, in: VOSS, R.v./FRIEDRICH, K. (Hrsg): Die Jungwähler. Was sie denken und wie sie entscheiden, Stuttgart 1986, S. 93-113.

SORGE, A.: Vom wissenschftlichen Dauerbrenner zum gesellschaftlichen Mythos: Mikroelektronik, in: Soziologische Revue 7(1984), Sonderheft 1, S. 105-113.

ULLRICH, O.: Weltniveau. In der Sackgasse des Industriesystems, Berlin 1979 (a).

ULLRICH, O.: Technik und Herrschaft, Frankfurt/Main 1979 (b).

WAGNER, I.: Technikkritik im Weltbild Jugendlicher, in: Journal für Sozialforschung 22(1982), S. 395-418.

WEIZENBAUM, J.: Die Macht der Computer und die Ohnmacht der Vernunft, Frankfurt/Main 1978.

WELLMER, A.: Zur Dialektik von Moderne und Postmoderne. Vernunftkritik nach Adorno, Frankfurt/Main 1985.

WIENER, O.: Turing Tests. Vom dialektischen zum binären Denken, in: Kursbuch (1984), 75, S. 12-37.

HANNELORE FAULSTICH - WIELAND
MARIANNE HORSTKEMPER

NEUE TECHNOLOGIEN - NICHTS FŪR FRAUEN UND MĀDCHEN ?

Das Thema dieses Beitrags ist in einer Frage formuliert, die unterschiedliche Interpretationen zuläßt:
- Zum einen könnte man dahinter eine kritische Distanzierung vermuten in der Weise, daß Frauen diesem Bereich ablehnend gegenüberstehen, bewußt eine "Verweigerungsstrategie" befürworten, wobei sie dies durchaus progressiv in dem Sinne verstehen, gesellschaftliche Entwicklungstendenzen aufzuhalten, die letztlich auf inhumane und undemokratische Strukturen hinauslaufen.
- Zum zweiten könnte man dahinter die Problematisierung der Frage erwarten, ob dieser Bereich sich als weibliches Betätigungsfeld eignet - bzw. umgekehrt, ob Mädchen und Frauen in der Lage sind, sich die notwendigen Kompetenzen anzueignen und Einfluß auf die Gestaltung der Verhältnisse zu nehmen.

Beide Aspekte sollen hier Gegenstand der Erörterungen sein: Dabei wird in einem ersten Schritt zunächst aus der Analyse der spezifischen Betroffenheit von Frauen durch technologische Entwicklungen eine Begründung dafür gegeben, daß kritische Distanz eben **nicht** bedeuten kann, sich aus diesem Feld herauszuhalten.
In diesem ersten Teil geht es also um eine argumentative Entfaltung eines Anspruchs auf Einflußnahme durch Frauen, wie z.B. Cynthia COCKBURN dies prägnant auf den Begriff gebracht hat:
"Wir können weder passive Opfer irgendeiner Technik bleiben wollen (z.B. als Konsumentinnen medizinischer oder militärischer Technologien, die wir statt dessen in Zweifel ziehen oder bekämpfen sollten) noch manipulierbare und ausbeutbare Bedienerinnen technischer Gegenstände (wie Schreibmaschinen und Waschmaschinen). Wir müssen uns technische Fähigkeiten

und Fertigkeiten aneignen, und um sie zu lernen, müssen wir uns in das Feld hineinbegeben. Von außen, aus sicherer Entfernung, ist es nicht zu schaffen." (COCKBURN 1984, S. 206)

Die Voraussetzung für eine solche Einflußnahme ist also Kompetenzerwerb. Im zweiten Schritt soll deshalb die Frage behandelt werden, wie und wo Mädchen und Frauen solche Kompetenzen erwerben können und auf welche Barrieren sie dabei stoßen. Wichtig erscheint, darauf hinzuweisen, daß die größere Distanz und der andere Zugang von Mädchen und Frauen zur Technik nicht nur als Barriere zu sehen ist, sondern auch positive Momente beinhaltet, gerade in bezug auf eine kritische Aneignung der neuen Technologien.
In diesem zweiten Teil werden daher neben der Analyse der subjektiven Lernvoraussetzungen von Mädchen und Frauen auch Fragen der Gestaltung des Lernprozesses, seiner institutionellen Verankerung etc. eine Rolle spielen.

NEUE TECHNOLOGIEN UND IHRE ANWENDUNG AUF FRAUENARBEIT

Wenn man von Frauenarbeit spricht, so betrifft dies in der Regel zwei verschiedene Bereiche des Lebens, nämlich einmal den privaten Bereich der Hausarbeit und zum anderen den des Erwerbslebens. In beiden Lebensbereichen finden wir technologische Veränderungen, mit denen Frauen konfrontiert werden. Wir klammern aber die Veränderungen im Privatbereich heute aus - da sie ein eigenes, umfassendes Gebiet darstellen würden - und befassen uns nur mit der Entwicklung der Technologien im Frauenerwerbsbereich.

Allgemein läßt sich für den Erwerbsbereich feststellen, daß die neuen Technologien vor allem zu einer erheblichen Produktivitätssteigerung führen. Die Chancen der Entwicklung bestehen darin, daß stumpfe, repetitive Arbeitsvorgänge und gesundheitsbeeinträchtigende Arbeit durch das Maschinensystem abgelöst werden und schwere körperliche Arbeit wesent-

lich erleichtert wird. Die negativen Folgen der neuen Techniken betreffen vor allem die Vernichtung von Arbeitsplätzen, die Verstärkung von unkontrollierter Überwachung, darüber hinaus die Gefahr, daß neue, monotone, dequalifizierende Arbeitsplätze entstehen.
Die Produktivitätsfortschritte sind hinsichtlich ihrer Arbeitsmarktentwicklungen zwar ambivalent, da die jeweiligen makro- und mikroökonomischen Bedingungen zu berücksichtigen sind - alle bisherigen Untersuchungen und Berechnungen zeigen jedoch, daß insgesamt ein nicht unbeträchtlicher Arbeitsplatzabbau erfolgt, der von der Schaffung neuer Arbeitsplätze, die zweifellos in einigen Bereichen erfolgt, keineswegs aufgefangen wird.
Dies gilt insbesondere für den Frauenerwerbsbereich.

Wir unterscheiden im folgenden zwischen den quantitativen Auswirkungen, die vor allem einen verstärkten Verlust von Frauenarbeitsplätzen bedeuten, und den qualitativen Folgen, die sich auf eine Veränderung der Arbeitssituation selbst beziehen.

Verlust von Arbeitsplätzen, Rationalisierungseffekte

Um die Veränderungen in der Zahl der Arbeitsplätze festzustellen, ist es sinnvoll, zwischen dem produzierenden Bereich einerseits und dem Dienstleistungsbereich andererseits zu differenzieren.
Generell lassen sich für die Frauen im produzierenden Gewerbe nahezu ausschließlich negative Folgen, d.h. einen enormen Wegfall von Arbeitsplätzen durch die technische Entwicklung, aufzeigen. Dies gilt nach den Erkenntnissen der Ifo/Iso-Studie zu "Technik und Frauenarbeitsplätze" in zweierlei Hinsicht: "Zum einen sind sie (die Frauen) in den Tätigkeitsfeldern, die vom technisch-organisatorischen Wandel besonders stark betroffen waren, überrepräsentiert, zum anderen gelang es ihnen nur vereinzelt, in den expandierenden gewerblichen und technischen Tätigkeitsfeldern Fuß zu fassen." (FRIEDRICH u.a. 1983, S. 159)

Gerade in der Fertigung wird menschliche Arbeit durch Automatisierungstechnologie substituiert, und hier sind Frauen überproportional vertreten. (FRIEDRICH u.a. 1983, S. 65) Allerdings treffen die Veränderungen im produzierenden Bereich sowohl Sektoren mit einer hohen Zahl von erwerbstätigen Frauen als auch solche mit einer geringen Zahl, also sowohl "Frauen"-als auch "Männer"-Sektoren. (KREBSBACH-GNATH u.a. 1983 S. 201)

Anders sieht es dagegen im tertiären Bereich aus:
Hier sind vor allem Frauen stärker betroffen und zwar dadurch, daß innerhalb der Sektoren "weibliche" Tätigkeiten (Handel treiben, Bürotätigkeiten, sonstige Dienstleistungen) gegenüber "männlichen" Tätigkeiten (Kontrollieren/Planen, Konstruieren, Leiten) leichter routinisierbar und damit automatisierbar sind. (KREBSBACH-GNATH u.a. 1983, S. 205) Gerade in kaufmännischen/verwaltenden Berufen betreffen Rationalisierungen in erster Linie "einfache" Bürotätigkeiten, in denen viele Frauen arbeiten. Frauen ohne qualifizierte Ausbildung werden dann freigesetzt.
"Bei Schreibkräften wurde ... beobachtet, daß im Falle von Umsetzungen jeweils die am höchsten Qualifizierten bei den Umsetzungen bevorzugt wurden und auch gerne von solchen Angeboten Gebrauch machten". (FRIEDRICH u.a. 1983, S. 63)

Betrachtet man einzelne Berufe, so gehören zu denen, die eine deutlich negative Bilanz aufweisen, und die gleichzeitig erhebliche Frauenanteile aufweisen, vor allem Verkäuferinnen, Groß- und Einzelhandelskaufleute, Bankkaufleute, Bürofach- und Bürohilfskräfte, Sekretärinnen. Von den Männerberufen, die in letzter Zeit besonders für Frauen ausgewählt wurden, gehören dazu Werkzeugmacher, Metallberufe, Installateure, Maler/Lackierer. Arbeitsplatzgewinne verzeichneten neben den Ingenieur-, Mathematik- und Naturwissenschaftsberufen, die in der Regel über Hochschulausbildungen gehen, Mechaniker und Elektroinstallateure. (KREBSBACH-GNATH u.a. 1983, S. 216/217)

Die bisherigen Angaben bezogen sich vor allem auf die quantitativen Auswirkungen der neuen Technologien, und hier zeigte sich deutlich, daß "Frauenberufe" und frauenspezifische Einsatzbereiche erhebliche Arbeitsplatzverluste erfahren werden.
Wir wollen jetzt aber auch dem Aspekt nachgehen, welchen Veränderungen die verbleibenden Arbeitsplätze unterliegen.

Erhöhte Belastungen an verbleibenden Arbeitsplätzen

Betrachtet man die Werbeanzeigen und Broschüren der Computerindustrie, so winken den Frauen paradiesische Zustände: alles geht leichter, wird einfacher, Streß verschwindet, es bleibt sogar Zeit für die Sekretärin, sich die Fingernägel zu lackieren, während der Drucker "selbständig" die Arbeit erledigt.
Die wenigen empirischen Studien, die es bisher zu den qualitativen Veränderungen von Frauenarbeitsplätzen durch neue Technologien gibt, zeigen dagegen ein deutlich anderes Bild. So kommt die SOFI-Studie über Angestellte zu folgenden Erkenntnissen:
"- Da die Frauen im Durchschnitt in den weniger qualifizierten Sachbearbeiterbereichen eingesetzt sind, sind ihre Arbeitsplätze sowohl stärker davon bedroht, wegrationalisiert zu werden, als auch tiefer von den neuen Technologien umgestaltet zu werden. Sie sind häufiger und länger an Bildschirmarbeitsplätzen beschäftigt, und der Zeitrhythmus ihrer Arbeit erfährt eine stärkere Abhängigkeit vom EDV-System.
- Wegen der großen Konkurrenz und wegen höherer Unsicherheiten in ihrem Berufsverhalten, die ihnen zumindest auf der Grundlage bisheriger Erfahrungen von den Geschäftsführungen zugeschrieben werden, reduzieren sich auch ihre Chancen, in die in geringerem Umfang zur Verfügung stehenden Aufstiegspositionen aufzusteigen." (BAETHGE u.a. 1983, S. 140)

Diese Entwicklung im Angestelltenbereich bestätigt sich auch in der Untersuchung der Folgen von Bürorationalisierung für

Routinesachbearbeiter/innen im öffentlichen und privaten Sektor. Generell findet sich hier eine Personalreduzierung und ein Personalaustausch mit gleichzeitiger Selektion hinsichtlich der Lern- und Leistungsfähigkeit der Angestellten. "Für die verbliebenen Angestellten gilt, daß physische und psychische Belastungen mit der Anbindung der Tätigkeit an den Bildschirm steigen und die Bewältigung der neuen fachinhaltlichen und/oder EDV-bezogenen Arbeitsanforderungen vor dem Hintergrund unzureichender betrieblicher Einarbeitungshilfen jeweils nur auf der Basis hoher individueller Lernbereitschaft und Flexibilität gelingt." (GOTTSCHALL u.a. 1984, S.35)

Jutta ROITSCH beschreibt sehr anschaulich, welche Veränderungen die Einführung von Scannerkassen für die Frauen im Einzelhandel mit sich bringen: statt Entlastungen bringen sie verstärkte Arbeitshetze, ähnliche Schwerarbeit wie bei den früheren Umpackkassen und minutiöse Überwachung aller Tätigkeiten. (Roitsch 1985, S.14ff.)

In einem vorläufigen Fazit läßt sich also festhalten, daß Frauen durch die neuen Technologien mehrfach benachteiligt sind:

- Arbeitsplätze gehen verloren
- die verbleibenden Arbeitsplätze sind psychisch und physisch belastend
- die Qualifizierung für die neuen Aufgaben ist unzureichend und erfordert individuellen Höchsteinsatz.

Zwang der Technik oder Entscheidungsspielräume und Gestaltungsmöglichkeiten?

Gerade der letzte Punkt bedeutet, daß die weitgehend sowieso vorhandene Doppelbelastung von Frauen noch massiv verstärkt wird durch zusätzliche zeitliche Anforderungen. In vielen Fällen allerdings unterstellen Personal- und Unternehmensleitungen den Frauen von vornherein, daß sie dieser Belastung nicht gewachsen wären und - statt Qualifizierungsmög-

lichkeiten ohne zusätzlichen Druck zu schaffen - schließen sie die Frauen von vornherein von den weiteren Entwicklungen aus. Für den Bereich der Banken und Sparkassen konnte dies eindeutig nachgewiesen werden:
"Von diesen weitgehend negativen Entwicklungen beruflicher Entwicklungsperspektiven sind in erster Linie die Frauen betroffen. Es kann hier durchaus von einer sich neuerlich abzeichnenden Diskriminierungswelle weiblicher Mitarbeiter in den Kreditinstituten gesprochen werden. Frauen sind bei dem Absolvieren beruflicher Weiterbildungsschritte benachteiligt - sie fallen zeitlich häufig mit den Phasen einer Familiengründung zusammen - sie werden gleichzeitig aber auch - dies zeigen unsere Fallstudien - bei der Zulassung zu solchen Weiterbildungsgängen subjektiv, d.h. von den selektierenden Vorgesetzten, benachteiligt." (OBERBECK 1984, S. 56)

Für den vom SOFI untersuchten Bereich gilt dies generell: "Insgesamt scheint sich innerhalb des gegenwärtig zu beobachtenden Strukturwandels kaufmännisch-verwaltender Arbeit ein Trend zur Verfestigung geschlechtsspezifischer Arbeitsteilung abzuzeichnen, und dies trotz eines erheblich gestiegenen Anteils weiblicher Arbeitskräfte, die über eine qualifizierte einschlägige Berufsausbildung mit anschließender Berufspraxis verfügen. Neue formale Zugangsschranken zu qualifizierten Tätigkeiten tragen hierzu ebenso bei wie personalpolitische Einsatzstrategien in den Unternehmen." (BAETHGE u.a. 1983, S. 141)

Was sich hier als spezifische Entwicklung im kaufmännischverwaltenden Bereich zeigt, gilt hinsichtlich der Arbeitsplatzrisiken durch neue Technologien für Frauen prinzipiell: "Der Grund für die Verschlechterung der Chancen von Frauen im Arbeitsleben ist weniger in der Technik selbst zu suchen als vielmehr in den sozio-ökonomischen Entscheidungsmustern, die bisher die geschlechtsspezifischen Beschäftigungsauswirkungen technischer Entwicklungslinien bestimmten. Diese Muster stehen einer theoretisch möglichen Gleichverteilung der positiven und negativen Beschäftigungsauswirkungen auf männliche und weibliche Arbeitnehmer entgegen." (KREBSBACH-GNATH u.a. 1983, S. IV)

Die Entscheidungsmöglichkeiten betreffen jedoch nicht nur die Selektion nach Geschlechtern, sondern die Arbeitsorganisation selber ist beim Einsatz neuer Technologien gestaltbar. Zwei wesentliche Richtungen lassen sich hierfür benennen:
Zum einen kann eine weitere Entmischung von Tätigkeiten, d.h. eine Fortführung der Taylorisierung des Arbeitsprozesses vorgenommen werden. In diesem Fall sind die Rationalisierungsgewinne in der Regel groß.
Zum anderen können Mischarbeitsplätze geschaffen werden, bei denen eine teilweise Aufhebung der Arbeitsteilung erfolgt. Diese Form der Gestaltung bedeutet allerdings geringeren Rationalisierungsgewinn für die Unternehmen. Die Chancen und Probleme der neuen Technologien sind in allen Fällen keine technischen Sachzwänge, sondern Folgen von betriebswirtschaftlichen, herrschaftsbezogenen oder politischen Entscheidungen, die so oder auch anders hätten ausfallen können oder noch können. Damit ist der Hinweis gegeben, daß es weit weniger entscheidend ist, zu fragen, was aus den neuen Technologien für Frauenarbeit folge, als vielmehr, wie Arbeit organisiert sein sollte, und welche Möglichkeiten die neuen Technologien dazu bieten.

Um allerdings der erneuten expliziten wie impliziten Frauendiskriminierung durch die derzeitige Entwicklung Alternativen entgegensetzen zu können, bedarf es bestimmter Voraussetzungen. Dazu gehören einerseits fachliche Kompetenzen, um zu wissen, wie z.B. Mischarbeitsplätze aussehen könnten; um vermeintliche Sach- oder (jetzt besser gesagt:) Programmzwänge zu erkennen und andere Organisationsformen dagegen setzen zu können. Andererseits bedarf es sozialer Kompetenzen, die z.B. Konfliktfähigkeit und Durchsetzungsvermögen betreffen. Das heißt denn auch ganz deutlich, um auf unsere Ausgangsfrage zurückzukommen, daß Frauen sich nicht raushalten können aus der technologischen Entwicklung. Wenn sie die negativen Konsequenzen abwenden und positive Chancen nutzen wollen, dann geht das nur durch Auseinandersetzung mit dem Gegenstand, nur durch "Sich-Einmischen".

Für eine solche Konsequenz ist es zweifellos sehr wichtig, sich anzuschauen, wie und wo derartige Kompetenzen erworben werden können. Damit kommen wir zu unserem zweiten Schritt, der Betrachtung entsprechender Bildungsprozesse. Von ihnen nämlich hängt wesentlich ab, welche arbeitsorganisatorischen Konzepte überhaupt realisierbar sind, weil die dafür nötigen Qualifikationen verfügbar sind, sowie auch, welche Widerstandspotentiale vorhanden sind, die Reduzierungen der Persönlichkeitsentwicklung nicht zulassen, und welches Innovationspotential an Phantasie und Kreativität gebildet werden kann, mit dem alternative gesellschaftliche Lösungen gefunden und angegangen werden können.

WEIBLICHER KOMPETENZERWERB IM BEREICH NEUER TECHNOLOGIEN

Unsere Forderung, daß Frauen und Mädchen sich kompetent machen sollen in einem Gebiet, das sie massiv betrifft, hat natürlich nur dann Realisierungschancen, wenn dies überhaupt möglich ist. Wir kommen damit zur "Eignungsfrage": Geht das: Frauen und Technik - Frauen und Mathematik - Frauen und Logik?
Leider handelt es sich dabei keineswegs um ein überholtes Vorurteil, sondern um ein Thema, das noch immer öffentlich wie wissenschaftlich diskutiert wird.

Barrieren im Kompetenzerwerb

Drei Punkte lassen sich u.E. aufzeigen, die verhindern, daß es für Mädchen und Frauen selbstverständlich ist, mathematische und technische Kompetenzen zu erwerben.

- Zum ersten finden wir noch heute in massivem Ausmaß geschlechtsspezifische Kompetenzzuschreibungen: Die Bereiche

Mathematik / Technik / Naturwissenschaften gelten immer noch weitgehend als männliche Domäne, sowohl bei den Eltern als auch bei Lehr- und sonstigem Ausbildungspersonal. Das manifestiert sich häufig in geringeren Erwartungshaltungen und entsprechend weniger Förderung. Ein vordergründig entlastender Effekt kann dann darin bestehen, daß Mißerfolge bei Mädchen eher "erwartungsgemäß" und weniger schlimm, weil als "typisch weiblich" erklär- und entschuldbar betrachtet werden. Vordergründig bleibt diese Entlastung jedoch deshalb, weil gleichzeitig gerade mathematische Fähigkeit als Ausweis intellektueller Potenz und Abstraktionsfähigkeit hoch im Kurs stehen und Nachrangigkeit auf einem solchermaßen angesehenen Gebiet die Einschätzung der eigenen Leistungsfähigkeit und Tüchtigkeit ziemlich nachhaltig behindert.
Umgekehrt können aber selbst Erfolge hier ebenfalls negative Auswirkungen haben, denn sie stehen den Mädchen gewissermaßen nicht zu, gelten als "unweiblich". Besonders fatal werden solche Erfolge, wenn sie in Konkurrenz zu Jungen und Männern erzielt werden: Gilt es schon insgesamt als nicht lady-like, Überlegenheit gegenüber dem männlichen Geschlecht zu zeigen, so gilt das verstärkt für solche Gebiete, die traditionellerweise als dessen Terrain gelten.
Beide Arten der Zuschreibung - entweder mangelnde "Begabung" oder aber unerwünschte "Begabung" - erzeugen also ein Dilemma: Entweder die Mädchen/Frauen nehmen das Risiko sozialer Abqualifizierung in Kauf (in diese Rubrik fallen die unzähligen Diskriminierungen der "unattraktiven Intelligenzbestien, denen gar nichts übrig blieb, als Karriere zu machen") - oder aber sie leisten Verzicht und finden sich mit dem Bild geringerer Fähigkeit ab. Ungünstige Selbstbewertungen nehmen sie damit in beiden Fällen vor.

- Damit haben wir einen zweiten Mechanismus der Behinderung von Frauen beim Kompetenzerwerb - speziell in dem uns hier interessierenden Bereich - angesprochen: Solche Zuschreibungen wirken nicht nur als äußere Barrieren, sondern sie entfalten vor allen Dingen darüber ihre Auswirkung, daß sie als Selbsteinschätzungen übernommen werden, die häufig auch durch noch so positive Gegenerfahrungen nicht hinreichend widerlegt werden können. Insofern haben wir es also auch - und wohl erst recht - mit einem Selbstfesselungsmechanismus zu tun: Die Angst vor Mißerfolg und Versagen, die Zweifel an den eigenen Möglichkeiten und die resignative Einschätzung, trotz aller Anstrengung vermutlich doch nichts zu erreichen, verhindern in vielen Fällen bereits erste Anläufe oder führen schon recht bald zur Aufgabe ursprünglicher Ziele und zu früher Selbstbescheidung.

- Allerdings wollen wir damit nun nicht etwa den schwarzen Peter an die Frauen und ihre "falsche" Einstellung abgeben. Nicht zuletzt sind es - und das gilt insbesondere für den nachschulischen Bereich - objektive Schwierigkeiten, die sich aus der praktizierten Form geschlechtsspezifischer Arbeitsteilung ergeben, die den Frauen in viel stärkerem Maße doppelte Belastungen aus der Verbindung von Berufs- und Familienarbeit abverlangt. Auf solche Restriktionen nehmen die verfügbaren Qualifizierungs- und Weiterbildungsangebote kaum Rücksicht. Für den Bereich schulischer und beruflicher Ausbildung muß man schließlich konstatieren, daß auch insofern objektive Behinderungen geschaffen werden, als die skizzierten Einstellungen geschlechtsspezifisch unterschiedliche Lerngelegenheiten erbringen, die dann entsprechende Wissenslücken und Startnachteile bei Mädchen produzieren können.

Wir haben also bisher drei Hürden benannt, die zu nehmen sind im Prozeß des Kompetenzerwerbs: Neben den zuletzt angesprochenen objektiven Schwierigkeiten haben wir die negativen Selbst- und Fremdetikettierungen weiblicher Fähigkeiten erwähnt. Wir wollen jetzt, bevor wir uns den institutionellen Möglichkeiten des Kompetenzerwerbs zuwenden, zunächst deutlich machen, daß es sehr wohl möglich ist, diese Barrieren zu überwinden und daß Frauen, die dies schaffen, in verschiedener Hinsicht kompetenter sind als Männer.

Kritikfähigkeit und soziale Kompetenz von Frauen

Zuerst möchten wir darauf hinweisen, daß Frauen einen beträchtlichen Anteil an der gesellschaftlichen Entwicklung naturwissenschaftlicher und mathematischer Erkenntnisse hatten und auch mit zu den Pioniertaten informationstechnologischer Umsetzungen beigetragen haben. Es gibt also durchaus historische Vorbilder, weit mehr, als man uns bisher in schulischer Ausbildung nahebringt. Von Mathematikerinnen wie Sophie GERMAIN, Sonja KOWALEWSKAJA oder Emmy NOETHER hatten wir dort zumindest nichts gehört, und vermutlich sind wir damit keineswegs Einzelfälle.
Immerhin hat inzwischen eine Frau für ihren Beitrag zur Entwicklung der Software-Technologie in gleicher Weise ein Denkmal gesetzt bekommen, wie das dem Mathematiker Blaise PASCAL widerfuhr: Es wurde eine Programmier-Sprache nach ihr benannt (ADA). Wir meinen Augusta Ada LOVELACE, die als Mutter der modernen Software gilt.
Die amerikanische Frauenforschung gibt weitere Hinweise auf weibliche Leistungen, mit denen es sich kritisch auseinanderzusetzen gälte - etwa mit der Verbindung von Betriebspsychologie und Taylorismus durch Lilian Gilbreth MOLLER. Über solche Hinweise auf herausgehobene Vorkämpferinnen hinaus ist aber festzuhalten, daß Mädchen und Frauen zwar im Vergleich zu Jungen und Männern unterrepräsentiert, aber dennoch im Bereich von Mathematik/Naturwissenschaften/Technik vorhanden sind und dies mit nicht unbeträchtlichem Anteil und steigender Tendenz.
Frauen und Mädchen arbeiten und lernen durchaus schon auf diesem Gebiet - und sie tun es auch mit Erfolg. Lehrende in solchen Ausbildungsstätten berichten häufig, daß die dort anzutreffenden Mädchen und Frauen eher zu den Leistungsstärkeren gehören. Wir zitieren hier exemplarisch eine Beurteilung, aus der deutlich wird, worin sich die guten (weiblichen) Leistungen manifestieren, durch welche Spezifika sie sich charakterisieren lassen. Sie stammt von BRUNNSTEIN, der in einem Interview zur BRIGITTE-Aktion "Computer-Kurse für Mädchen" aus seinen Erfahrungen im Informatikstudium (der Frauenanteil liegt dort etwa bei 20 %) folgendes berichtet:

"Wenn Mädchen, Frauen einen Zugang zum Computer haben, dann gehen sie durchdachter damit um, wägen sorgfältiger ab, zeigen nicht nur unkritische Begeisterung. Die Arbeiten von Studentinnen sind im Durchschnitt sogar besser als die der Studenten. Sie beziehen Dinge ein, die Studenten oft nicht so bedenken, zum Beispiel gesellschaftliche Auswirkungen. Zur Systemanalyse - dem wesentlichen Teil der Informatik - gehört eine sehr kritische, auch selbstkritische Einstellung: Man muß neben den Möglichkeiten auch die Grenzen des Computereinsatzes betrachten. Und diese vor- und nachdenkliche Einstellung ist bei den Frauen eher festzustellen als bei den Männern." (Interview in BRIGITTE 6/85, S.161)

Diese Positivbewertung macht nun gleichzeitig auch Aussagen zu der inhaltlichen Seite des von uns geforderten Kompetenzerwerbs, indem sie hervorhebt, daß es keinesfalls um eine abgehobene Vermittlung mathematisch-technischen Spezial- und Detailwissens, sondern um die Entwicklung einer umfassenderen Problemsicht unter Einschluß gesellschaftlicher und sozialer Aspekte geht.
Dies ist nun zunächst einmal ein noch sehr allgemein formulierter Anspruch, über den möglicherweise relativ leicht ein Konsens herzustellen ist. Die Auseinandersetzungen brechen mit zunehmender Konkretisierung der Fragen auf, wie Bildungseinrichtungen solchen Ansprüchen gerecht werden sollten. Unter unserer spezifischen Annäherung an das Thema ist es uns wichtig, festzuhalten, daß die offensive Vertretung der **Integration** sozialwissenschaftlicher und naturwissenschaftlicher Inhalte notwendig ist, um bei Mädchen wie bei Jungen, bei Frauen wie bei Männern, eine kritische Auseinandersetzung mit den neuen Medien und neuen Technologien zu ermöglichen. Dies hat dann gleichzeitig zur Folge, daß Mädchen und Frauen nicht in erster Linie als "Mängelwesen" mit defizitären Voraussetzungen betrachtet werden, sondern ihrerseits Stärken und Kompetenzvorsprünge vorzuweisen haben, die einen gemeinsamen Lern- und Veränderungsprozeß vorantreiben können. Im Idealfall wäre hier somit ein Lernfeld zu gestalten, in dem beide Geschlechter komplementär voneinander profitieren und in dem einer Polarisierung und Verfesti-

gung traditioneller Rollenvorstellungen bewußt entgegengesteuert wird.

Es gilt im folgenden also nach den Bedingungen und Realisierungschancen für die Gestaltung der von uns geforderten Lernprozesse zu fragen. Dabei werden wir eine Zweiteilung vornehmen und beginnen mit der Betrachtung des allgemeinen Schulwesens. In einem zweiten Schritt wenden wir uns dann Fragen beruflicher Aus- und Weiterbildung zu.

ANALYSE DER BILDUNGSMÖGLICHKEITEN

Vor dem Hintergrund der geschilderten Barrieren für den Kompetenzerwerb bei Frauen einerseits und der spezifischen Zugänge zu Technik andererseits fragen wir jetzt nach den möglichen und vorhandenen Lernarrangements. Nun kann es nicht darum gehen, eine vollständige Utopie veränderter Sozialisations- und Bildungsprozesse aufzuzeigen. Vielmehr versuchen wir im folgenden, die Situation im Bildungssystem zu beleuchten, um dort Ansatzpunkte zu finden, an denen gezielte Förderung von Mädchen und Frauen möglich wäre. Obwohl der familiären Erziehung gerade in der geschlechterspezifischen Erziehung zentrale Relevanz zukommt (vgl. GRABRUCKER 1985), klammern wir diesen Aspekt hier aus und behandeln nur die öffentlich organisierten Bildungsprozesse. Dabei beginnen wir mit dem Elementar- und Primarbereich. Auch hier sind zwar bereits Geschlechtsidentitäten bei den Jungen und Mädchen vorhanden, dennoch könnte die koedukative Situation genutzt werden, um gezielt Geschlechtsrollen aufzubrechen. In gemeinsamer handwerklicher Arbeit z.B. müßten Mädchen eindeutig ermutigt werden, auszuführende Tätigkeiten zu übernehmen, während Jungen Zureichungen machen. Notwendig wären Sensibilität für geschlechtsspezifisches Verhalten bei den Lehrer/inne/n und die explizite Behandlung technischer Inhalte.
Ein sehr frühzeitiger Umgang mit Computern stößt bei Mädchen noch nicht auf festgefahrene Einstellungen und Verhaltensweisen. Die weitgehend einhellige Ablehnung der Nutzung von

Computern im Kindergarten und in der Grundschule steht hierzu in Widerspruch. Sie begründet sich allerdings aus der Befürchtung, mit der Nutzung des Computers als Lernmittel würde nur Akzeptanz befördert, kritische Aneignung jedoch verhindert.

Akzeptiert man jedoch die Entscheidung, daß die Frage des frühzeitigen Umgangs den privaten Verhaltensweisen von Eltern überlassen bleibt, so gilt es zu analysieren, in welcher Weise Schule zur "Vorbereitung auf die Informationsgesellschaft" beitragen will.

In der Schulrealität vollzieht sich inzwischen eine hektische Aktivität auf dem Gebiet der "Computerbildung".
Allerdings handelt es sich dabei keineswegs um ein völlig neues Gebiet. Vielmehr gibt es bereits seit Anfang der 70er Jahre in den gymnasialen Oberstufen das Wahlpflichtfach Informatik, in dem rechner-, algorithmen- und anwendungsbezogene Qualifikationen und Inhalte vermittelt werden sollen. Das Hauptproblem bestand darin, daß bei der Einführung dieses Faches keine ausgebildeten Informatiklehrer/innen vorhanden waren, so daß engagierte Lehrer/innen in Selbststudien und Eigeninitiative sich qualifizierten und ihren Unterricht entwickelten. Dabei handelte es sich in der Regel um Mathematik- und/oder Physiklehrer (hier wählen wir bewußt die männliche Form, weil es überwiegend Männer waren), denn diese Personengruppe war weitgehend die einzige, die während des Studiums überhaupt mit EDV in Berührung gekommen war und dadurch über einen Qualifikations- und Motivationsvorsprung verfügte. Konsequenz dieser Entwicklung war jedoch, daß der Informatikunterricht dem naturwissenschaftlich-mathematischen Bereich zugeordnet wurde und seine Ausrichtung auch weitgehend sozialwissenschaftliche Aspekte vernachlässigte.
Die Beteiligung von Mädchen an diesen Angeboten schwankt - obwohl es keine offiziellen Statistiken darüber gibt - zwischen zehn und dreißig Prozent. Sie liegt erheblich höher, wenn damit die Abwahl von Mathematik als Abiturprüfungsfach möglich ist.

Weiterhin gibt es seit einigen Jahren freiwillige Arbeitsgemeinschaften zum Bereich Informatik, die dem Wahlbereich zugehören. Hier findet man selten überhaupt Mädchen unter den Teilnehmer/inne/n.

Die derzeitige Hektik der Diskussion um den Einbezug von neuen Technologien in Bildungsangebote der Allgemeinbildung gilt der Verbreitung bisheriger "Informatik" auf alle Schulformen, sowie ihrer damit einhergehenden Veränderung. Die dabei geplante Entwicklung soll kurz skizziert werden.

Am 7.12.1984 hat die Bund-Länder-Kommission für Bildungsplanung ein Rahmenkonzept Informationstechnische Bildung in Schule und Ausbildung verabschiedet. Dieses Konzept stellt eine Empfehlung für alle Bundesländer dar, entsprechend ihre Lehrpläne zu konzipieren.
Die Struktur der informationstechnischen Bildung soll sich in drei Bereiche gliedern:
a) eine informationstechnische Grundbildung für alle Schüler,
b) eine vertiefende informationstechnische Bildung in Form der Informatik,
c) eine berufsbezogene informationstechnische Bildung.

Die informationstechnische Grundbildung für alle Schüler stellt das eigentlich Neue an diesem Konzept dar; Informatik existiert - wie gezeigt - schon lange, und Versuche, computerbezogene Aspekte in die Berufsausbildung einzubeziehen, werden ebenfalls schon seit längerem gemacht.

Folgende Aufgaben werden der Grundbildung zugeordnet:
"- Aufarbeitung und Einordnung der Erfahrungen, die Schüler in ihrer Umwelt mit Informationstechniken machen
- Vermittlung von Grundstrukturen, die den Informationstechniken zugrunde liegen
- Einübung von einfachen Anwendungen der Informationstechniken
- Vermittlung von Kenntnissen über die Einsatzmöglichkeiten und die Kontrolle der Informationstechniken

- Darstellung der Chancen und Risiken der Informationstechniken
- Einführung in die Probleme des Persönlichkeits- und Datenschutzes
- Aufbau eines rationalen Verhältnisses zu den Informationstechniken." (BUND-LÄNDER-KOMMISSION 1985, S.2f.)

Festlegungen trifft die BLK dahingehend, daß sie die Grundschulen von der informtionstechnischen Grundbildung ausgenommen wissen will, ihre Ansiedelung in die Sekundarstufe I, vornehmlich in den 8. Jahrgang vorsieht.
Auch über die Ansiedelung der Grundbildung trifft die BLK Entscheidungen: Zunächst bekundet sie einem fächerintegrierten Ansatz deutliche Priorität gegenüber einem eigenen neuen Fach. Zur Zuordnung heißt es dann jedoch: "Am einfachsten wird sie in den Fächern zu vermitteln sein, die induktiven, deduktiven und statistischen Methoden Vorrang einräumen und sich formalisierter Verfahren und Darstellungen bedienen." (ebd., S. 6)
Mit einer solchen Zuordnung sind dann allerdings weitgehend gesellschaftskritische Ansätze ausgeklammert.

Damit aber besteht für die uns hier interessierenden Gesichtspunkte der Geschlechtsspezifik die Gefahr, daß nicht nur die sozialisationsbedingten Barrieren von Mädchen im Zugang zu Technik und Mathematik/Naturwissenschaften nicht angegangen werden, sondern daß auch dieser neue Unterricht sie weiterhin verstärken wird.

Die vorhandenen Unterrichtsvorstellungen, die Materialien und insbesondere die Software erlauben bisher im allgemeinbildenden Bereich kaum eine kritische Auseinandersetzung mit den neuen Technologien, sie begünstigt die Jungen und ihren Zugang und erschwert es den Mädchen weiterhin, sich hier zu engagieren und Kompetenz zu entwickeln.

Die Erfahrungen der Mädchen mit schulischem Computerunterricht gehen denn auch dahin - dies hat die Begleituntersuchung zu den Nixdorf-Computerkursen für Mädchen ergeben -, daß Jungen sich mit ihren Interessen an der Technik und an den Geräten durchsetzen, Mädchen dagegen mit ihren Interessen und Fragen nicht durchdringen können. (vgl. FAUSER/SCHREIBER 1985)

Zeigte sich im Vorhergehenden, daß die schulische Bildung einen wichtigen Bereich darstellt, bei dem Frauen sich in die Diskussion einschalten müssen, wollen sie nicht die Entwicklung der Vereinigung von Computerindustrie und Kultusbürokratie überlassen, so betrifft diese Bildung dennoch erst die kommende Generation berufstätiger Frauen. Für die bereits jetzt erwachsenen Frauen stellt der Weiterbildungsbereich das zentrale Feld für Kompetenzerwerb dar. Wir wollen deshalb jetzt untersuchen, welche Entwicklungen dort zu finden sind.

Wir haben eingangs hervorgehoben, daß gerade Frauenarbeitsplätze sehr stark von der Einführung moderner Büro- und Kommunikationstechnologie betroffen und verändert werden. Dabei haben wir schon kurz angerissen, daß die Chancen für Mädchen deutlich geringer sind, in die zukunftsträchtigen und qualifizierten Ausbildungsberufe hineinzukommen.
Wir haben auch erwähnt, daß die verbleibenden Arbeitsplätze starken Veränderungen unterliegen. Auf diese veränderte Arbeitssituation müssen die Frauen vorbereitet werden, sie müssen zumindest rudimentäre Kenntnisse über die Geräte und Programme haben, mit denen sie umgehen sollen - sie brauchen Bedienerqualifikationen.

Vermittelt werden solche Kenntnisse gewöhnlich in Kursen, die Hersteller anbieten und durchführen. Diese sind in der Regel sehr knapp kalkuliert, beschränken sich auf die notwendigsten Gebrauchsanweisungen, vermitteln aber kaum Kenntnisse über die Funktionsweise und Logik solcher Computersysteme und Abläufe. Das Ergebnis besteht dann häufig darin, daß die Frauen abschließend weitgehend auf sich allein gestellt allenfalls noch auf Handbücher zurückgreifen können, die von Technikern in nicht eben verständlicher Sprache verfaßt wurden. - Wenn man Pech hat, sind sie auch noch gar nicht oder schlecht aus dem Englischen übersetzt. Was frau dann übrig bleibt, ist letztlich nur, sich mit Fleiß, Zähigkeit und Frustrationstoleranz - was sie ja in den Augen der Arbeitgeber ohnehin auszeichnet - ans Ausprobieren zu machen und sich schließlich durchzubeißen. Weil dies so ist, haben hier auch am ehesten diejenigen Frauen eine Chance, solche Aufgaben übertragen zu bekommen, die relativ hoch qualifiziert sind und als flexibel und selbständig betrachtet werden. Daß die Einarbeitung in solch neue Gebiete ein hohes Maß an Eigeninitiative, Motivation und schließlich auch Zeit - häufig über die normale Arbeitszeit hinaus - erfordert, gerät den Frauen leicht in doppelter Weise zum Nachteil : Zum ersten sind sie in der Tat häufig stärker als Männer mit Hausarbeit und Kinderbetreuung belastet, können nicht so leicht an Kursen teilnehmen, die ihre Abwesenheit von zu Hause erfordern - z.B. an Wochenend- oder noch längeren Lehrgängen - und sind auch in ihrer täglichen Arbeitszeitgestaltung stärker fixiert. Zum zweiten nützt es ihnen aber häufig auch wenig, wenn sie individuell mit mehr oder weniger großen Anstrengungen alle Schwierigkeiten aus dem Weg räumen. In der Perspektive derjenigen, die solche betrieblichen Fortbildungsmöglichkeiten gewähren, unterstellt man ihnen qua Geschlechtszugehörigkeit oft zunächst einmal, daß sie weder die Zeit und die Kosten investieren könnten noch die Motivation dazu hätten. Diese Schwierigkeiten sind nicht spezifisch für Weiterbildung im EDV-Bereich. Barbara HEGELHEIMER kommt in ihrer Studie über "Betriebliche Weiterbildung und beruflicher Aufstieg von Frauen in der Bundesrepublik Deutschland" (Berlin 1982) insgesamt zu der Erkenntnis, daß sich Weiterbildungsangebote in Betrieben entweder explizit an junge, unverheiratete Frauen ohne familiäre Verpflichtungen richten, oder aber primär diese Gruppe von Frauen erreichen. Denn natürlich sind die Probleme der berufstätigen Mütter wesentlich größer - welcher Computerkurs bietet schon gleichzeitig Kinderbetreuung an? Auch dafür gibt es aber Modelle, und in diese Richtung müßte man weiterdenken.

Dieser Mangel an betrieblichen Weiterbildungsangeboten erklärt wohl auch den steigenden Anteil von Frauen an Angeboten öffentlicher Institutionen. Die folgende Tabelle aus der Statistik der VHS Düsseldorf vermag dies zu illustrieren:

Tab.: Frauenanteil an EDV-Kursen 1980 und 1984

Kursart	Frauenanteil in %	
	1980	1984
Einführungskurse	37 %	56 %
Programmiersprachen am Großrechner	14 %	36 %
Programmiersprachen an Mikrocomputern	9 %	19 %
Zertifikat Informatik	7 %	21 %
NC-Technik	1 %	8 %

Quelle: EURICH 1985, S. 85

Es gibt bisher noch keine Untersuchung, die sich mit geschlechtsspezifischen Disparitäten in diesem Bereich befaßt, aber nach unseren Erfahrungen, die auch in Gesprächen mit in ähnlichen Bereichen tätigen Kolleginnen und Kollegen bestätigt wurden, erscheint dieses Bild nicht untypisch: Im Bereich von Einführungsveranstaltungen ist der Frauenanteil relativ am höchsten - das gilt auch für Umschulungsmaßnahmen von arbeitslosen Frauen, die z.B. vom Arbeitsamt finanziert werden. Auf relativ niedrigem level (Grundlagenkenntnisse, Operating) finden sich noch verhältnismäßig viele Frauen, mit steigenden Anforderungen - das heißt auch immer längeren Zeiträumen und höheren Kosten - nimmt der Anteil deutlich ab. Und es ist sicher auch nicht überraschend, daß er am niedrigsten bei den Angeboten ist, die sich am engsten mit Hardware und technischen Grundlagen der Mikroelektronik befassen.

Es wäre eine eigene Untersuchung wert, in welcher Weise die Anbieter solcher Weiterbildungsmöglichkeiten - gemeint sind hier vorrangig öffentliche Weiterbildungsinstitutionen - und vor allen Dingen auch die Beratung durch das Arbeitsamt solche geschlechtsspezifischen Unterschiedlichkeiten überhaupt als Probleme erkennen, oder aber in welcher Weise sie diese sogar noch verstärken.

SCHLUSSFOLGERUNGEN

Zum Abschluß fragen wir für den Bereich der Bildungsinstitutionen nach den Veränderungsmöglichkeiten:
Wo, von wem, mit welchen Inhalten sollte Qualifizierung von Mädchen und Frauen stattfinden?
Auf der Grundlage unserer Analyse sollte gefordert werden,
- den besonderen Zugang von Mädchen und Frauen zu Computer und Technik zu berücksichtigen, z.B. indem der Ausgangspunkt von Lernprozessen stärker bei Anwendungsmöglichkeiten als bei mathematisch-technischen Hintergründen gesetzt wird;
- ihre größeren Ängste und ihr fehlendes Selbstbewußtsein im Umgang mit Technik zu berücksichtigen und gleichzeitig die vorhandenen Wissenslücken schließen zu helfen;
- dabei ein Lernklima zu schaffen, in dem solche Kompetenzen weitgehend frei von Geschlechterkonkurrenz als selbstverständlich auch von Frauen erwerb- und anwendbar erkannt werden.

Wir möchten das abschließend zu einer These zusammenfassen:

Wir brauchen - im schulischen wie im außerschulischen Feld - vor allem eine Erweiterung des autonomen Frauenbereichs in der Technik.

Wenn solche autonomen Organisationsformen geschaffen werden, dann verbessern wir damit die Aussichten, daß Frauen sich nach ihren Bedürfnissen sachkundig machen können. Vorbilder und Modelle gibt es sowohl in England - etwa in den Sheffielder "Tran-sister Workshop" - als auch in Amerika - z.B. das Projekt "Equals" in Berkeley. Der Berliner Frauenbund hat ein Konzept zur Wiedereingliederung von Frauen in den Arbeitsprozeß entwickelt, das in einem Orientierungs- und Motivationslehrgang auch Grundkenntnisse über Computertechnologie enthält. Auch gewerkschaftliche Bildungseinrichtungen bieten inzwischen Computerseminare speziell für Frauen an. Das Bundesministerium für Bildung und Wissenschaft und auch das Bundesministerium für Familie, Jugend, Gesundheit und Frauen fördern eine Reihe von Modellversuchen, die speziell Mädchen und Frauen den Zugang zu den Neuen Technologien erleichtern sollen. Volkshochschulen und Weiterbildungseinrichtungen sind in diese Aktivitäten einbezogen, in vielen Städten haben aktive Frauen eigene Vereine und Gruppen gegründet.

Allerdings meinen wir damit nicht, daß diese notwendige Forderung nach Autonomie schon der letzte Schritt ist, sowenig wir etwa insgesamt das Prinzip der Koedukation in Frage stellen wollen. Wir fordern vielmehr Raum für experimentelle Möglichkeiten, in denen Mechanismen entwickelt werden können, die Frauen stützen und gegen Isolation und Marginalisierung absichern bei ihren Bemühungen, sich in die - immer noch männlich dominierte - Arbeitswelt einzumischen.

Solch stützende Erfahrungen werden Frauen brauchen, wenn ihre Einflußnahme auf diese Arbeitswelt nicht in Anpassung an Strukturen enden soll, die doch gerade verändert werden sollen, weil sie als Verstümmelung und Bedrohung anzusehen sind.

Wir stellen auch an den Schluß ein Zitat von Cynthia COCKBURN, um deutlich zu machen, was wir als zentrale Grundvoraussetzung bei einer weiblichen Aneignung und Gestaltung von Technik betrachten: "Wir wollen unser Interesse an Gefühlen, an Menschen und an sozialem Sinn nicht aufgeben müssen, um es mit der Technik aufzunehmen." (Cockburn 1984, S. 203)

LITERATUR

BAETHGE, Martin u.a.: Bildungsexpansion und Rationalisierung - Ergebnisse einer umfassenden Fallstudienreihe. BMBW Bd. 44, Bonn 1983.

BUND-LÄNDER-KOMMISSION FÜR BILDUNGSPLANUNG UND FORSCHUNGSFÖRDERUNG: Rahmenkonzept für die Informationstechnische Bildung in Schule und Ausbildung. K 26/85. Bonn 1985.

COCKBURN, Cynthia: Weibliche Aneignung von Technik. In: Das Argument 144, März/April 1984.

EQUALS in Computertechnology. Lawrence Hall of Science, University of California, Berkeley: Computer Startling Statements, 1984 (hekt. Man.).

EURICH, Claus: Computerkinder. Reinbek 1985.

FAUSER, Richard; SCHREIBER, Norbert: Computerkurse für Mädchen. Ergebnisse aus den Befragungen von Interessentinnen und Teilnehmerinnen. Universität Konstanz, Sozialwissenschaftliche Fakultät, Fachgruppe Soziologie. Oktober 1985.

FRIEDRICH, W. u.a.: Technik und Frauenarbeitsplätze - Ergebnisse und Vorstudie - Forschungsbericht HA 83-=11. BMFT Bonn 1983 (Ifo-Iso-Studie).

GOTTSCHALL, K. u.a.: Folgen der Bürokratisierung für Routinesachbearbeiter/innen. In: SOFI-Mitteilungen Nr. 9, Februar 1984.

GRABRUCKER, Marianne: Typisch Mädchen ... Prägung in den ersten drei Lebensjahren. Ein Tagebuch. Frankfurt/M. 1985.

HEGELHEIMER, Barbara: Betriebliche Weiterbildung und beruflicher Aufstieg von Frauen in der BRD, CEDEFOP Berlin 1982.

KREBSBACH-GNATH, Camilla u.a.: Frauenbeschäftigung und neue Technologien. Sozialwissenschaftliche Reihe des Battelle-Instituts e.V. Bd. 8, München 1983.

OBERBECK, H.: Der Strukturwandel in den Banken und Sparkassen und seine Bedeutung für die Beschäftigten. In: SOFI-Mitteilungen Nr. 9, Februar 1984.

ROITSCH, Jutta: Die schlaueste Kasse der Welt. Veränderungen im Einzelhandel. In: VOGELHEIM, Elisabeth (Hrsg.): Frauen am Computer. Was die neuen Technologien den Frauen bringen. Reinbek 1984.

BARBARA METTLER - MEIBOM

ARBEITSZEIT - FREIZEIT - BILDSCHIRMZEIT?

Über den drohenden Verlust von Erfahrungen mit lebendiger Umwelt

VORBEMERKUNG

Informations- und Kommunikationstechniken berühren eine vitale Voraussetzung jeglicher Bildungsbemühungen, nämlich die Erfahrungen, die Menschen mit ihrer lebendigen Umwelt machen. Ich möchte daher das Thema dieser Aufsatzsammlung in zwei Richtungen erweitern: Zum einen geht es mir darum zu zeigen, welche grundlegenden technisch-ökonomischen Triebkräfte am Werk sind, die zum Einzug der Informations- und Kommunikationstechniken (IuK-Techniken) in immer weitere Lebensbereiche führen; zum anderen möchte ich herausarbeiten, wie die IuK-Techniken in menschliche Erfahrungszusammenhänge eingreifen.

Meine grundlegende These heißt: IuK-Techniken verdrängen oder ersetzen - sofern sie breit angewendet werden - in immer weiteren Lebensbereichen die Möglichkeiten von Menschen, Erfahrungen durch Auseinandersetzung mit ihrer lebendigen Umwelt zu sammeln. Damit geraten Bildung und Erziehung zwangsläufig in eine Krise, weil die Rückkoppelung geistiger Prozesse an Wissen, das aus unmittelbarer Erfahrung gewonnen wird, zunehmend schwerer wird. An die Stelle von Wissen aus Erfahrung treten zunehmend mehr Informationen **über** Erfahrungen. Diese Entwicklung ist allerdings nicht neu, sondern Ausdruck eines langandauernden gesellschaftlichen Trends der Segmentierung auf allen Ebenen: der Arbeit, des Alltags, der Politik, der Ökonomie, der Wissenschaft. Doch die Entkoppelung von Wissen-Erfahrung-Information wird mit der jetzt anstehenden Anwendung der IuK-Techniken potentiell auf eine neue Stufe gehoben.

TECHNISCH - ÖKONOMISCHE TRIEBKRÄFTE DES ÜBERGANGS ZUR "INFORMATIONSGESELLSCHAFT"

Die Deutsche Bundespost (DBP) bereitet derzeit ein neues Fernmeldenetz für den Transport von Nachrichten, d.h. immateriellen Gütern, vor. Eine solche Verkehrsinfrastruktur entsteht nicht das erste, sondern zum wiederholten Mal. Seit Beginn der Industrialisierung folgt die Entwicklung neuer Verkehrsinfrastrukturen in der Regel dem Rhythmus der Maschinenentwicklung. So gibt es eine Parallelität von Dampfmaschine und Eisenbahnnetzen, Verbrennungskraftmaschine und Straßenverkehrsnetzen, Elekromotoren und Starkstromnetzen usw. Derzeit entsteht wiederum ein neues Verkehrsnetz, und zwar ein digitales Nachrichtennetz. Es ist das infrastrukturelle Äquivalent zur Maschine Computer im Stadium der Mikroelektronik und nutzt diese "Maschine".

Diese Parallelität ist nicht zufällig, sondern systemisch. Technische Innovationen im Maschinenbereich gehören zu den wichtigsten Instrumenten, wenn es darum geht, Wettbewerbsvorteile zu gewinnen. In marktwirtschaftlichen und nach dem Konkurrenzprinzip funktionierenden Wirtschaften hat der besonders gute Chancen, der durch leistungsfähigere Maschinen mehr und billiger produzieren und damit schneller und eine größere Anzahl von Kunden am Markt bedienen kann. Die höhere maschinelle Leistung verlangt aber ein weiteres, nämlich, den Prozeß des Wirtschaftens auf einen größeren Raum auszudehnen: Zur Beschaffung (Rohstoffe und Teile), zur Produktion, zur Vermarktung. Maschinelle Innovationen haben also eine Raumkomponente, und diese wiederum finden wir in den entsprechenden Verkehrsnetzen verkörpert. Verkehrsnetze helfen, Raum und Zeit zu überwinden, den Prozeß des Wirtschaftens über die jeweiligen Grenzen hinwegzuheben, d.h. neue Räume für Produktion und Absatz zu erschließen. Und indem sie dies tun, verhelfen sie zugleich dazu, die jeweiligen Maschinen zu verbreiten, gesellschaftlich durchzusetzen. So haben die Eisenbahnnetze zur Verbreitung der Dampfmaschine, nicht zuletzt als Dampflokomotive, beigetragen, die Straßenverkehrsnetze zur Verbreitung des Automobils und die Starkstromnetze zur heutigen Allgegenwart der Elektromotoren in unseren Gesellschaften.

Derzeit nun stehen wir am Beginn einer gesellschaftlichen Entwicklung, in der die "Maschine" Elektronische Datenverarbeitung im Stadium der Mikroelektronik ihre netzinfrastrukturelle Parallele findet. Sie besteht in dem, was ich die "Straßen der Computergesellschaft" nennen möchte. Diese Straßen der Computergesellschaft sind zum einen computergestützt, d.h. Mikroelektronik wird im Netz, dem Fernmeldenetz, selbst eingesetzt, zum anderen aber - und das ist hier das Wichtigere - sind die Straßen der Computergesellschaft eine vitale Voraussetzung dafür, daß der Computer und computergestützte Geräte gesellschaftlich breit eingesetzt werden können. Sie werden an eine öffentliche Infrastruktur anschließbar und erlauben damit eine raum- und zeitunabhängige computergestützte Information und Kommunikation.

Was an solche Fernmeldenetze in Zukunft alles angeschlossen werden kann, läßt sich derzeit noch kaum absehen, insbesondere nicht, welche Dienste im einzelnen angeboten werden. Doch die Grundmuster sind bereits heute erkennbar.

Wer an ein derartiges Netz angeschlossen ist, kann in allen Nachrichtenformen mit jedem anderen Teilnehmer kommunizieren, d.h. mit Hilfe von Sprache, Daten, Texten, Festbildern und Bewegtbildern. Dies wird möglich, wenn die Deutsche Bundespost als Fernmeldeverwaltung entsprechende Dienste anbietet (also neben dem Fernsprechen auch alle Dienste des Datenverkehrs, der Textkommunikation, sowie das Bildfernsprechen) und wenn die Elektrotechnische Industrie entsprechende Geräte auf den Markt bringt, sei es als multifunktionale Geräte oder als Geräte, die für einen speziellen Dienst (z.B. Bildfernsprechen) vorgesehen sind.

Ein Blick auf die Netzpolitik der DBP zeigt, daß die entsprechenden Planungen formuliert und erste Maßnahmen bereits getroffen sind. So hat die DBP im Jahr 1984, aufbauend auf den Vorarbeiten der sozialliberalen Koalition, ein Konzept zum Ausbau der Fernmeldeinfrastruktur vorgelegt, das folgende Stufen umfaßt:

- Digitalisierung des Telefonnetzes

- Integration der schmalbandigen Dienste und Netze (Sprach-, Daten-, Text- und Festbildkommunikation) im sogenannten ISDN, dem Integrated Services Digital Network

- Integration der Bewegtbildkommunikation, d.h. des Bildfernsprechens in das damit notwendig werdende Breitband-ISDN

- Integration von Hörfunk und Fernsehen in das Netz und damit Aufbau eines Universalnetzes auf Glasfaserbasis, das sogenannte IBFN - Integrierte Breitbandfernmeldenetz.

Dieser Netzausbau bezieht sich derzeit auf einen Zeitraum bis zum Jahr 2020 und wird voraussichtlich - nach den heutigen Preisen 300 Milliarden DM kosten.

Was nun heute geschehen soll, ist, daß das Fernsprechnetz, also ein Netz für die Sprachkommunikation, für den Datenverkehr umgerüstet wird. Digitalisierung des Fernsprechnetzes heißt, daß das Netz, das bislang Sprache analog übertragen hat, nun so umgerüstet wird, daß es Sprache digital überträgt. Computerdaten sind digitale Nachrichten. Wird nun das Fernsprechnetz digitalisiert, so wird

a) Sprache computergerecht und
b) Sprache läßt sich mit anderen digitalen Nachrichten integrieren.

Da sich letztlich alle Nachrichten, egal ob nun Sprache, Text oder Bild, in digitale Nachrichten umformen lassen, kann man auf diesem Wege eine universell verwendbare Infrastruktur schaffen.

Auf Jahrzehnte hinaus wird das qualitativ Neue dieser Infrastruktur darin bestehen, daß Informations- und Kommunikationsmöglichkeiten, wie sie bislang vergleichsweise problemlos nur im Integrierten Fernschreib- und Datennetz bestanden haben und wie sie spezifisch für den Bedarf der Geschäfts- und Verwaltungstätigkeit sind, nun plötzlich allgemein verfügbar sein werden. Typische Formen der informationstechnisch unterstützten Rationalisierung werden dann - frei von infrastrukturellen Barrieren und überdies zu niedrigen Kosten - generalisiert einsetzbar. Das Telefonnetz wird so umgerüstet, daß es dem veränderten Bedarf der Geschäftskommunikation entspricht.

VERÄNDERUNG VON INFORMATION UND KOMMUNIKATION DURCH INFORMATISIERUNG UND MEDIATISIERUNG

Bemüht man die Analogie vorangegangener infrastruktureller Entwicklungen, so können wir heute vermuten, daß die Schaffung einer neuen Verkehrsinfrastruktur für den Transport immaterieller Nachrichten sehr vielfältige Wirkungen haben wird. (Ein gedankliches Experiment kann es erleichtern festzustellen, wie umfassend diese Wirkungen sind. So stelle man sich nur einmal eine Gesellschaft vor, jeweils: ohne Telefon oder ohne Eisenbahn oder ohne Auto.) Ein Blick auf bereits jetzt manifest werdende Anwendungstrends macht die Vielfalt der Wirkungen deutlicher.

Derzeit bereitet man in den Berieben ISDN-Inhouse-Netze vor, d.h. in den Betrieben werden Information und Kommunikation durch Einsatz von Informationstechnik rationalisiert. Rationalisieren bedeutet dabei: Einbinden der Menschen in ein Mensch-Maschine-System in Form von bildschirmunterstützten Arbeitsplätzen (die bürotechnische Industrie beabsichtigt eine 1:1 - Umstellung, bei der jeder Sachbearbeiter ein Bildschirmgerät hat); Technisierung von bislang anders, z.T. von Person-zu-Person durchgeführten Vorgängen der Information und Kommunikation und Nutzung von DV-Möglichkeiten im on-line-Verfahren, d.h. am jeweiligen Arbeitsplatz unter unmittelbarem Zugriff auf den Betriebsrechner. Sachbearbeiter sollen an ihren multifunktionalen Bildschirmgeräten neben Datenverarbeitung auch Textverarbeitung, Bürofernschreiben, Fernkopieren und natürlich Fernsprechen können.

Solche derzeit entstehenden ISDN-Inhouse-Netze enden jedoch vorläufig an der Grenze des Betriebes, d.h. beim Übergang zum öffentlichen Netz. In diesem läßt sich bislang in der Regel (d.h. wenn nicht spezielle Datennetze vorhanden sind) nur die Sprache übertragen. Kommt es nun zum öffentlichen ISDN-Netz, so lassen sich Daten, Texte und Festbilder über die Grenzen des betrieblichen Netzes hinaus transportieren. Damit läßt sich ein betrieblicher Arbeitsplatz aus dem Betrieb hinausverlagern. Arbeit kann - mittels öffentlicher computergerechter Netze - flexibilisiert werden. Flexibilisieren bedeutet dabei, daß Arbeit raum- und zeitunabhängig organisiert werden kann; Arbeit kann nun z.B. als Telearbeit abgewickelt werden. Egal wo der Arbeitsplatz ist - er läßt sich mittels öffentlicher Netze an den Betriebsrechner anschließen, er läßt sich vom Betrieb aus steuern und kontrollieren - bei Videoüberwachung sogar im Bild. Eine überbetriebliche Vernetzung von Geschäftskommunikation und Informationsverarbeitung wird somit möglich. Hier kommt auch die vieldiskutierte **Teleheimarbeit** ins Spiel. Wo sich der Arbeitsplatz aus dem Betrieb in den Privathaushalt verlagern läßt, ohne daß ein Betrieb dabei die Kontrolle über die Arbeit aufzugeben bräuchte, da wird Teleheimarbeit möglich. Der Privathaushalt wird für betriebliche Rationalisierungsstrategien erschlossen.

Dies macht sich noch an einem weiteren Anwendungsaspekt der überbetrieblichen Vernetzung bemerkbar. Wo von vielen Orten aus eine Verbindung zu einer betrieblichen Rechenanlage möglich wird, da kann man sich von diesen vielen Orten aus elektronisch fernbedienen oder **elektronisch selbstbedienen**. Elektronische Selbstbedienung bietet sich z.B. an bei Teleeinkauf, Telebanking, Teleinformationen, Telebuchungen etc., Einkaufen, Bankenverkehr, Auskünfte einholen oder Buchungen vornehmen - all dies soll der Privathaushalt von zu Hause aus können. An dieser Stelle bedarf es eines Hinweises auf das Bildschirmtext(Btx)-Netz der DBP. Btx erlaubt bereits heute elektronische Selbstbedienung oder Teleheimarbeit. Mit diesen Charakteristika (Zugang zu betrieblichen Rechenanlagen über das Telefonnetz und unter Einsatz eines Btx-fähigen Fernsehgerätes) ist Btx der funktionale Netzvorläufer zum späteren ISDN. Doch gilt dies nur für die funktionelle Seite. Btx im späteren ISDN wird wesentlich schneller, umfassender in seinen Möglichkeiten und damit auch in seinen Wirkungen sein.

Elektronische Selbstbedienung erlaubt den Betrieben, Arbeiten auf die Privathaushalte abzuwälzen, die bislang von den betrieblichen Angestellten gegen Kosten durchgeführt werden mußten. Dies ist der Rationalisierungsnutzen, der für die Betriebe in einem solchen vernetzten System liegt. Btx erlaubt umgekehrt für die Privathaushalte die heute immer wieder propagierte "Rationalisierung" des Alltags, d.h. die informationstechnisch unterstützte Abwicklung von Alltagsarbeiten. Auch hier kann man also eine Technisierung von Information und Kommunikation feststellen.

Technisierung und Flexibilisierung von Information und Kommunikation und von Informationsverarbeitung sind zwei wesentliche Wirkungen, die sich aus der Anwendung der jetzt geplanten Technik ergeben. Zwei weitere kommen hinzu. Sie scheinen mir besonders wichtig, wenn es darum geht, die Rückwirkungen auf die Persönlichkeit von Menschen zu antizipieren. Gemeint sind hier Informatisierung und Mediatisierung.

Informatisierung steht als Begriff für die Tatsache, daß Informationen verändert werden hinsichtlich Inhalt und Bedeutung und dem, was man mit ihnen machen kann, wenn sie für Maschinen verarbeitbar werden, wenn also Informationsverarbeitung möglich wird. Kommen wir zurück zu dem Bild der Straßen der Computergesellschaft. Wenn Straßen - was ihre Aufgabe ja ist - Verkehr abwickeln helfen, der ohne diese Straßen gar nicht möglich wäre, dann erzeugen sie Verkehr. Wenn es sich um großdimensionierte Straßen handelt, dann erzeugen sie viel Verkehr. Die Straßen der Computergesellschaft haben nun das Spezifikum, daß das Gut, das sie transportieren, in ihnen selbst oder an ihrem Netzende weiterverarbeitet werden kann. Da die Nachrichten computergerecht sind, kann man sie mittels Computern verarbeiten. Im Netz bedeutet dies z.B., daß die Verkehrsdaten gespeichert und für Berechnungszwecke verwendet werden können (daß sie damit auch leicht für Überwachungs-, Werbungs- oder andere Zwecke mißbraucht werden können, macht dagegen den Datenschützern Sorge). Am Netzende können datenverarbeitende Maschinen angeschlossen werden: kleine Home- oder Personalcomputer bis hin zu den größten Datenbanken.

Nun sind die Informationen nicht gleich in einer Form, in der sie der Computer verarbeiten könnte. Informationen müssen, wenn sie weiterverarbeitbar sein sollen, maschinengerecht sein, und das bedeutet, daß sie sehr tiefgreifende Veränderungen durchlaufen. So müssen sie ihrer Komplexität entkleidet, ihrer sinnlichen Komponenten beschnitten, ohne Nachfrage eindeutig zuordenbar , in ein logisches System von ja-nein-Entscheidungen einfügbar und damit algorithmisierbar sein.

Maschinengerechte Informationen sind Informationen, die aus ihrem sozialen Kontext herausgelöst, von Menschen als Informationsträgern unabhängig gemacht wurden und die einen Standardisierungsprozeß durchlaufen haben, der sie sozusagen "vereinheitlicht", also für die Maschine und deren Programm erkennbar und verarbeitbar gemacht hat. "Informatisierte" Informationen sind in diesem Sinne weit von den Informationen entfernt, die Menschen untereinander austauschen, ja es gibt Kritiker der Informationstechnik, die aus diesem Grunde den Begriff der Information im Zusammenhang mit informations-verarbeitenden Maschinen ablehnen.

Wo immer mehr Inhalte von Information und Kommunikation informatisiert werden, da verändert sich also die Information grundlegend. Kontext- und menschenunabhängige Informationen eignen sich für Zwecke der Verrechnung, der Steuerung, der Kontrolle, der Rationalisierung im weitesten Sinne. Gefährlich sind sie zum einen, wenn die Sensibilität für die Veränderung, für ihre Andersartigkeit fehlt, zum anderen, wenn sie komplexe und menschenbezogene Informationen allmählich verdrängen oder gar ersetzen. So ist es z.B. ein Unterschied, ob eine Personalführung computergestützt mittels Personalinformationssystemen geschieht, oder ob der technische Umgang mit Personaldaten die Personalführung im Sinne eines auf Menschen bezogenen und von Menschen durchgeführten Prozesses ersetzt und damit grundlegend gefährdet.

Mediatisierung, der zweite Begriff, steht für die Tatsache, daß sich im Prozeß der Technisierung von Information und Kommunikation zunehmend neue Medien zwischen den Menschen und seine Erfahrungen schieben. Die Wirklichkeit verschwindet hinter der medial wahrnehmbaren Wirklichkeit. Wir sind heute keineswegs am Anfang dieser Entwicklung. So hat z.B. vermehrter Fernsehkonsum die Freizeit schon in erheblichem Maße mediatisiert. Was jetzt ansteht bzw. möglich wird, ist jedoch ein Sprung - quantitativ wie qualitativ.

Zum einen setzt die Mediatisierung im Zuge des Einsatzes von bildschirmgestützten Rationalisierungstechniken nun nicht nur in der Freizeit, sondern auch im beruflichen Alltag an. Wo eine 1:1 - Umstellung der Arbeitsplätze im Dienstleistungsbereich angestrebt wird, d.h. ein Bildschirm pro Arbeitsplatz vorgesehen ist, da wird Arbeit mediatisiert. Wirklichkeit wird damit zunehmend mehr auf den Ausschnitt reduziert, der auf dem Bildschirm erfahrbar wird. Der Arbeitspsychologe SCHMALE hat dafür in einem Interview das Bild gebraucht "Man drückt das Dingsda in das Dingsda und dann kommt das Dingsda raus", und dies ist einfach zu wenig.

Zum anderen wird aber durch die Erhöhung der Kanalkapazität in der Massenkommunikation, die wir erstmals in den Gebieten der Pilotprojekte verfolgen konnten, auch im massenkommunikativen Bereich die Mediatisierung vorangetrieben. Aus Mediaforschungen wissen wir, daß bei einem erhöhten Fernsehangebot vor allem Kinder gefährdet sind, d.h. eine Altersgruppe, die in besonderem Maße auf Erfahrungen, aktive Auseinandersetzung mit der Umwelt angewiesen ist, eine Altersgruppe, die sich Umwelt ja erst im Spiel, im aktiven Tun körperlich-sinnlich aneignen muß. Diese Gruppe ist über die Prozesse der Mediatisierung besonders gefährdet. Und da Kinder zu Erwachsenen werden, ist im Generationswechsel davon keineswegs nur diese Generation betroffen.

Vermehrter Konsum von massenmedialen Angeboten ist aber nur eine, wenngleich eine besonders gravierende Seite der Mediatisierung. Mediatisieren läßt sich bei interaktiven Zweiweg-Systemen der Bildschirmkommunikation jedoch weitaus mehr: noch vergleichsweise harmlos dürfte die Telekonferenz geschäftlicher Teilnehmer sein. Doch wie wir aus vereinzelten Erfahrungen wissen, sind Tele-Rendezvouz oder Tele-Sex durchaus nicht Hirngespinste, sondern Formen der Tele-"Kommunikation", die ihre "Anwender" finden. Wo die Fähigkeit von Menschen verlorengeht, mit Menschen umzugehen, wo die Scheinwelt der Medien sicherer, konfliktfreier erscheint, da nimmt es nicht wunder, wenn man zu dieser Scheinwelt Zuflucht nimmt. Sie reagiert auf Knopfdruck, ist immer verfügbar, dem Willen unterwerfbar, kurz, nach den eigenen Bedürfnissen instrumentell handhabbar, ohne daß man sich mit den Bedürfnissen anderer auseinandersetzen müßte.

ENTFALTUNG DER PERSÖNLICHKEIT DURCH ERFAHRUNGEN UND "KOMMUNIKATIVE KOMPETENZ"

Mit den Überlegungen zur Informatisierung und Mediatisierung stellt sich die Frage, wie sich denn dies alles auf "die Entfaltung der Persönlichkeit" auswirken könnte, die in unserem Land nicht zufällig im Grundgesetz verankert ist. Es geht dabei nicht nur um die Skizzierung von Negativwirkungen, sondern auch positiv und umgekehrt läßt sich fragen: Was brauchen denn Menschen, um zu ihrer Identität zu finden? Was brauchen Menschen, um ihre Persönlichkeit entfalten zu können? Ich meine also, es genügt nicht, etwas per Negation abwenden zu wollen, sondern wir müssen uns angesichts rasant ablaufender Veränderungen fragen, was wir denn positiv wollen.

Die Frage danach, was wir positiv wollen, verweist unvermeidlich auf Werte und Normen. Es gibt nicht **das** Menschen- und Gesellschaftsbild, sondern es gibt viele, und diese vielen variieren nicht nur bei uns, sondern auch je nachdem, ob man nun in Asien oder Europa, in einem tropischen Gebiet oder in einem Savannengebiet lebt. Wir tun also gut daran, uns auf unser Menschenbild und unser Gesellschaftsbild zu besinnen und darüber hinaus zu fragen, ob es bestimmte anthropologische Konstanten gibt, die für Menschen in allen Kulturen gleich sind.

In diesem Zusammenhang sind die Aussagen von Erich FROMM wichtig, der von einer Grundaufgabe des Menschen - sozusagen kulturunabhängig - gesprochen hat. In der Einleitung zu seinem Buch "Die Kunst des Liebens" schreibt er, daß der Mensch als ein seiner selbst bewußtes Wesen vor der existentiellen Aufgabe stehe, mit seinem Gefühl des "Abgetrenntseins" umzugehen. Abgetrennt ist er durch seine Geburt und das Bewußtsein, daß er alleine sterben muß, daß Menschen, die ihm lieb sind, vor oder nach ihm sterben werden. Um mit dem Gefühl des Abgetrenntseins leben zu können, müssen Menschen mit anderen Menschen umgehen, müssen sie die Hand nach anderen Menschen ausstrecken können. Ja, können sie dies nicht, so würden sie wahnsinnig - so Fromms Aussage. Nun läßt sich die Abtrennung aber letztlich nicht überwinden. Der Mensch bleibt allein. So ergibt sich die Dualität zwischen einerseits dem Bedarf, die Abtrennung zu überwinden und andererseits dem Bedarf, das Abgetrenntsein zu ertragen. Man könnte dies auch eine Spannung zwischen "Ich-Gefühlen" und "Wir-Gefühlen" nennen, in der Menschen stehen.

Erfahrungen im Sinne einer aktiven Auseinandersetzung mit der lebendigen Umwelt sind das Ferment, das es erlaubt, derartige Ich- und Wir-Gefühle zu erleben, zu leben. Ohne Erfahrungen können sich Menschen in der Umwelt nicht wahrnehmen. Und der Prozeß, in dem ein Kind in seine Umwelt hineinwächst, ist ein solcher Erfahrungsprozeß. Doch ist dessen Bedeutung nicht auf die Kindheit beschränkt. Die Spannung hält das ganze Leben hindurch an und muß in allen Phasen des Lebens durch eine aktive Auseinandersetzung mit der Umwelt im Sinne der Entfaltung der Persönlichkeit gelebt werden. Geht man von FROMMS Aussagen aus, so ist dies durchaus nicht kulturspezifisch und in diesem Sinne als conditio humana zu verstehen.

Wie ist nun darüber hinaus das Menschenbild in einer demokratischen Gesellschaft wie der unseren definiert? Ohne Frage gibt es darüber erheblichen Dissens. Und doch gibt es so etwas wie ein normatives Grundverständnis, das nicht ohne Grund z.T. in den Grundrechten der Verfassung festgehalten ist. So gehen wir davon aus, daß alle Menschen gleichwertig sind und gleiche Rechte haben und daß sie die Chance zur Selbstbestimmung haben müssen. Was bedeutet nun dies in einer Gesellschaft, die von diesem Ideal weit entfernt ist, die gekennzeichnet ist durch Ungleichheit, Macht- und Herrschaftsbeziehungen und durch reduzierte Chancen von Menschen, ihr Leben autonom zu gestalten? Es bedeutet, daß Gleichheit und Freiheit Postulate sind, daß sie eine Richtschnur für unser Handeln sind, und daß dort, wo Gleichheit und Freiheit fehlen, nach Wegen gesucht werden soll, sie herzustellen. Dies aber geht nicht, ohne zu erkennen, wo und wie gegen diese Postulate verstoßen wird; es geht nicht, ohne Herrschaftsmechanismen zu durchschauen, ohne sich mit anderen Benachteiligten zusammenzutun und ohne für seine Rechte einzutreten.

In der wissenschaftlichen Literatur wird in diesem Zusammenhang der Begriff der "**kommunikativen Kompetenz**" bemüht. Er bezeichnet die Qualität, die ein Mensch braucht, um in einer von Herrschaft gekennzeichneten Gesellschaft für seine eigenen Bedürfnisse einzustehen und um ihnen - unter Respekt der Bedürfnisse von anderen - Raum zu verschaffen. Kommunikative Kompetenz ist in diesem Sinn der demokratische Kern des Menschen. Es ist seine Fähigkeit, einen Platz in der Gesellschaft, in der Familie, am Arbeitsplatz anzustreben, der ihm eine Entfaltung seiner Persönlichkeit erlaubt. Kommunikative Kompetenz setzt das Erkennen und Empfinden von Unterdrükkung und ungerechtfertigter Herrschaftsausübung voraus. Es setzt in diesem Sinne voraus, daß Menschen Erfahrungen machen konnten, in denen sie sich selbst bestimmen konnten. Erst vor dem Hintergrund solcher Erfahrungen wird Herrschaft spürbar und Autonomie und Solidarität lebbar.

Wie nun müssen Erfahrungen beschaffen sein, die kommunikative Kompetenz vermitteln? Können es Erfahrungen mediatisierter Art sein? Kann man im Umgang mit Maschinen kommunikative Kompetenz erwerben?
Kommunikative Kompetenz im Sinne einer aktiven Auseinandersetzung mit der Umwelt, die es Menschen erlaubt, sich ihrer eigenen Bedürfnisse in einer vermachteten Umwelt bewußt zu werden, setzt ganz bestimmte Rahmenbedingungen voraus. Vordringlich erscheinen mir die folgenden:

- Es muß ein **überschaubarer Erfahrungsraum** vorhanden sein, das heißt ein Raum, in dem Menschen interagieren können. Ein technisch oder medial vermittelter Erfahrungsraum ist dies mit Sicherheit nicht.

- Die Erfahrungsmöglichkeiten des Menschen müssen genutzt werden können. Das Bild, das sich Menschen von sich selbst bilden, hängt nicht zuletzt von ihren **körperlichen und sinnlichen Wahrnehmungsmöglichkeiten** ab. Werden die Sinne des Menschen nicht genutzt, so bilden sich nicht nur die Sinne zurück, sondern auch die bildliche Abbildung von Wirklichkeit wird beeinträchtigt.

- Der **Mensch muß als Medium** der Verständigung zur Verfügung stehen. Wenn es darum geht, das Gefühl des Abgetrenntseins zu überwinden, genügt ein medialer Austausch nicht. Mit Medien lernt man auch nicht, zwischenmenschliche Konflikte auszutragen und auszuhalten.

- Es muß **Zeit** vorhanden sein für Erfahrungen. Zeitarmut ist Erfahrungsarmut. Arbeiten und Leben im Sinne einer Zeitoptimierung heißt, auf Erfahrungsmöglichkeiten in der Arbeit und im Leben zu verzichten, indem man beide auf bestimmte Zwecke hin optimiert.

- Nur wenn man sich irren darf, kann man auch Erfahrungen machen, d.h. die **Chance zum Irrtum** ist eine unerläßliche Voraussetzung für Erfahrungen, die kommunikative Kompetenz stiften.

- Man muß den **Sinn seines Tuns** begreifen können, und zwar im Prozeß wie im Ergebnis.

Zusammenfassend kann man also sagen, um kommunikative Kompetenz zu erwerben, bedarf es der Erfahrungen unter bestimmten Rahmenbedingungen. Wie sieht es nun mit diesen Rahmenbedingungen im Zuge von Informatisierung und Mediatisierung aus?

VERÄNDERUNGEN DER ERFAHRUNGSMÖGLICHKEITEN DURCH INFORMATISIERUNG UND MEDIATISIERUNG

Informatisierung und Mediatisierung im Zuge der breiten Einführung von IuK-Techniken bewirken Änderungen auf allen vorgenannten Ebenen.

Die Flexibilisierung von Raum und Zeit ist in sich ein Prozeß, der an die Stelle des überschaubaren **Erfahrungsraumes** etwas setzt, was Herbert KUBICEK "künstliche Nachbarschaften" genannt hat. Der Erfahrungsraum entspricht damit nicht dem menschlichen Maß, sondern dem, was sich durch Technik herstellen läßt. Die Entwicklung ist nicht neu - siehe Telefon und Fernsehen -, gerät aber im Zuge neuer Fernmeldenetze auf eine neue Stufe. Indikativ hierfür ist im beruflichen Alltag der zunehmende Fortfall des Betriebes als Arbeits- und Kommunikationsraum und im privaten Alltag die Herstellung elektronischer Erfahrungsräume im Zuge der elektronischen Selbstbedienung.

Ebenso verändern werden sich die **sinnlichen und körperlichen Wahrnehmungsmöglichkeiten von Menschen**. Arbeit und Leben werden einen Prozeß zunehmender Entsinnlichung und Entmaterialisierung von Erfahrungen durchlaufen. Brachte bereits die erste industrielle Revolution eine "Entkörperlichung" durch Maschinisierung der Handarbeit, so wird der Prozeß der Entkörperlichung noch vorangetrieben im Zuge der IuK-Techniken. Wenn IuK-Techniken als behindertengerecht dargestellt werden, so ist dies zutreffend, bezeichnet aber auch zugleich die Tatsache, daß man seine körperlichen und sinnlichen Möglichkeiten in der Arbeit und in der Freizeit immer weniger ausschöpfen kann. Der Mensch wird tendenziell zu einem Monitor höherer Ordnung, der die Arbeit der Maschine kontrolliert, ohne selbst tätig zu werden.

Unbestritten unter allen Analytikern der Informations- und Kommunikationstechniken ist, daß zunehmend an die Stelle von Kommunikation zwischen Menschen andere Arten von Kommunikationsbeziehungen treten werden: **Mensch-Maschine-"Kommunikation" und/oder Maschine-Maschine-"Kommunikation"**. Auch hier waren bereits Beispiele genannt: die geplante 1:1 - Umstellung in den Büroberufen, die elektronische Selbstbedienung im Zuge der Rationalisierung des Alltags. Die Mensch-Maschine-Schnittstelle wird damit potentiell und tendenziell zeitlich und räumlich ausgedehnt. Zeitlich durch die Arbeit und Freizeit mit Bildschirmen und räumlich durch ihre Präsenz im privaten Arbeitsalltag. Elektronische Selbstbedienung ist insofern die Verlagerung der Mensch-Maschine-Schnittstelle aus der betrieblichen Arbeit in den Privathaushalt. Während man bislang z.B. am Bankschalter mit Personen spricht und diese wiederum mit einem Computer, wird man in Zukunft als Privatkunde direkt mit Computern zu tun haben.

IuK-Techniken sind **Zeitoptimierungstechniken**, d.h. sie sollen große Mengen von Information nicht nur raum-, sondern möglichst auch zeitunabhängig transportieren und verarbeiten. Sie sollen damit helfen, Zeitbarrieren zu überwinden. Dieser Aspekt der Zeitoptimierung zieht sich auch durch die

Anwendung der IuK-Techniken. Zeit wird zunehmend aus Arbeitsvollzügen herausgenommen. Im beruflichen Bereich ist dies ein erwünschtes Ergebnis einer Rationalisierunsstrategie, auf die die Gewerkschaften inzwischen unter anderem die Antwort der Arbeitszeitverkürzung gefunden haben.
Mit derartigen Zeitrationalisierungen, die auch für die Rationalisierung der privaten Alltagsarbeit propagiert werden, verbindet sich in der Regel die Hoffnung, die Zeit ließe sich an anderer Stelle und zu einer anderen Zeit als "Frei-Zeit" kreativ nutzen. Derartigen Hoffnungen ist entschiedene Skepsis entgegenzustellen. Aus Tagesablaufstudien wissen wir, daß zusätzliche Zeit keineswegs zu einem kreativen, selbstbestimmten Umgang mit Zeit führen muß. Der Umgang mit Zeit ist nicht zuletzt an Bildungsvoraussetzungen geknüpft. Fehlen diese, so wird Freizeit eher zu einer Zeit, die mit passiven Tätigkeiten wie Fernsehen und vermehrtem Schlaf aufgefüllt wird. Wie verheerend ein Übermaß an frei verfügbarer Zeit sein kann, zeigt sich besonders stark an der Gruppe der unfreiwillig mit Zeit ausgestatteten Arbeitslosen. Schwerste Beeinträchtigungen an Seele und Körper können mit derartigem Zeitreichtum einhergehen. Noch ein anderer Hinweis scheint angebracht: Die Hektik in unserer Gesellschaft ist durch Technikeinsatz sicherlich nicht kleiner, sondern allemal größer geworden. Insofern dürfte das Bild, das Michael ENDE in seinem Märchen Momo gefunden hat, wesentlich angemessener sein. Sparen Menschen Zeit in der Arbeit, so kann sie ihnen unwiederbringlich verlorengehen.

Auch die **Chancen von Menschen, irren zu dürfen**, sind von den neuen Techniken berührt. Diese Techniken sind von ihrem ursprünglichen Entstehungs- und Verwendungszusammenhang her darauf ausgelegt, Irrtümer zu vermeiden. Nichts ist im militärischen oder im raumfahrttechnischen Bereich schlimmer als ein menschlicher Irrtum. Und deswegen werden menschliche Irrtumsmöglichkeiten, wo immer dies möglich ist, ausgeschaltet und durch technische Lösungen ersetzt. So wird der Mensch allmählich zum "Risikofaktor" und die Technik zum Instrument der Risikovermeidung. Daß ein solches Denken zu kurz greift, hat bereits die Kernenergiediskussion gezeigt.

Doch der Umgang mit menschlichen Irrtümern verändert sich weit tiefgreifender und umfassender, als dies der Hinweis auf eine Risikotechnologie vermuten ließe. Der Computer "lernt", nicht der Mensch. Das Computerprogramm regelt im Mensch-Maschine-"Dialog", daß der Mensch irrtumfrei reagiert, und über Fehlerkontrollmöglichkeiten, die individuell abrufbar sind, läßt sich der Anspruch, keine Fehler zu produzieren, organisatorisch und psychologisch durchsetzen.

Erleichtert wird diese psychologische Durchsetzung, weil Computer in Arbeits- und Lebenswelt, insbesondere im Stadium der Vernetzung, den berühmten Datenschatten bzw. den gläsernen Menschen schaffen können. Wo Irrtümer maschinell registrierbar und oft noch nach Jahren raum-zeitunabhängig abrufbar (weil vorher speicherbar) sind, da darf der Mensch offenbar nicht mehr irren - selbst nicht in jungen Jahren. Sein Datenschatten holt ihn potentiell ein. Ist es da nicht gleich besser, sich anzupassen, Erfahrungen zu vermeiden, die sich als Irrtümer herausstellen könnten?

Schließlich und endlich fragt es sich, wie die Möglichkeiten zu **sinnstiftendem Tun** beeinflußt werden. Computerisierung führt zur Taylorisierung der Kopfarbeit, zur Zerlegung und Zusammenführung geistiger Prozesse mittels Maschinen, ohne daß Menschen - sofern die Informatisierung weit fortgeschritten ist - in solchen Fällen noch den geistigen Prozeß in sich nachvollziehen könnten. So wie Fließbandarbeit sinnentleerende Arbeit ist, weil sich weder im Prozeß noch im Produkt der Arbeit ein für den Bearbeitenden nachvollziehbarer Sinn ergibt, so kann computergestützte Arbeit ebenfalls eine Arbeit sein, bei der sich Sinn nicht mehr erschließt.

Es ist nicht auszuschließen, daß computergestütztes Arbeiten auch anders verläuft, so daß die Integration geistiger Inhalte beim Bearbeiter selber stattfindet, doch deuten die bisherigen Anwendungstrends eher in eine gegenteilige Richtung, auf die Ausdehnung des Taylorisierungsprinzips auf die Kopfarbeit so wie vorher auf die Handarbeit.

Wo liegen nun die **Schwerpunkte der Gefahren**, die eintreten könnten, wenn die hier skizzierten Folgen von Informatisierung und Mediatisierung Realität werden sollten? Die Gefahren reichen von einer weiteren Zunahme der bereits jetzt sprichwörtlichen Einsamkeit in bestimmten Milieus über die Zunahme neuer chronischer Streßkrankheiten im Bereich von Herz und Kreislauf oder des Muskel- und Stützapparates, über Langeweile und Kreativitätsverlust, abnehmende Chancen, autonomes und sozial verantwortliches Handeln zu erlernen, bis hin zur Zunahme von Entfremdung.

So fällt also die Bestandsaufnahme sehr besorgt aus. Es lassen sich bei breitem Einsatz der Informations- und Kommunikationstechniken und angesichts der von ihnen ausgehenden Sekundär- und Tertiäreffekte Gefährdungen grundsätzlicher Art vermuten. Sofern Menschen daran gehindert werden, ihre Persönlichkeit zu entfalten und kommunikative Kompetenz zu erwerben, wird der demokratische Kern im Menschen und in der Gesellschaft berührt.

SCHLUSSBEMERKUNG

Hier Schlußfolgerungen für den Bildungsbereich zu ziehen, ist nicht meine Absicht. Ich möchte statt dessen nur einige Vermutungen anstellen:

Sofern es zu einer breiten Anwendung der IuK-Techniken kommt, wird dies quasi zwangsläufig mit sich bringen, daß Menschen bei der Bewältigung ihres beruflichen und privaten Alltags immer weniger konkrete Erfahrungen benötigen. Damit gewinnt das Bewahren von Erfahrungsmöglichkeiten eine immer größere Bedeutung. Alexander KLUGE hat in einem Reader über die Industrialisierung des Bewußtseins davon gesprochen, daß wir heute "sammeln" müssen (KLUGE, 1985, S. 128). Sammeln müssen wir die - noch vorhandene - Vielfalt von Erscheinungsformen des Lebendigen, die den Industrialisierungs- und Standardisierungstendenzen der Vergangenheit noch trotzen konnten. Bewahren oder wieder herstellen müssen wir - ebenfalls mit den Worten Kluges - "Zeitorte" (a.a.O., S. 108), d.h. Orte, an denen wir - in der Zeit - Erfahrungen machen können.

Das Bildungssystem kann - sofern es denn entsprechend ausgerichtet ist - in reichem Maße Erfahrungsräume schaffen. Die Bielefelder Laborschule unter Leitung von Hartmut v. HENTIG, in der Kinder offenbar einen Erfahrungsraum vorfinden, den sie in ihrem familiären Alltag und Wohnumfeld nicht mehr haben, ist dafür ein klassisches Beispiel. Manche pädagogischen Ansätze der letzten Jahre bemühen sich punktuell und vereinzelt um ähnliche Erfahrungsmöglichkeiten im traditionellen Schulalltag. Doch ist all dies sicherlich nicht indikativ für unser Bildungssystem insgesamt. Vielmehr steht dort erneut der Versuch an, den Unterricht mit Hilfe der Informationstechnik zu "rationalisieren", d.h. lebendiger Prozesse zu entkleiden. Ein solcher Versuch wurde bereits in den 70er Jahren mit Hilfe von audio-visuellen Medien in anderer Form gemacht. Es bleibt abzuwarten, ob er - allen Akzeptanzbarrieren zum Trotz - dieses Mal gründlicher gelingen wird.

Aber selbst, wenn das Bildungssystem Erfahrungsmöglichkeiten im oben definierten Sinne bewahren oder sich neue erschließen sollte, wird es angesichts eines in allen Lebensbereichen voranschreitenden Erfahrungsentzugs keine ausreichende kompensatorische Wirkung entfalten können. Insofern wird es nicht zuletzt Aufgabe des Bildungssystems sein, sich des Themas anzunehmen, was denn Erfahrungen für den Menschen bedeuten und ob es sich Menschen beliebig leisten können, auf lebendige Erfahrungen zu verzichten. Hier zu einer größeren Sensibilität und Klarheit vorzudringen, scheint mir beim Übergang zur sogenannten "Informationsgesellschaft" nötiger denn je - einer Gesellschaft, die man präziser eine informatisierte, und das heißt zugleich erfahrungsarme, Gesellschaft nennen sollte.

LITERATURVERZEICHNIS

Günther ANDERS: Die Antiquiertheit des Menschen. Über die Seele im Zeitalter der zweiten industriellen Revolution, 2 Bde. München 1956.

Dieter BAACKE: Kommunikation und Kompetenz. Grundlegung einer Didaktik der Kommunikation und ihrer Medien. 3. Auflage, München 1980.

K. v. BISMARCK; G. GAUS; A. KLUGE; F. SIEGER: Industrialisierung des Bewußtseins. München/Zürich 1985.

BRÖDNER; KRÜGER; SENF: Der programmierte Kopf. Eine Sozialgeschichte der Datenverarbeitung. Berlin 1981.

Erich FROMM: Die Kunst des Liebens. Neu übers. Auflage. Frankfurt/M./Berlin 1980 .

Jürgen HABERMAS: Theorie des kommunikativen Handelns. Band I: Handlungsrationalität und gesellschaftliche Rationalisierung; Band II: Zur Kritik der funktionalistischen Vernunft. Frankfurt/M. 1981.

Volker GRANSOW: Der autistische Walkman. Berlin 1985.

Hartmut v. HENTIG: Das allmähliche Verschwinden der Wirklichkeit. München 1984.

Martin JÄNICKE: Wie das Industriesystem von seinen Mißständen profitiert. Opladen 1979.

Doris JANSHEN: Rationalisierung im Alltag der Industriegesellschaft. Frankfurt/M. 1980.

William K. KAPP: Social Costs of Business Enterprise. London: Asia Publ. House 1963. Deutsch als: Soziale Kosten der Marktwirtschaft. 2. Auflage, Frankfurt/.M. 1983.

Ulrich KLOTZ; Klaus MEYER-DEGENHARDT (Hrsg.): Personalinformationssysteme. Auf dem Weg zum arbeitsplatzgerechten Menschen. Reinbek 1984.

Alexander KLUGE: Die Macht der Bewußtseinsindustrie und das Schicksal unserer Öffentlichkeit. Zum Unterschied von machbar und gewalttätig. In: v. BISMARCK, et al. 1985, S. 51-129.

Herbert KUBICEK; Arno ROLF: Mikropolis. 2. überarb. Auflage, Hamburg 1986.

Kurt LÜSCHER; Michael WEHRSPAUN: Medienökologie: Der Anteil der Medien an unserer Gestaltung der Lebenswelten. In: Zeitschrift für Sozialisationsforschung und Erziehungssoziologie ZSE, 5. Jg., 1985, H 2, S. 187-204.

Barbara METTLER-MEIBOM: Soziale Kosten in der Informationsgesellschaft. Überlegungen zu einer Kommunikationsökologie. Ein Exkurs. Frankfurt/M. 1987.

Barbara METTLER-MEIBOM: Breitbandtechnologie. Über die Chancen sozialer Vernunft in technologiepolitischen Entscheidungsprozessen. Opladen 1986.

Norbert MÜLLERT: Schöne elektronische Welt. Computer-Technik der totalen Kontrolle. Reinbek 1982.

Oskar NEGT: Lebendige Arbeit, enteignete Zeit. Frankfurt/M. 1984.

Wolfgang NEUMANN-BECHSTEIN: Freizeit und Medien - Neue Trends, ungewisse Perspektiven. In: Media Perspektiven 3/1984, S. 192-201.

Günther ORTMANN: Der zwingende Blick. Personalinformationssysteme - Architektur der Disziplin. Frankfurt/M. 1984.

Neil POSTMAN: Wir amüsieren uns zu Tode. Frankfurt/M. 1985.

Jürgen PROTT: Rationalisierung von Arbeit und Freizeit. Verlust kommunikativer Kompetenz? In: CRUSIUS, R.; STEBANI, J. (Hrsg.): Neue Technologien und menschliche Arbeit. Hamburg 1984, S. 233-245.

Jürgen P. RINDERSPACHER: Gesellschaft ohne Zeit. Individuelle Zeitverwendung und soziale Organisation der Arbeit. Frankfurt/M. 1985.

Wilhelm STEINMÜLLER: Die Zweite industrielle Revolution hat eben begonnen. In: Kursbuch 66, 1981, S. 152-188.

TECHNOLOGIE UND KULTUR, Heft 18 der Zeitschrift psychosozial, Juni 1983. Reinbek 1983.

Sherry TURKLE: Die Wunschmaschine. Vom Entstehen der Compu terkultur. Reinbek 1984.

Otto ULLRICH: Sammelbesprechung "Informationsgesellschaft". In: Soziologische Revue, Jg. 10(1987), S. 31-43.

Otto ULLRICH: Technik und Herrschaft. Frankfurt/M. 1977.

Walter VOLPERT: Die gefährliche Liebe zum Computer. Weinheim und Basel 1985.

ERNST SCHAACK, THOMAS VOSS-FERTMANN

PROBLEME DES MEDIENKONSUMS UND MEDIENPÄDAGOGISCHE ANTWORTEN

MEDIENPÄDAGOGIK ALS REPARATURBETRIEB?

'Gefährliche Schulwege und verkehrserzieherische Antworten - Atomare Bedrohung und friedenserzieherische Antworten - Verschmutzte Umwelt und umweltpädagogische Antworten -'

Diese Themen möglicher Elternabende und einschlägiger Veröffentlichungen haben eine grundsätzliche Gemeinsamkeit mit unserer Thematik 'Probleme des Medienkonsums und medienpädagogische Antworten': In allen Fällen sollen bzw. wollen Pädagogen Schäden reparieren, die zu einem früheren Zeitpunkt von anderen Menschen und deren technischen Errungenschaften verursacht wurden. Nach der Einführung bestimmter Neuerungen werden die negativen Folgen so bedrohlich, daß sie gemindert oder begrenzt werden müssen.

So hilfreich die jeweiligen pädagogischen Antworten für Betroffene auch sein mögen, Lösungen der eigentlichen Probleme verlangen Entscheidungsbefugnisse und finanzielle Mittel, die der Pädagogik noch nie zugestanden wurden. Pädagogen können dagegen warnend ihre Stimme erheben, d.h. Kinder, Jugendliche und Eltern informieren und sie vor schädlichen Einflüssen zu bewahren suchen. Darüber hinaus können Pädagogen auch Alternativen entwickeln, z.B. im Bereich der Medienpädagogik Hilfen anbieten bei der Erstellung eigener Videofilme.

Mit diesen beiden Möglichkeiten ist auch grundsätzlich das Handlungsfeld der Medienpädagogik abgesteckt: Sie kann vor dem Konsum bestimmter medialer Produkte warnen, und sie kann zum kritischen Gebrauch anleiten. Dabei läuft die Medienpädagogik in diesen Jahren der Einführung und Durchsetzung Neuer Medien Gefahr, als Alibi für die angeblich angestrebte Sozialverträglichkeit gebraucht zu werden.

Keinesfalls dürfen wir uns der Illusion hingeben, daß Medienpädagogik die ökonomisch und politisch gewollten Neuen Medien sozialverträglich gestalten kann. Sie kann allenfalls versuchen, Wirkungen und Funktionen des Medienkonsums zu erforschen, Modelle und Theorien zu entwickeln, zu informieren, sich auch in die öffentliche Diskussion einzubringen, zum Nachdenken und zum eigenen aktiven Gebrauch der Medien aufzufordern. Diese Aufgaben muß sie weiterverfolgen, auch wenn das, was sie weiß, kann und sagt, dem Gewicht und der Tragweite der Probleme, die sich ihr stellen, völlig unangemessen ist (vgl. v.HENTIG 1984, S.91).

Denn Probleme, oder genauer Unsicherheiten und Ängste aufgrund des Medienkonsums von Kindern und Jugendlichen sind festzustellen, Bedarf für medienpädagogische Hilfen besteht zweifellos und wird in den nächsten Jahren sicher noch anwachsen.

Im folgenden werden zunächst einige Veröffentlichungen zu den Wirkungen des Fernsehkonsums bei Kindern und Jugendlichen diskutiert. Diese werden in der medienpädagogischen Diskussion oft nur als naiv und populärwissenschaftlich etikettiert. Dadurch bleibt ihr wirksamer Inhalt weitergehender Kritik vorenthalten. Über die Kritik an diesen Veröffentlichungen hinaus werden wir in gebotener Kürze auch einige grundsätzliche Aspekte und Probleme heutiger massenmedialer Wirkungsforschung ansprechen. Dabei wird von uns eine Orientierung an den alltäglichen Bedürfnissen und Gewohnheiten von Kindern und Jugendlichen gefordert.

Im nächsten Schritt wird der Frage nachgegangen, welche Probleme sich der Medienpädagogik selbst bei der Alltagsorientierung stellen und welche Aufgaben und Ziele sie, auch angesichts der neuen informations- und kommunikationstechnischen Medien, aus unserer Sicht verfolgen sollte. Schließlich werden wir mit dem Blick auf die schulische Medienpädagogik Hinweise für die Realisierung dieser Ziele anhand von Unterrichtsbeispielen geben.

PROBLEME DES MEDIENKONSUMS ODER PROBLEME DER MEDIENPÄDAGOGEN?

Unsere Ausgangsfrage ist zunächst, wer welche Probleme mit dem Medienkonsum hat und wer Antworten von der Medienpädagogik erwartet. Haben Jugendliche Probleme mit ihrem Medienkonsum, außer daß ihnen bestimmte Schallplatten, Abspielgeräte oder mehr Zeit für den Konsum fehlen? Diese eigentlich naheliegende Frage ist Jugendlichen bislang selten gestellt worden. Insofern zielt die Frage "Wie wär's, wenn man uns mal ernster nehmen würde?" (WALZ 1985, S. 22) nicht nur auf die mediale Darstellung ihrer eigenen Belange, sondern sie gilt in gleicher Weise auch für die Wirkungsforschung:
Schon seit Beginn unseres Jahrhunderts gibt es Versuche, das Verhalten von Kindern und Jugendlichen vor, während und nach einer Filmvorführung zu untersuchen. So sollten Anhaltspunkte und Belege für die von vornherein angenommenen und beklagten Schädigungen gefunden werden (vgl. GESELLSCHAFT DER FREUNDE ... 1907).

Dieses problemfixierte und nur auf den Konsum eines Mediums beschränkte Vorgehen findet sich wieder in einigen Veröffentlichungen aus den USA, die dort und inzwischen auch bei uns große Resonanz gefunden haben. Gemeint sind die Autoren Marie WINN (1979), Jerry MANDER (1979) sowie - aktueller und noch populärer - Neil POSTMAN (1983) und ihre Kampf- bzw. Klageschriften gegen das Fernsehen. Obwohl sich diese Veröffentlichungen zunächst nur auf US-amerikanisches Fernsehen beziehen, artikuliert sich in diesen Büchern eine griffige Kritik am Fernsehen überhaupt, die auch in der Bundesrepublik ein diffuses Unbehagen vieler Eltern, Lehrer und Erzieher anspricht.

KAMPF- UND KLAGESCHRIFTEN GEGEN DAS FERNSEHEN

Marie WINN behauptet auf der Grundlage von zahlreichen Interviews, daß die "Droge im Wohnzimmer" folgende Wirkungen habe: Sprachverlust, Bewußtseinsverlust, Passivität, Sucht, kriminelles Verhalten, Realitätsverlust, Zerstörung des kindlichen Spiels und der familiären Kommunikation. Diese Wirkungen seien unabhängig davon, was gesehen werde (S. 15). Sie würden vielmehr hervorgerufen und verstärkt durch das zeitliche Ausmaß des Fernsehkonsums. Trotzdem listet Winn, auch dies ist in der Geschichte der Medienpädagogik nicht unbekannt (vgl. CONRADT 1910, S. 27ff), die auf dem Bildschirm dargestellten Gewalttaten auf und weist aufgrund der festgestellten Häufigkeit dem Fernsehen die Mitverantwortung für die anwachsende Gewalttätigkeit Jugendlicher zu. Obwohl "das Kind ... die Fähigkeit zur Selbstbestimmung entwickeln" muß (S. 20), kann dieses Erziehungsziel hinsichlich des Fernsehens nicht erreicht werden. Es gibt daher nach Winn nur eine pädagogische Antwort auf den Fernsehkonsum: Abschalten!

Im Gegensatz zu WINNs Annahme, daß das, was viel genutzt werde, auch stark wirke, betont der Medienwirkungsforscher Gerhard MALETZKE auch den inhaltlichen Aspekt: "Wirkungen können auf zwei Arten zustande kommen: zum einen durch den Inhalt von Aussagen, die der Rezipient aufnimmt ... zum anderen einfach dadurch, daß es diese Medien gibt und daß sie genutzt werden" (MALETZKE 1981, S. 5). Mit Ausnahme der Gewaltdarstellungen beschränkt sich Winns Untersuchung auf das Phänomen des Fernsehkonsums, ohne den Inhalten weitere Beachtung zu schenken. Der Fernsehkonsum wird außerdem isoliert betrachtet, ohne gesellschaftliche oder individuelle Bedingungen mit einzubeziehen. Dadurch bekommt das Fernsehen die Funktion eines Sündenbocks und muß für soziale Defizite herhalten, die andersartig verursacht worden sind. Fernsehkonsum, auch verstanden als Reaktion auf eine kinderfeindliche, erfahrungseinschränkende und durch Jugendarbeitslosigkeit geprägte Umwelt, verlangt u.E. andere pädagogische

Antworten als "abschalten" oder "abschaffen". Die Beseitigung des Symptoms Fernsehkonsum würde die angesprochenen Defizite, gerade auch im Bereich der familiären Kommunikation, nur verdeutlichen (vgl. BAUER u.a. 1976, S.97ff).

FORDERUNG: ABSCHALTEN

Auch Jerry MANDERs Buch "Schafft das Fernsehen ab!" fordert letztlich nur die Aufhebung der Symptome. Mander beklagt neben der hypnotisierenden Wirkung des Fernsehens (S. 185) den Verlust von sinnlichen und sozialen Erfahrungsmöglichkeiten. "Die künstliche Umwelt selbst reduziert und verengt die sinnlichen Erfahrungs- und Wahrnehmungsmöglichkeiten so, daß sie zu ihrer neuen, beschränkten Realität passen" (S. 159). Genau diesen Prozeß der "Enteignung von Erfahrung" (S. 71) treibe das Fernsehen voran, es "... isoliert die Menschen von der Umwelt, voneinander und von ihren eigenen Sinnen" (S. 160).

So sympathisch diese deutlichen Sätze auch erscheinen mögen, es sind Spekulationen, die kaum durch Ergebnisse der Wirkungsforschung abgesichert werden können. Wir kritisieren auch die Annahme eines völlig passiven Zuschauers, der durch MANDERs Ausführungen erst recht festgeschrieben wird. Mander wendet sich direkt an die Leser: "Die Bilder dringen in Sie ein und werden vom Gedächtnis gespeichert, ob Sie über sie nachdenken oder nicht. Sie strömen in Sie hinein wie Flüssigkeit in einen Behälter" (S. 196). Der Zuschauer als "Wahrnehmungsbehälter" (ebd.) ist ein Denkmodell, das den Rezipienten als 'tabula rasa' voraussetzt. Es verkürzt den Wirkungsprozeß entscheidend, indem ein einfacher kausaler Zusammenhang zwischen einem medialen Reiz und der entsprechenden passiv-registrierenden Reaktion angenommen wird.

Demgegenüber geht MALETZKEs Modell des massenmedialen Wirkungsprozesses davon aus, daß es neben den vier Grundfaktoren - Kommunikator, Aussage, jeweiliges Medium, Rezipient - weitere gesellschaftliche und vor allem auch den Rezipienten bestimmende individuelle Bedingungen gibt (Gewohnheiten, Bedürfnisse, Situationsfaktoren u.a.m.) (vgl. MALETZKE a.a.O. S. 19ff). Das komplexe Zusammenspiel dieser Faktoren muß bei der Frage nach den Medienwirkungen berücksichtigt werden. Auf dieser Grundlage werden dann im Gegensatz zu den dargestellten "monokausalen" Erklärungsversuchen wünschenswerte "plurikausale" Erklärungen möglich (a.a.O. S. 34).

FERNSEH - KINDHEIT

Neil POSTMAN begründet seine These vom Verschwinden der Kindheit monokausal mit den Wirkungen des Fernsehens. Kindheit als ein von der Renaissance-Gesellschaft erkämpfter Schonraum wird nach Postman heute, im Zeitalter elektronischer Medien, wieder leichtfertig aufs Spiel gesetzt. Allen anderen Medien voran sei das Fernsehen verantwortlich für das drohende Verschwinden der Kindheit, weil es vom Zuschauer nur "Zugreifen nicht Begreifen" (S. 93) verlange. Das Fernsehen decke Kindern solche Geheimnisse auf, deren Enthüllung früher vom Eintritt in das Erwachsenenalter abhängig war: sexuelle Praktiken, Gewalt, Krankheiten, Gebrechen und Konsumverhalten (S. 107). Nach Postman verursacht die akustische und visuelle Berührung mit "Erwachsenenwahnsinn" (ebd.) abweichendes Verhalten von Kindern und Jugendlichen und letztlich das Verschwinden der Kindheit überhaupt. Um die ständige Teilnahme der Kinder an der Erwachsenenwelt und die dadurch bedingte Angleichung zu verhindern, fordert Postman "... das Elterndasein selbst als einen Akt der Rebellion gegen die amerikanische Kultur ..." aufzufassen (S. 170). Gemeint ist damit schlicht, den Fernsehkonsum der Kinder zeitlich zu begrenzen und sie bei der Fernsehrezeption kritisch zu begleiten. Kindern, die in diesem Sinne aufwachsen, sagt er eine erfolgreiche Zukunft voraus. In einer zukünftigen Gesellschaft hätten sie sogar gute Aussichten, in den Medien selbst Arbeitsplätze zu bekommen (S. 171).

Hoffnungsvoll sieht POSTMAN im Gegensatz zu den Fernsehwir-

kungen die Auswirkungen des Computers, "... eine Kommunikationstechnik, die das gesellschaftliche Bedürfnis nach Kindheit zu stützen ..." vermag (S.167). Das zur Programmierung erforderliche Erlernen einer Programmiersprache macht es möglich, "... daß die schulische Ausbildung der Kinder an Bedeutung noch gewinnt ..." (ebd.).
Wir bestreiten nicht, daß Kindheit tatsächlich im Wandel begriffen bzw. vom Verschwinden bedroht ist und daß dieser Prozeß auch durch die Massenmedien vorangetrieben wird. Nur gibt es kaum gesicherte Nachweise dafür, welche Medien auf welche Weise und in welchem Umfang an diesem Prozeß beteiligt sind.
Erst wenn sich die Wirkungsforschung über quantitativ erhobene Nutzungsdaten hinaus (vgl. SAXER u. a. 1980; ARMBRUSTER u.a. 1984, S. 55ff) alltäglichen medialen Umgangsweisen zuwendet, können Aussagen gemacht werden über individuelle Ursachen und somit auch über Funktionen und Wirkungen des Medienkonsums (vgl. DRÖGE u.a. 1979, S. 83 u. 105ff).
Eines der größten Probleme solcher Untersuchungen besteht darin, daß Mediennutzung keineswegs immer als Folge bewußter Entscheidungen zur Befriedigung bestimmter Bedürfnisse verstanden werden kann, wie dies im Rahmen massenmedialer Wirkungsforschung der sogenannte "Nutzenansatz" nahelegt (vgl. RENCKSTORF 1977). Vielmehr ist alltäglicher Medienkonsum auch geprägt von Affekten und Gewohnheiten, die den Rezipienten vermutlich kaum bewußt sind.

MEDIENALLTAG UND ALLTAGSMEDIEN

Die akustischen und visuellen Abspielgeräte werden immer handlicher, flexibler und billiger und unterstützen damit die Entwicklung hin zum immer selbstverständlicheren und beiläufigeren Medienkonsum. Der ehemalige sozio-kulturelle Veranstaltungscharakter des Medienkonsums, z.B. in Form des gemeinsamen Kinobesuchs (vgl. KOMMER 1979), des Kneipenkinos (vgl. EURICH/WÜRZBERG 1983) oder auch des Gruppenspiels an Kaufhauscomputern (vgl. HENGST 1985) nimmt als

Folge dieses Prozesses ab. Weil stattdessen die Mediennutzung immer privatisierter wird, kann in bestimmten Fällen, z.B. bei sogenannten "Vielsehern", das Gefühl entstehen, nur mit Hilfe des Medienkonsums den Anforderungen des Alltags gewachsen zu sein (vgl. ROGGE 1985). Dies rechtfertigt aber nicht die Behauptung der "Mediensucht". Vielmehr handelt es sich hier um bestimmte mediale Nutzungsgewohnheiten, die individuell biographisch entstanden und erklärbar sind, die aber keine körperliche Abhängigkeiten nach sich ziehen.

Rezeptionsforschung, die sich am Alltag von Kindern und Jugendlichen orientiert, hat über die individuellen Hintergründe und Ausprägungen einzelner Fälle hinaus auch die Sozialisationsfunktion der Massenmedien zu berücksichtigen (vgl. KÜBLER/WÜRZBERG 1982, S. 110). Dies gilt insbesondere für die Neuen Medien und ihre schon frühzeitig befürchteten negativen sozialen Folgen (vgl. EURICH 1980, medien und erziehung 1981).

ENTEIGUNG DER ERFAHRUNG DURCH NEUE MEDIEN?

Angesichts der Vielzahl medialer Aufgaben, die die Neuen Medien zu Hause und am Arbeitsplatz übernehmen sollen, bekommt die von Jerry MANDER geäußerte Befürchtung der "Enteignung der Erfahrung" Gewicht. Wenn bespielsweise die von der Deutschen Bundespost bis zum Ende unseres Jahrhunderts angestrebte Breitbandverkabelung des Bundesgebietes gelingt, müssen wir mit solchen Enteigungsprozessen rechnen. Wir werden dann möglicherweise am heimischen Bildschirm unsere berufliche Arbeit verrichten und von zu Hause aus einkaufen, Urlaub buchen, per Bildschirm und entsprechenden Zusatzgeräten Zeitungen lesen, Bildungsangebote anfordern, zahlreiche Fernsehprogramme konsumieren, Kinder fernüberwachen lassen und vieles mehr (vgl. SCHORB 1982). Diese anstehende Elektronisierung aller Arbeits- und Lebensbereiche bedarf einer computergerechten Gestaltung dieser Bereiche (vgl. KUBICECK 1985). Da die Computertechnik auf bestimmten mechanistischen Organisationsmodellen der Wirklichkeit beruht (vgl. WEIZENBAUM 1977), erfordert die angestrebte Computerwendung die gleichartige Organisation bisher unterschiedlicher und dezentraler Lebensbereiche nach diesen Modellen. In den Planungen für die anstehenden Veränderungen werden Information und Kommunikation entsprechend nicht mehr als psycho-soziale Prozesse verstanden, sondern sie werden als Rohstoff und Ware betrachtet.

Die Probleme, die eine solche Entwicklung nach sich ziehen würde, können hier nur angedeutet werden. Neben der erwähnten Reduzierung von sinnlichen und sozialen Erfahrungsmöglichkeiten werden sicherlich als einschneidende Folge neuer Informations- und Kommunikationsmedien zunehmend Arbeitsplätze abgebaut, während gleichzeitig die noch notwendigen Arbeitsprozesse immer weniger Qualifikationen erfordern und immer besser kontrolliert werden können. Die grundsätzlichen Fragen, ob solche Technologien überhaupt sozial verträglich gestaltet werden können und beherrschbar sind, richten sich glücklicherweise nicht allein an die Medienpädagogik.

INFORMATIONSTECHNISCHE GRUNDBILDUNG FÜR ALLE SCHÜLER

Die umfassende Mediatisierung unserer Umwelt erfordert Antworten von der Schule, die inzwischen in Form von Konzepten und Modellversuchen zur informationstechnologischen Grundbildung vorliegen. Das von der Bund-Länder-Kommission für Bildungsplanung und Forschungsförderung entwickelte "Rahmenkonzept für die Informationstechnische Bildung in Schule und Ausbildung" (1984) sieht die Integration von informationstechnischer Bildung und bisherigen Aufgaben und Inhalten schulischer Ausbildung vor. Alle Schülerinnen und Schüler sollen mindestens eine informationstechnische Grundbildung erhalten, die ihnen die Chancen und Risiken der Informationstechniken vermittelt (ebd. S. 2). Konkretisiert werden die Ziele der Grundbildung in einem weiteren Rahmenkonzept "Neue Informations- und Kommunikationstechniken in der

Schule" des Kultusministers von Nordrhein-Westfalen (1985). Die dort empfohlenen Ziele und Maßnahmen sehen auch die Integration von Medienerziehung vor und werden zur Zeit in einem richtungsweisenden Modellversuch des Landesinstituts für Schule und Weiterbildung (Soest) erprobt. Ohne auf diese Konzepte hier weiter einzugehen, wollen wir im folgenden medienpädagogische Ziele und Aufgaben neu bestimmen.

SCHULISCHER ALLTAG

Medienpädagogisch interessierte Lehrerinnen und Lehrer sehen sich oft mit einer Reihe von Schwierigkeiten konfrontiert: Sie wissen zwar, daß Massenmedien im Leben der Kinder und Jugendlichen eine wesentliche Rolle spielen, wissen aber im einzelnen nicht, welche Auswirkungen die Medien - insbesondere die Neuen Medien - haben. Kenntnisse über Wirkungs- und Sozialisationsprozesse lassen bei ihnen Zweifel über monokausale Erklärungsversuche aufkommen, wie sie von WINN, MANDER und POSTMAN formuliert werden. Wenn Lehrerinnen und Lehrer Ziele für ihre pädagogischen Bemühungen bestimmt haben, stellt sich ihnen die Frage, ob sie den Massenmedien als wirksamen Sozialisationsinstanzen etwas ebenso wirksames entgegensetzen können. Bei eingehender Beschäftigung mit der Thematik merken sie bald, daß ihnen die Lehrpläne enge Grenzen für ihre medienpädagogischen Vorhaben setzen und daß ihnen - zumindest in Teilbereichen - die erforderliche Sachkompetenz fehlt. Sie müssen zur Kenntnis nehmen, daß von ihnen zwar medienpädagogisches Handeln erwartet wird, daß die Lehrplanforderung aber häufig nicht viel mehr als eine Alibifunktion hat und daß es dabei eher um Behebung von schon eingetretenen Schäden im Sinne einer "Reparaturmaßnahme" geht als um kritische Auseinandersetzung mit den Medien. Im Hinblick auf die Neuen Medien wird ihnen schnell deutlich, daß von ihnen keine - pädagogisch notwendige - Auseinandersetzung mit den Informations- und Kommunikationsmedien erwartet wird, sondern die Vermittlung von anwendungsbezogenem Wissen in Form von Computersprachen oder Bedienungswissen für bestimmte Geräte.

UTOPIE

Die medienpädagogische Antwort auf eine sich möglicherweise anbahnende Krise in Bildung und Erziehung ist eine Utopie: Ein umfassendes interdisziplinäres Konzept, das einerseits über die kritische Betrachtung der Unterhaltungsmedien hinaus alles mit einbezieht, was über den Bildschirm vermittelt wird, das andererseits sein Handlungsfeld über die traditionellen Bereiche Schule und außerschulische Bildung hinaus erweitert und sich in höherem Maße als bisher am Alltag der Mediennutzer orientiert. Dabei sind die Bereiche Freizeit, Arbeitswelt, (Medien-)Politik sowie Fragen der Sozialverträglichkeit Neuer Medien im Sinne einer "Technologiefolgenabschätzung" zu thematisieren.

ALLGEMEINE MEDIENPÄDAGOGISCHE FORDERUNGEN

1. Um der Komplexität des Gegenstandsbereiches gerecht zu werden, muß Medienpädagogik als interdisziplinäres Handlungsfeld verstanden werden. Die Auseinandersetzung mit der zunehmenden Informatisierung und Mediatisierung betrifft Erziehungswissenschaft, Soziologie und Psychologie ebenso wie Politikwissenschaft und die junge Wissenschaft Informatik. Nur durch Kooperation all dieser Wissenschaftszweige wird es gelingen, Antworten auf die zahllosen sich aufdrängenden Fragen zu geben.

2. Wirkungsforschung bezüglich traditioneller und 'neuer' Medien sollte sich stärker als bisher Methodenkombinationen zuwenden. Da quantitative empirische Verfahren allein auf Fragen nach Ausprägung und Ursachen des alltäglichen Medienkonsums von Kindern und Jugendlichen keine befriedigenden Antworten geben können, müssen stärker als bisher auch qualitative Methoden in den Forschungsprozeß einbezogen werden.

3. Auch innerhalb der Erziehungswissenschaft sollte Medienpädagogik nicht als Teildisziplin verstanden werden, sondern eher als ein Leitgedanke erziehungswissenschaftlicher Argumentation.

4. Medienpädagogik darf sich nicht darauf beschränken, auf die anstehenden medialen Entwicklungen und deren gesellschaftliche Folgen zu reagieren. Sie muß vielmehr versuchen, aktiv in den Prozeß der Einführung und Durchsetzung Neuer Medien einzugreifen. Sie darf nicht davor zurückschrecken, sich auch politisch zu artikulieren, um dazu beizutragen, daß nicht alles, was technisch machbar, pädagogisch aber nicht wünschenswert ist, realisiert wird.

5. Die Realisierung der skizzierten Forderungen bedarf entsprechend qualifizierter Pädagoginnen und Pädagogen. Diese müssen nicht nur technische, historische und gesellschaftspolitische Kenntnisse bezüglich der herkömmlichen Massenmedien erwerben, sondern müssen sich auch während ihres Studiums oder in Weiterbildungskursen mit den neuen Technologien auseinandersetzen. Dabei darf es nicht nur um die Funktionsweise eines Computers gehen, sondern insbesondere auch um die Fähigkeit, abschätzen und beurteilen zu können, welche sozialstrukturellen und individuellen Veränderungen als Folgen der fortschreitenden Mediatisierung zu erwarten sind.

Sicher ist es wenig hilfreich, als pädagogische Antwort auf die bevorstehenden Entwicklungen "nur" eine Utopie zu formulieren. Im folgenden soll daher anhand eigener Erfahrungen aus medienorientierter Projektarbeit skizziert werden, wie sich schulische Medienpädagogik der Realisierung dieser Utopie nähern kann.

FORDERUNGEN AN MEDIENPÄDAGOGISCHES HANDELN IN DER SCHULE

1. Medienpädagogik sollte in der Schule nicht als Unterrichtsdisziplin - etwa im Sinne eines eigenständigen Faches 'Medienkunde' - eingeführt werden, sondern pädagogischer Leitgedanke jeder Unterrichtsarbeit sein. Da in jedem Fach unter didaktischen Aspekten Medien verwendet werden, muß auch in jedem Fach eine kritische Auseinandersetzung mit den Medien selbst stattfinden. Dies gilt für den Deutschlehrer, der hauptsächlich mit gedruckten Texten arbeitet, ebenso wie für den Mathematiklehrer, der in seinem Unterricht Computer einsetzt. Die Beschäftigung mit Fragen der Massenkommunikation und des außerschulischen Medienkonsums sollte nicht Domäne des Kunst- oder Politikunterrichts bleiben. Lehrerinnen und Lehrer unterschiedlicher Fachdisziplinen sollten kooperieren, dafür bietet sich projektiorientierter Unterricht als geeignete Arbeitsform an.

2. Medienpädagogische Arbeit in der Schule muß inhaltlich in das "normale" Unterrichtsgeschehen eingebunden werden. Die Realisierung medienpädagogisch begründeter Ziele ist gekoppelt an fachspezifische und allgemeinpädagogische Zielvorstellungen.

3. Medienpädagogik sollte nicht abgehoben von den alltäglichen Erfahrungen, Problemen und Bedürfnissen der Kinder und Jugendlichen betrieben werden, von diesen muß vielmehr ausgegangen werden. Neben der kognitiven Dimension des Lernens (z.B. Programmanalyse, Ideologiekritik) sollten im Sinne eines ganzheitlichen Lernens auch die affektive Dimension (z.B. individuelle oder familiäre Erfahrungen, besondere Probleme des Medienkonsums) berücksichtigt werden. Schließlich ist im höheren Maße als bisher auch handelnder Umgang mit den Medien zu fordern bis hin zur eigenen Herstellung medialer Produkte.

4. Da Kinder und Jugendliche ihre medialen Nutzungsmuster auch im Elternhaus lernen, sollte medienpädagogische Arbeit

soweit wie möglich in Kooperation mit den Eltern erfolgen. Angesichts der Neuen Medien und der drohenden Veränderung sinnlicher und sozialer Erfahrung gerade auch im familiären Bereich bekommt dieser Aspekt besonderes Gewicht.

SKIZZEN MEDIENPÄDAGOGISCHER ARBEIT IN DER SCHULE

1. BEISPIEL

Sachunterricht in der Grundschule, 3. Schuljahr, Thema: 'Bäckerei'

Das Thema Bäckerei ist ein traditionelles Thema für den Sachunterricht in der Grundschule. Ein Bezug zu medienpädagogischen Fragestellungen ist zunächst nicht erkennbar, ergibt sich aber, wenn man die Forderung 'Medienpädagogik als Unterrichtsprinzip' ernst nimmt:
- Die Kinder führten im Rahmen projektorientierter Unterrichtsarbeit in einem Einkaufszentrum Interviews durch über die Ernährungsgewohnheiten von Passanten, über Eigenschaften und Herstellung verschiedener Brotsorten, über gesundheitliche Aspekte etc.. Dabei wurden Kassettenrecorder und Fotoapparate eingesetzt. Schülerinnen und Schüler erwarben elementare Kenntnisse im Umgang mit technischen Medien.
- Ergebnisse der Projektarbeit wurden in Form von Schautafeln dargestellt. Fotos und bildnerische Darstellungen der Kinder, Abbildungen und Texte aus Büchern sowie eigene Texte wurden zusammen verarbeitet, Fragen des Layouts, der Kombination von Bild und Text diskutiert.
- Während der Besichtigung einer Großbäckerei führten die Kinder Interviews mit Betriebsangehörigen durch und stellten Fotoreihen über bestimmte Arbeitsabläufe her. Sie konnten hier weiterführende Kenntnisse im Hinblick auf den Einsatz von Medien zur Informationsgewinnung und Dokumentation gewinnen.
- Bei der Verwendung vorgefertigter Medien (Sachkundebücher, Unterrichtsfilm) stellten die Kinder fest, daß viele

der Fragen, die sich im Laufe der Projektarbeit ergeben hatten und die sie für wichtig hielten, von den Medien nicht beantwortet wurden. Da etwa der verwendete Unterrichtsfilm des FWU (FT 2127) IN EINER BROTFABRIK keinerlei Informationen über die Arbeit der Menschen im Produktionsprozeß gab, entwickelte sich ein Gespräch darüber, was der Autor sich gedacht haben mag, welche Vorstellungen und Interessen hinter den inhaltlichen Selektionsentscheidungen stehen mögen. Für die Kinder ein erster Schritt zu der Erkenntnis, daß Medien immer nur einen Ausschnitt der Wirklichkeit zeigen können, vielleicht dadurch ein erster Schritt in Richtung auf den 'kritischen Rezipienten'.

Wie bei den folgenden Unterrichtsbeispielen ergaben sich hier die medienpädagogischen Fragestellungen aus dem inhaltlichen Kontext des Fachunterrichts. Neben den Zielen, die für das jeweilige Fach im Lehrplan genannt sind, wurden allgemeine Lernziele verfolgt, die entsprechend den Präambeln der Lehrpläne Grundlage jeder Unterrichtsarbeit sein sollen, z.B. Kooperationsfähigkeit, selbständiges und selbstverantwortliches Handeln. Darüber hinaus ging es um medienpädagogisch orientierte Zielvorstellungen wie Erlernen medialer Ausdrucksmöglichkeiten, Erwerb medientechnischer Fertigkeiten und Kritikfähigkeit.

2. BEISPIEL

Sachunterricht Natur, 5. Schuljahr, Thema: Tiere in der Stadt

Ausgangsbasis dieses Unterrichtsvorhabens war eine Fernsehsendung über das "Taubenproblem in Hamburg" (naturkundliche Magazinsendung des NDR-Nachmittagsprogramms). Aus der Sendung wurden Fragestellungen herausgearbeitet, die die Kinder möglichst selbständig verfolgen sollten. Die Kinder hatten z.B. Zweifel, ob die Tauben - wie in dem Film dargestellt - wirklich so große Schäden anrichten und ob tatsächlich regelmäßig Vergiftungsaktionen durchgeführt werden.

Auch bei diesem Vorhaben wurden Kassettenrecorder und Fotoapparate zur Dokumentation eingesetzt, Passanten auf der Straße und offiziell verantwortliche Behördenvertreter befragt. Außerdem wurden Informations- und Unterrichtsmedien herangezogen (Broschüren von Naturschutzverbänden, Lehrfilm zum Thema). Bei diesem Vorhaben lag der medienpädagogische Aspekt der Arbeit schwerpunktmäßig in der Auseinandersetzung mit medial vermittelten Inhalten (Analyse einer Fernsehsendung, Vergleich der inhaltlichen Aussagen mit denen von Printmedien und Expertenäußerungen) mit dem Hauptziel medienkritischer Kompetenz.

3. BEISPIEL

Deutschunterricht 6. Schuljahr,
Thema: Fernsehen in unserem Leben

Mit der Ausgangsfrage "Wie gehen wir mit dem Fernsehen um?" wurde der Massenmedienkonsum der Schülerinnen und Schüler selbst thematisiert. Die Kinder führten Befragungen zu diesem Thema in anderen Klassen durch, analysierten Ankündigungen der Programmzeitschriften, erarbeiteten Rollenspiele zum Fernsehverhalten in der Familie und diskutierten gemeinsam inhaltlich über beliebte Fernsehsendungen. Die Ergebnisse der Projektarbeit wurden anhand einer kleinen Ausstellung mit Texten, Zeichnungen und Fotos der Schüler auf einem Elternabend vorgestellt.
Folgende Aspekte medienpädagogischer Arbeit sind bei diesem Projekt besonders hervorzuheben:
- Die inhaltliche Arbeit orientierte sich an konkreten Medienerfahrungen der Schüler, an ihren Sehgewohnheiten, Vorlieben, Bedürfnissen und Ängsten.
- Die Eltern wurden in die Arbeit mit einbezogen, sie waren gehalten, sich über die Fragestellungen des Projekts Gedanken zu machen und darüber zu sprechen.

4. BEISPIEL

Chemieunterricht, 9. Schuljahr, Thema: Schmelzelektrolyse des Aluminiums

Der Anlaß zu medienpädagogischer Arbeit war bei diesem Unterrichtsvorhaben dadurch gegeben, daß die Schüler bei einem Film der Landesbildstelle über Aluminiumherstellung gravierende Defizite feststellten. Der Film zeigte zwar ausführlich die industrielle Technik der Aluminiumgewinnung, ohne jedoch darauf einzugehen, welche Energie- und Entsorgungsprobleme dieser Prozeß mit sich bringt (zur Herstellung von 1 t Aluminium werden z.B. 20.000 kwh elektrischer Energie benötigt) und welche Arbeit Menschen in der Aluminiumfabrik zu leisten haben, unter welchen Belastungen sie stehen etc.. Aus den Ergebnissen einer inhaltlichen Analyse des Films ergab sich die Anregung, zu dem Film ein "Begleitmedium" zu erstellen, das sich mit den festgestellten Defiziten kritisch auseinandersetzt. Hierfür war eine Tonbildreihe vorgesehen, die in einem Hamburger Aluminiumwerk mit einfachen Mitteln hergestellt werden sollte. Das Werk genehmigte zwar die Besichtigung, aber nicht das Fotografieren. Dies bestätigte Vermutungen der Schüler, daß es Details in dem industriellen Prozeß gibt, die nicht gezeigt werden sollen. Immerhin blieb ihnen noch die Möglichkeit, aus einschlägigen Publikationen eine Dokumentation über Probleme der Aluminiumproduktion zusammenzustellen.

Dieses Unterrichtsbeispiel, bei dem fachspezifische Fragestellungen zu inhaltlicher Auseinandersetzung mit einem Film geführt hatten, ist deshalb bemerkenswert, weil im Bereich der Naturwissenschaften Möglichkeiten medienpädagogischer Arbeit häufig nicht gesehen und genutzt werden. In den meisten Fällen haben Medien hier lediglich die Funktion fachspezifischer Informationsträger, deren Wahrheitsgehalt nicht angezweifelt wird.

FAZIT

Sicherlich sind solche Unterrichtserfahrungen Belege dafür, daß die oft herbeigesehnte Handlungsorientierung und Alltagsanbindung des Unterrichts gelingen kann und daß derart konzipiertes Lernen Freude macht. Wir haben aber auch zu berücksichtigen, daß Kinder und Jugendliche in den entscheidenden Jahren der Ausbildung individueller und sozialer Fähigkeiten viel Zeit und Kraft für den Medienkonsum aufwenden. Marie WINN, Jerry MANDER sowie Neil POSTMAN haben dies, wenn auch verkürzt, in die öffentliche Diskussion gerückt.

Wir können dies nicht nur mit medienpädagogischen Bemühungen um mediale Kritik- und eigene mediale Ausdrucksfähigkeit beantworten. Auch der primäre Kommunikations- und Erlebnisbereich muß durch schulische, familiäre und außerschulische Bildung und Erziehung gefördert werden, damit Kinder und Jugendliche notwendige soziale und sinnliche Erfahrungen machen können. Die Bedingungen für diese Erfahrungen stellen aber die Neuen Medien besonders durch die universelle Verwendbarkeit des Computers sowie die anstehende Vernetzung zahlreicher 'neuer' und 'alter' Medien in Frage. Weil sich Medienpädagogik mit der ihr leider oft zugewiesenen Rolle eines Reparaturbetriebs nicht abfinden kann, hat sie frühzeitig vor Schäden solcher Neuerungen zu warnen und eine verfehlte, an betriebswirtschaftlichen Interessen orientierte Medienpolitik zu kritisieren. Es ist dafür Sorge zu tragen, daß sich die anstehenden Entwicklungen an den Gebrauchswerten dieser Medien für die davon betroffenen Menschen orientieren. Technologische, auch informations- und kommunikationstechnologische Neuerungen müssen auch für Kinder und Jugendliche mit ihnen und nicht gegen sie und über sie hinweg durchgesetzt werden.

LITERATUR

ARMBRUSTER, B. u.a.: Neue Medien und Jugendhilfe: Analysen - Leitlinien - Maßnahmen, Neuwied 1984.

BAUER, W. u.a.: 4 Wochen ohne Fernsehen, Berlin 1976.

BUND-LÄNDER-KOMMISSION FÜR BILDUNGSPLANUNG UND FORSCHUNGSFÖRDERUNG: Rahmenkonzept für die Informationstechnische Bildung in Schule und Ausbildung. -K 43/84-. Bonn: 11.12.84.

CONRADT, W.: Kirche und Kinematographie, Berlin 1910.

DRÖGE, F.u.a.: Der alltägliche Medienkonsum: Grundlagen einer erfahrungsorientierten Medienerziehung, Frankfurt/M. 1979.

EURICH, C.: Das verkabelte Leben. Wem schaden und wem nützen die Neuen Medien, Reinbek 1980.

EURICH, C./WÜRZBURG, G.: 30 Jahre Fernsehalltag. Wie das Fernsehen unser Leben verändert hat, Reinbek 1983.

GESELLSCHAFT DER FREUNDE DES VATERLÄNDISCHEN SCHUL- UND ERZIEHUNGSWESENS IN HAMBURG: Bericht der Kommission für "lebendige Photographie", 1907. In: TERVEEN, F.: Dokumente zur Geschichte der Schulfilmbewegung in Deutschland, Emsdetten 1959, S. 18-20.

HENTIG, H. v.: Das allmähliche Verschwinden der Wirklichkeit, München, Wien 1984.

KOMMER, H.: Früher Film und späte Folgen. Zur Geschichte der Film- und Fernseherziehung, Berlin 1979.

KUBICECK, H.: Neue Informations- und Kommunikationstechniken und die Zukunft des Alltags. In: ROLFF, H.G./ZIMMERMANN, P.: Neue Medien und Lernen: Herausforderung, Chancen und Gefahren, Weinheim u. Basel 1985, S. 11-36.

KÜBLER, H.D./ WÜRZBURG, G.: Medienforschung. In: KAGELMANN, H.J.:/WENNINGER, G.: Medienpsychologie: ein Handbuch in Schlüsselbegriffen, München u.a. 1982, S. 96-117.

DER KULTUSMINISTER DES LANDES NORDRHEIN-WESTFALEN (Hrsg.): Neue Informations- und Kommunikationstechnologien in der Schule. Rahmenkonzept, Köln 1985.

MALETZKE, G.: Medienwirkungsforschung. Grundlagen, Möglichkeiten, Grenzen, Tübingen 1981.

MANDER, J.: Schafft das Fernsehen ab! Reinbek 1979.

MEDIEN + ERZIEHUNG: Diskussion: "Neue Medien" und die Pädagogik, Themenhefte 2, 3/1981.

POSTMAN, N.: Das Verschwinden der Kindheit, Frankfurt/M. 1983

RENCKSTORF, K.: Neue Perspektiven in der Massenkommunikationsforschung, Berlin 1977.

ROGGE, J.U.: Paule der Glotzer: Lebensumstände und Fernsehgewohnheiten eines "Vielsehers". In: Bildschirm, Pädagogisches Jahresheft III des Friedrich Verlages, Seelze 1985, S. 118-121.

SAXER, U. u.a.: Die Massenmedien im Leben der Kinder und Jugendlichen, Zug 1980.

SCHORB, B.: Familie am Bildschirm. Neue Medien im Alltag, Frankfurt/M. 1982.

WALZ, U.: Jugendliche und Medien: Perspektivwechsel tut Not. In: Medium 2/1985, S. 22-23.

WEIZENBAUM, J.: Die Macht der Computer und die Ohnmacht der Vernunft, Frankfurt/M. 1977.

WINN, M.: Die Droge im Wohnzimmer, Reinbek 1979.

RENATE LUCA-KRÜGER

PROBLEME DES VIDEOKONSUMS
BEISPIEL: HORROR-VIDEOS

"Ein Winterabend vorm Fernseher, der **Vater** hat mal wieder Filme besorgt. Es läuft natürlich ein verbotener, besonders brutaler, blutiger und häßlicher Horrorfilm, der seinem Namen alle Ehre macht. Vater und Mutter sind geschockt und haben Schweißausbrüche. Die **Söhne** hingegen sind fasziniert und voller Erwartungen, ja, sie sind **abgehärtet** und **gefühllos, denn sie haben keinen Bezug mehr zur Realität**." (Peter, 16 J.)

Karikatur entnommen aus: Bildschirm, Faszination oder Information. Pädagogisches Jahresheft III des Friedrich Verlages, Seelze 1985, S.66.

Pädagogen beschäftigen sich mit dem Medienkonsum seit der Einführung des Buchdrucks (CAMPE, 1785). Zum Buch kamen andere Medien hinzu; neuerlich zum Fernsehen, d.h. zum öffentlichen Fernsehen, die neuen Medien. Im Bereich des Fernsehens bedeutet diese Entwicklung die massenhafte Verfügung über private Video-Recorder und damit die Möglichkeit zum Konsum von Video-Filmen.

Horror-Videos. Dies Genre steht für alle die Video-Filme, deren gemeinsames Element die Darstellung spekulativer und exzessiver Gewalt ist. Also: Action, Krieg, Karate, Pornos, Zombis. Der Schwerpunkt des Horror-Video-Konsums von Jugendlichen soll hier herausgegriffen werden, weil diese Problematik allen pädagogisch Interessierten auf den Nägeln brennt. Sie suchen Antworten auf ihre Fragen. In welchem Ausmaß sehen Jugendliche Horrorfilme? Warum sehen sie solche Filme? Welche Wirkung haben diese Filme?

VIDEO-MARKT UND HORROR-VIDEOS

Um das Ausmaß des Video-Booms überschauen zu können, ist es notwendig, einen kurzen Überblick über die wichtigsten Daten zum Videomarkt zu geben:

1983 hatten 15% der 24,5 Millionen Haushalte Videogeräte. Kenner der Branche gehen davon aus, daß 1995 die Hälfte aller Haushalte über mindestens einen Video-Recorder verfügen werden.

Nach Angaben des Deutschen Video-Instituts[1] belieferten 1983 50 Programmanbieter ca. 3000 Videotheken und ca. 2000 Radio- und Fernsehfachgeschäfte, dazu Versandhandel und Clubs. 5700 Filmtitel waren auf dem Markt, davon 4000 Spielfilme, von denen bereits 94% als Kinofilm gezeigt wurden. Das Angebot wuchs um ca. 150 Titel pro Woche. Es ließ sich nach damaligem Stand wie folgt aufschlüsseln:

Abb. 1: Angebot der Video-Kassettenprogramme (Nov. 1983)

Sachgebiet	**Anzahl der Programme**	**Anteil in %**
Western/Abenteuer/Eastern	776	14,2
Horror/Krimi/Thriller	651	11,9
Action/Krieg/Science fiction	677	12,4
Liebe/Erotik	320	5,9
Komödie/Heimat/Unterhaltung	596	10,9
Filmklassiker/Historie	103	1,9
Literatur/Drama/Schicksal/ Monumentarfilm	274	5,0
Kinderfilm	276	5,0
Kunst/Theater/Ballett/ Musik	219	4,0
Dokumentation/Zeit-geschichte/Biographie	333	6,0
Hobby/Sport	166	3,0
Industrie/Handel/Gewerbe/ Training u. EDV	280	5,1
Lebenshilfe/Religion	186	3,5
Schule/Bildung/Wissenschaft/ Sprachkurse u. Medizin	460	8,4
Videokunst	135	2,5
insgesamt, zuzüglich 186 Bildplattenprogramme	5.652 =	100%

Quelle für alle hier zitierten Daten: HAMMELRATH (1984)

Nach den Angaben des Deutschen Video-Instituts lag etwa die Hälfte des Angebots und des Umsatzes an Video-Filmen in den Genres: Western, Horror und Action.

Wenngleich die Sparten z.T. willkürlich, zumindest nicht trennscharf scheinen, ist doch deutlich, daß die Nachfrage nach Kassetten dort am größten ist, wo sich die meisten jugendgefährdenden Filme befinden. Die Zahlen können zwar die Marktsituation erhellen, sie sind aber nicht unumstritten, da erstens der BVV[2] die Aufstellung des Deutschen Video-Instituts bestreitet, zweitens in den genannten Zahlen die Raubkopien (Vermietung ohne Lizenz) - etwa 50% aller bespielten Kassetten - nicht enthalten sind. Ungeachtet dieser Kontroverse sprechen die Experten von einem Video-Boom; der Umsatz der Programmanbieter lag 1983 bei 1 Milliarde.

Zur Klassifizierung der sogenannten "Horror-Videos" schreibt der Pädagoge ZIELINSKI:

"Sie bestehen in der Regel aus einer Aneinanderreihung von extremen **Oberflächenreizen**:
Die Motorsäge oder der Schlagbohrer, die sich vergeblich durch Knochen arbeiten, das Vorgespielte Abhacken von Köpfen und Gliedmaßen, die Salzsäure, die sich scheinbar durch Haut und Fleisch frißt, oder auf der Pornographie-Ebene die wettkampfartige Inszenierung von Kopulationen im Sado, Lederhosen, Sekretärinnen-, Schulmädchen- oder SS-Design ..." (ZIELINSKI, 1984).

Diese Beschreibung der Szenerie läßt Bilder vor unseren Augen erscheinen, die uns erschrecken, anekeln, uns wütend oder auch neugierig machen. Kaum jemanden berühren sie nicht. Die Bilder sind charakteristisch für Horror- und Pornofilme, sie sagen aber noch nichts aus über Handlungsmuster und Identifikationsobjekte, über Vorurteile und Denkmuster, die die Filme auszeichnen; auch nichts über Kameraführung und Musikeffekte, ohne die die Attraktivität der Filme undenkbar wäre. Eine Analyse dieser Aspekte steht noch weitgehend aus. Das weitverbreitete Betrachten und Analysieren von kurzen Szenen und Ausschnitten von Horrorfilmen unterstützt die Betonung und Bewertung isolierter Bilder und verliert deren - für die Bedeutung der Filme wichtigen - Zusammenhänge aus den Augen.

Es stellt sich die Frage, warum der Horror-boom so stark an den Video-boom gekoppelt ist.

Erstens liegt es an den Eigenarten des Mediums Fernsehen: "Video-Konserven unterliegen nach ihrer Zusammensetzung zu Bildern im Fernsehen denselben ästhetischen Beschränkungen, die den Apparat generell auszeichnen, wie der relativ unterentwickelten Bildauflösung, dem äußerst begrenzten Rahmen, der den Bildern gesetzt wird, der Kontrastarmut, der mangelnden, akustischen Qualität und so fort" (ebd.)

Die Software muß folglich ihre Attraktivität aus anderen Quellen beziehen als aus dem Fundus der künstlerischen Kinematographie:
"Das Laute eignet sich besser als das Leise.
Das Nahe besser als das Ferne.
Das Große besser als das Kleine.
Das Einfache besser als das Komplexe ..." (MANDER, 1979)

Zweitens ist die Produktion von Horror-Videos eine billige Produktion. Sie erfolgt nach vorgegebenen Ablaufschemata und ist in der Regel in drei Tagen zu bewerkstelligen (Landeszentrale f. pol. Bildung, 1985).

Schließlich, drittens, soll der Video-Konsum eine Ergänzung zum öffentlichen Fernsehen sein. Was dort nicht geboten wird, bietet die Video-Kassette. Jugendliche möchten - nach eigenen Aussagen - etwas sehen, was sie nicht alle Tage sehen: exzessive und spekulative Gewalt (s. Abschnitt 2).

NUTZUNG VON VIDEO-FILMEN DURCH JUGENDLICHE

Die Beschäftigung mit der Auswirkung von Videofilmen auf Jugendliche beginnt 1983 (im Oktober 1982 wurden die ersten Indizierungsanträge gestellt).
Erste Erhebungen über die Videonutzung liegen vor. Es handelt sich dabei nicht um repräsentative Erhebungen, sondern um regional begrenzte, von Jugendämtern durchgeführte Befragungen, die aber durchaus interessante Ergebnisse liefern und begründete Vermutungen über die Nutzung zulassen.
Die umfangreiche Untersuchung erfolgte im Landkreis Alten-

kirchen in Rheinland/Pfalz. An elf Schulen wurden 2500 Kinder und Jugendliche im Alter von 10 - 17 Jahren befragt: 70 bis 80% der befragten Jugendlichen bekunden Interesse für Video.

Nach dem 14. Lebensjahr zeigt sich eine höhepunktartige Steigerung, die im Alter von 15-16 Jahren gipfelt.

Nach Schularten aufgeschlüsselt, liegt der Konsum einheitlich zwischen 83% und 88%, mit Ausnahme vom Gymnasium bei fast 70%.

Bei den Hauptschülern ist die beliebteste Gruppe die der Western, gefolgt von Horrorfilmen (51%). Bei den Gymnasiasten wird Horror zu 27%, andere Filme zu 52,8% (also weder Krimi, Western, Kung-Fu, Sexfilme) gesehen. 55% der 14-18jährigen sehen indizierte harte Filme.

Nur 16% sehen zu Hause Videofilme, nahezu ein Drittel der Jugendlichen sieht bei Verwandten oder Bekannten. Ab 15 Jahren ist der Freund der Videopartner mit fast 50%.

Die Jugendlichen beschaffen sich die Filme aus Videotheken, von Freunden, Verwandten und Bekannten.

Sie geben auf die Frage "Warum sie die Filme sehen?" folgende Antworten:
- andere Filme als im Fernsehen,
- gruselige, abenteuerliche Spannung,
- interessante Unterhaltung.

Zusammenfassend läßt sich festhalten, daß für die Hälfte der Jugendlichen der Konsum von Videofilmen eine seltene oder gar keine Beschäftigung ist, ein Drittel der Befragten dagegen häufig Videofilme sieht, einige davon bis zu 13 Stunden pro Woche.

Der Konsum unterscheidet sich nach Schularten: speziell im Gymnasium wird Horror nur von 27% der Befragten genannt, in der Hauptschule von mehr als der Hälfte, in der Sonderschule von 61%. Nur vorschnell sollte hier der Schluß gezogen werden, Horror sei nichts für" gebildete" Jugendliche. Ein Grund für die weniger häufige Nennung von Horrorfilmen durch Gymnasiasten mag auch deren Wissen um die nicht vorhandene Akzeptanz dieser Filme bei Erwachsenen sein. Das hieße konkret, sie kennen Horrorfilme, sehen sie auch gelegentlich, geben es bei der Befragung aber nicht an.

Die Filme werden eher bei Freunden, Verwandten und Bekannten gesehen als zu Hause. Diese Sehgewohnheiten deuten darauf hin, daß speziell ab dem 15. Lebensjahr Videokonsum eher eine Beschäftigung in der peer-group, in der jugendlichen Clique ist, als eine familiäre.

Die Altenkirchener Untersuchung versäumt es, die Daten zum Videokonsum nach geschlechtsspezifischen Unterschieden auszuwerten. Andere - wiederum nicht repräsentative - Erhebungen konnten zeigen, daß der Videokonsum deutlich geschlechtsspezifisch geprägt ist, sowohl bei Jugendlichen als auch bei Erwachsenen. In einer Hamburger Befragung von 246 Jugendlichen erwiesen sich 60% der männlichen Befragten als Kenner von besonders brutalen und/oder pornographischen Filmen, dagegen nur 29% der weiblichen Befragten. Eine eigene Erhebung in Hamburger Videotheken zeigte, daß in der beobachteten Zeit von 470 erwachsenen Videothekenbenutzern nur etwa ein Viertel Frauen waren.

Die Ergebnisse dieser Erhebungen bestärken die plausible Annahme, daß der Videomarkt - speziell die Produktion und der Verleih von Software - sich primär an männliche Jugendliche und Erwachsene wendet. Auf Gründe dafür kann hier nicht näher eingegangen werden. (vgl. dazu z.B. SCHMERL, 1984)

Angesichts der Daten zum Videokonsum erfolgt jetzt ein kurzer Exkurs zum Thema Jugendschutz. 1984 wurden 450 der 6000 auf dem Markt befindlichen Filme indiziert, d.h. sie durften an Jugendliche unter 18 Jahren nicht abgegeben, für sie durfte keine Werbung gemacht und sie durften nicht öffentlich ausgelegt werden. 1985 waren es schon 1000 Filme. Es stellt sich die Frage, wie Jugendliche trotzdem Zugang zu den Filmen erhalten. Die Antworten sind vielfältig (vgl. NEUMANN, 1984):

- Videohändler verstoßen vorsätzlich oder fahrlässig gegen die gesetzlichen Bestimmungen des GJS

- arglose bzw. verantwortungslose Eltern, ältere Geschwister oder Freunde besorgen den Minderjährigen auf Wunsch Kassetten

- die Jugendlichen besorgen sich die Filme als Raubkopien

- die Jugendlichen gelangen in den Besitz der Kassetten, bevor sie von der Bundesprüfstelle indiziert worden sind

oder:

- indizierte Filme bekommen andere Titel

- Kinofilme wurden durch die FSK[3] zum Teil mit Schnittauflagen versehen. Der Kinofilm und der Videofilm müssen nicht identisch sein.

Seit dem 1.4.1985 gilt die neue Regelung, nach der alle Videofilme von der FSKJ geprüft werden müssen. Sie erhalten ebenso wie die Kinofilme eine Altersangabe. Die Nutzungsgewohnheiten der Jugendlichen deuten darauf hin, daß damit die Probleme des Jugendschutzes keineswegs gelöst, sondern nur geringfügig zum Schutze der Jugendlichen verändert worden sind. Jugendschutzmaßnahmen erschweren den Konsum indizierter Filme, verhindern ihn aber nicht.

WIRKUNGSFORSCHUNG

Mit den Anfängen des Massenmediums Fernsehen hat sich - besonders in Amerika - mit der Medienwirkungsforschung ein neues Forschungsgebiet entwickelt (vgl. KUNCZIK, 1985 und 1982). Ganz allgemein fragt die Wirkungsforschung danach, ob und inwieweit Massenmedien die Einstellung und das Verhalten von Menschen beeinflussen (vgl. MALETZKE, 1982). Angesichts der großen Anzahl von Gewalt-Streifen erhält das Problem medialer Gewaltdarstellung eine aktuelle und bedeutsame Dimension. Die Befürchtung, daß der verstärkte Konsum von Videokassetten mit grausamen Gewaltszenen bei Kindern und Jugendlichen zu mehr Aggressivität, Gewalttätigkeit und letztlich auch Kriminalität führen könnte, wird besonders in den Print-Medien häufiger geäußert.

Zusammenfassend läßt sich sagen, daß die Wirkungsforschung diesen direkten Zusammenhang zwischen beobachteter und vollzogener Gewalt nicht bestätigt (vgl. KUNCZIK, 1982. Eine ausführliche Auseinandersetzung mit diesen Thesen der Wirkungsforschung ist hier nicht möglich). Die Untersuchungen beziehen sich zwar auf das normale Fernsehprogramm und messen zumeist nur kurzfristige Wirkungen von Medienprodukten. Sie haben also alle den Nachteil, nicht auf die neue Qualität von Gewalt abzuheben. Aufgrund fehlender Studien, vor allem Langzeitstudien, scheint es sogar momentan eher Glaubenssache, welche dieser Ansätze man bevorzugt. Zwar sind sich alle Wissenschaftler einig, daß es keinen **monokausalen** Zusammenhang zwischen medialer und individueller Gewalt gibt, aber es scheint doch so zu sein, daß die Auswirkungen medialer Gewaltdarstellungen keineswegs bei allen Kindern und Jugendlichen gleich, sondern von der **individuellen** Entwicklung, den Erfahrungen, den Lebensumständen, den emotionalen Bindungen und Dispositionen abhängig sind. Das bedeutet, daß die gesellschaftliche und strukturelle Gewalt, die das Individuum erfährt bzw. erfahren hat, nicht aus dem Wirkungszusammenhang von Video-Gewaltdarstellungen ausgeblendet werden kann. Das darf nicht dazu führen, das Problem der Brutalisierung der Medienbotschaften durch Videokassetten zu bagatellisieren, sondern versteht sich als Plädoyer für eine differenzierte Betrachtungsweise (vgl. SCHORB/ THEUNERT, 1982). Trotz widersprüchlicher Forschungsergebnisse muß bei Diskussionen um das Thema von folgender Sachlage ausgegangen werden: Die spezifische Vorgeschichte eines Individuums, objektive Lebensbedingungen und subjektive Empfindungen bestimmen, wie Gewaltdarstellungen durch Video aufgenommen und verarbeitet werden. Sie sind ausschlaggebend dafür, ob eine Desensibilisierung für Gewalt erfolgt, Gewalt nachgeahmt, das Aggressionspotential erhöht und moralische Barrieren gesenkt werden.

Damit ist auf die objektiven Lebensbedingungen verwiesen. In einer Zeit von hoher jugendlicher Arbeitslosigkeit, von erzwungener Passivität und Ohnmacht kann man davon ausgehen, daß die Bereitschaft wächst, sich in fiktive Aktionen und Konflikte zu flüchten, sich also der Realität zu entziehen. Wir können als Pädagogen nicht darauf warten, bis die Ergebnisse sozialpsychologischer Langzeitstudien vorliegen, wir sollten vielmehr ganz grundsätzlich die Frage des Medienkonsums von Kindern und Jugendlichen thematisieren. Die heute 14- bis 18jährigen gehören nahezu vollständig zu denen, die mit dem Fernseher aufgewachsen sind:

"Wer mit vier die ersten Jagd- und Schlägerszenen von Tom und Jerry vorgesetzt bekam, mit sechs seine ersten Bonanza-Schießereien hinter sich gebracht hat, sich mit zehn die ersten Pakete Kojak reingezogen hat, mit zwölf die ersten tausend Leichen der TV-Nachrichten während des Abendessens zu verdauen gelernt hat, verlangt mit vierzehn härtere Kost, **falls dazwischen seine Wahrnehmungsweise**, sein **ethisches Empfinden** und sein **Verstand** gegenüber audio-visuellen Konstrukten nicht kritisch sensibilisiert worden ist." (ZIELINSKI, 1984)

Hiermit ist eine mögliche Wirkung verstärkten Medienkonsums beschrieben, nämlich die verzerrte Realitätswahrnehmung durch verstärkte Rezeption fiktiver Inhalte (Grausamkeit wird zur Normalität). D.h., der Konsum von Horror-Videos ist nicht isoliert, sondern im Zusammenhang mit dem Medienkonsum generell zu betrachten. D.h. auch, daß ein Verbot, das überdies, wie oben erläutert, nicht durchsetzbar ist, das Problem der Brutalisierung der Medienbotschaften nicht lösen kann.

KONSEQUENZEN FÜR DIE PÄDAGOGISCHE FORSCHUNG UND PRAXIS

ZIELINSKI verweist darauf, die Wahrnehmungsweise, das ethische Empfinden und den Verstand zu sensibilisieren. Dies ist immer schon Aufgabe der Schule gewesen und somit auch die der medienpädagogischen Aktivitäten der Schule. Allerdings betont eine solche Betrachtung die kognitive Dimension des Problems, läßt aber andere außer acht. Sprechen doch gerade die neueren Aussagen über Horror-Videos dafür, daß es eben der psychische Apparat ist, der nach Todes-, Untergangs- und Vergewaltigungsbildern verlangt, und eben dieser gegebenenfalls dadurch total ins Wanken kommt, Angsterlebnisse erzeugt, die zu Schlaflosigkeit und Alpträumen führen (vgl. MELCHERS/SEIFERT 1984).

Medienpädagogik ist weder Reparaturwerkstatt für deformierte, mediengeschädigte Kinder und Jugendliche noch kann sie Rezepte für den richtigen Mediengebrauch geben. Drei Aspekte, die für eine pädagogische Betrachtung des Problems Videokonsum, speziell Horror-Videokonsum, von Bedeutung sind, können abschließend genannt werden:

a) Fernsehkonsum ist integraler Bestandteil familiärer Sozialisation. Hier findet in erster Linie Fernseherziehung - oder allgemeiner - Medienerziehung statt. Der Videokonsum von Kindern und Jugendlichen ist auf dem Hintergrund medialer Erfahrungen in der Familie zu betrachten. Eine Analyse der Gewohnheiten, der Konflikte, der Gefahren und der Chancen des Videokonsums beinhaltet immer auch eine Analyse familiärer Strukturen (vgl. ROGGE, 1983). Ein Beispiel mag die Komplexität der Fernseherziehung in der Familie verdeutlichen:

"Der neunjährige Thomas kommt mit der Schultasche in der Hand durch den Vorgarten in die Küche. 'Heute abend gibt's die Straßen von San Francisco.' Frau Ehlers putzt weiter den Salat. Thomas wieder: 'Heute abend gibt's die Straßen von San Francisco.' - 'Na, und?' - 'Die will ich sehen.'
Die fünfjährige Martina macht sich bemerkbar.
'Ich will auch ...'
Da kommt ein klares Nein von Frau Ehlers, und auf die Proteste von Thomas hin wird sie deutlich: 'Nein, habe ich gesagt. Gestern war's schon spät genug. Nein, kommt nicht in Frage.' ...

Um 19.30 Uhr oder 20.15 Uhr beginnt der regelmäßige Fernsehabend. Nur wenn Frau und Herr Ehlers abends in den Kegelverein gehen, bleibt das Fernsehgerät abgeschaltet (...)

Thomas und Martina haben viele Freunde, mit denen sie im Freien spielen könnten. Aber sie bevorzugen das Fernsehen. Spätestens um 19.30 Uhr müssen beide im Bett liegen. Petra Ehlers: 'Aber das gibt regelmäßig Krach, weil Thomas nicht ins Bett will, wenn die Jüngste rein muß.'

Petra Ehlers hat sich mit ihren Kindern auf einige Sendungen pro Woche geeinigt, um den Fernsehkonsum einzuschränken. 'Das wird sowieso schon immer mehr, weil sie doch die eine oder andere Sendung mitsehen wollen und mein Mann sehr nachgiebig ist.'
Übrigens sah Thomas mit Martina an diesem Abend doch noch den Kriminalfilm, weil Gerhard Ehlers mit den Worten 'Laß sie doch, Petra' für die Kinder Partei ergriff." (ROGGE, 1985, S.18ff.)

ROGGES Fazit: "Die Kinder gehen mit den Medien genauso um wie ihre Eltern". (S.23) Radio zur Unterhaltung. Fernsehen zur Entspannung, gleichzeitig bedeutet das Fernsehen für die Kinder Teilhabe am Erwachsenen-Fernsehen und damit Teilhabe an deren Kultur. Für die Jugendlichen ist der Videokonsum entsprechend ein weiterer Schritt zur Teilhabe an der Erwachsenenkultur. Sie versuchen, ihn aus der familiären Umgebung abzukoppeln, indem sie sich ihre eigenen Räume dafür schaffen.

b) Intensivierung qualitativer Untersuchungen zu Fernseherlebnissen und -gewohnheiten von Kindern und Jugendlichen, anstelle der Überbewertung quantitativer Erhebungen.
Qualitative Untersuchungen zum Medienkonsum Jugendlicher, die gesellschaftliche, familiäre und individuelle Bedingungen berücksichtigen, liegen erst ansatzweise vor. (z.B. LUGER, 1985). Aufschluß über den Stellenwert des Medienkonsums mag auch die Shellstudie (1985) geben, dort kommen diesmal ausführlich Jugendliche mit literarischen und künstlerischen Selbstdarstellungen zu Wort. Große Erwartungen richten sich auf die noch zu schreibenden Medienbiographien (vgl. KÜBLER, 1982).

Wollen wir pädagogisch wirken, kurz gesagt, Kindern und Jugendlichen helfen, ein stabiles Selbst aufzubauen, müssen wir wissen, weshalb Jugendliche und Kinder fernsehen und welche angenehmen und schmerzlichen Erlebnisse sie dabei haben. Allgemeiner gesprochen: Wir brauchen Antwort auf die Frage, welche Bedeutung Fernseh- und Videokonsum für Kinder und Jugendliche haben. Die Antwort hierauf muß zwangsläufig sehr vielschichtig, sehr individuell, sehr kontrovers sein, sie läßt sich allein mit quantitativen Methoden nicht erschließen.

Eine Möglichkeit qualitativer Forschung in diesem Bereich ist die Befragung der Videokonsumenten während des Konsums bzw. sofort danach. So wurden z.B. weibliche Studierende der Pädagogik gebeten, ihre Reaktionen, Gedanken und Gefühle beim Betrachten eines Horror-Films aufzuschreiben. Daraus hier eine Äußerung zum Horror-Film: "Freitag der 13.":

"Ich weiß gar nicht, wie ich das jetzt schreiben soll: Hilflos, weiß, naß, alleine. Ich halte wieder die Luft an, mein Herz klopft schneller. Ich fühle das Papier unter meiner Hand, hinter mir, das hilft ein bißchen, auch die Geräusche um mich herum. Aber ich will es hinter mir haben. Beim nächsten Mord kann ich bestimmt nicht mehr richtig hingucken. Die werden ja immer schlimmer, glaube ich.

Das halte ich nicht aus. Mir bleibt die Luft weg, meine Bein- und Armmuskeln zucken. Ich muß ja nicht hingucken, wenn ich nicht will. Ich würde gerne noch eine andere Zärtlichkeitsszene sehen. Diese wurde so brutal immer wieder zerstört. Die Leiche auf dem Bett darüber - Zerstörung." (Seminarmanuskript)

Im Kontrast dazu die Äußerung eines männlichen Jugendlichen aus einer Hamburger Befragung:

"Ja, ich find' das gut, wie die das so gemacht haben, mit dem Blut und dem ganzen Scheiß - wenn da mal so'n Körper geteilt wird, oder so'n Kopf abrollt. Ja, sieht ganz gut aus! Sieht man ja nicht jeden Tag auf der Straße, ne, daß mal so'n Kopf irgendwo wegrollt oder so!" (JUGENDAMT HAMBURG, 1984)

Dieser Kommentar, abgegeben aus der Distanz zum Medium und zu den Erlebnissen beim Medienkonsum, ist geeignet, Erwachsene zu erschrecken, er gibt aber wenig Aufschluß über Motive für den Horrorvideokonsum. Hier sind weitere biographische, tiefenpsychologische und sozialpsychologische Arbeiten notwendig.

c) Schließlich gilt für die Pädagogik, so auch für die Medienpädagogik, Räume und Situationen zu schaffen, in denen Phantasien, Ängste und Wünsche zugelassen sind, in denen sie mit Materialien, Medien aller Art (Worten, Farben, Papier, Masken, dem eigenen Körper) zum Ausdruck gebracht werden können, um somit der Gefahr zu begegnen: Wünsche, Phantasien und Ängste zu entsinnlichen, von der eigenen Person zu trennen, Grausamkeiten zu technologisieren und sie damit von realen, menschlichen Leiden zu befreien.

Wir wissen wenig darüber, welche Denkmuster der Horror-Videokonsum Jugendlicher erzeugt, welche individuellen Verarbeitungsformen dabei erworben und welche psychischen Erlebniszustände dabei erlitten und/oder gesucht werden. Jugendliche regeln den Umgang mit Horrorvideos im Rahmen familiärer (elterliche Verbote und Gebote) und gesellschaftlicher (Jugendschutzbestimmungen) Bedingungen sehr individuell. Eigene unabgeschlossene Befragungen von 16jährigen weiblichen und männlichen Jugendlichen deuten darauf hin, daß diese immer wieder die Hilfe Erwachsener suchen, besonders, um die Grausamkeiten zu verarbeiten und die eigenen Ängste zu bewältigen. Um so mehr mag die notwendige Hilfe der Eltern und Betreuer für die Ängste der Kinder gelten, die freiwillig oder unfreiwillig Konsumenten von Horrorvideos sind. Von ihnen sowie von extensiven Dauerkonsumenten von Horrorvideos war hier nicht die Rede.

Der extensive Konsum der Horror-Videos durch Jugendliche ist m.E. eine Herausforderung an die Erwachsenen - Eltern, Erzieher, Lehrer, Berater, Helfer -, sich der Flucht der Jugendlichen vor der Realität zu stellen, ihn nicht zu stigmatisieren und zu bagatellisieren, sondern ihn sehr ernst zu nehmen. Ihm nicht durch Verbote oder gesetzliche Bestimmungen zu begegnen, sondern ihn als Ausdruck gesellschaftlicher und individueller Not zu verstehen. Angst um die Zukunft und Langeweile; Arbeitslosigkeit und atomarer Holocaust sind psychische und politische Realitäten, die diese Flucht in den Videokonsum plausibel erscheinen lassen.

ANMERKUNGEN

1) Deutsches Video-Institut (DVS) = Institut des Radio- und Fernsehfachhandels und der Industrie

2) Bundesverband Video (BVV) = 90% der deutschen Programmanbieter

3) Freiwillige Selbstkontrolle der Filmindustrie (FSK)

LITERATUR

CAMPE, J.H.: Allgemeine Revision des gesamten Schul- und Erziehungswesens. Bd. 1. Hamburg 1785.

HAMMELRATH, R.: Der Videomarkt - Daten und Fakten -. In: Brutales auf Cassetten, hrsg. vom Adolf-Grimme-Institut. Marl 1974, S. 8-10.

JUGENDWERK DER DEUTSCHEN SHELL (Hrsg.): Jugendliche und Erwachsene. Bd 4. Leverkusen/Hamburg 1985.

JUGENDAMT HAMBURG (Hrsg.): "Kassetten, die ins Auge gehen". Beiheft zur Ausstellung, Bezirksamt Hamburg-Nord. 1984.

KREISJUGENDAMT DER KREISVERWALTUNG ALTENKIRCHEN (Hrsg.): Jugendliche und Video. Thesen, Anregungen, Materialien. o.J.

KÜBLER, H.D.: Medienbiographien - ein neuer Ansatz der Rezeptionsforschung? In: medien + erziehung, 6/1982, S. 332-338.

LANDESZENTRALE FÜR POLITISCHE BILDUNG RHEINLAND-PFALZ: "Prädikat besonders grausam". Koblenz/Mainz 1985.

LUGER, K.: Medien im Jugendalter. Wien, Köln, Graz 1985.

MALETZKE, G.: Medienwirkungsforschung. Tübingen 1981.

MANDER, J.: Schafft das Fernsehen ab. Hamburg 1979.

MELCHERS Ch.B./SEIFERT, W.: "... das Bild ist jetzt noch nicht weg". In: medium, 6/1984, S. 21-31.

NEUMANN, H.J.: Horror-Videos - gibt es die und etwas dagegen? In: medium, 6/1984, S. 14-18.

ROGGE, J.-U.: Video und familialer Medienalltag. In: medien + erziehung, 5/1983, S. 273-281.

ders.: Heidi, PacMan und die Video-Zombies. Die Medienfreunde der Kinder und das Unbehagen der Eltern. Reinbek bei Hamburg 1985.

SCHMERL, Ch.: Das Frauen- und Mädchenbild in den Medien. Opladen 1984.

SCHORB, B./THEUNERT, H.: Gewalt im Fernsehen. In welchen Formen tritt sie auf? Wie gehen Jugendliche damit um? In: medien + erziehung, 6/1982, S. 322-331.

ZIELINSKI, S.: Der Videorecorder als Durchlauferhitzer. In: medium, 6/1984, S. 9-13.

WOLF ANDRE-DEITERT

KONSEQUENZEN MEDIENPÄDAGOGISCHER FORDERUNGEN FÜR DIE LEHRERAUSBILDUNG

Die zur Zeit in den lehrerausbildenden Einrichtungen geführte Auseinandersetzung um die angemessene curriculare Verankerung informationstechnologischer Bildung zeigt deutlich, welche strukturellen und inhaltlichen Probleme dann auftauchen, wenn die Beschäftigung mit einem neuen gesellschaftlichen Problembereich in einer bereits existierenden Institution mit eigener Tradition etabliert werden soll. Da die Medienpädagogik hier schon eine eigene Geschichte hat, deren Anfänge eine sehr starke Ähnlichkeit mit den jetzigen Anfängen einer informationstechnologischen Bildung aufweisen, können an ihr einige Punkte herausgearbeitet werden, die evtl. für die weitere Diskussion um die **Neuen Medien** hilfreich sind.

Die folgenden Aussagen und Beispiele beziehen sich im wesentlichen auf die Universität Hamburg und hier insbesondere auf den Fachbereich Erziehungswissenschaft, der neben dem Diplom- und Magisterstudiengang für die erste Phase der Ausbildung von Studierenden aller Lehrämter verantwortlich ist. Es soll versucht werden, Möglichkeiten medienpädagogisch reflektierter Arbeit in der Lehrerausbildung aufzuzeigen, denn sowohl die an anderer Stelle dieses Bandes aufgestellten **allgemeinen medienpädagogischen Forderungen** als auch die Forderung nach medienpädagogischem Handeln in der Schule bedürfen einer konkreten Umsetzung in der Hochschule, wenn sie mehr als nur Gedanken auf dem Papier sein wollen. Da es keinen eigenen Studiengang oder Studienschwerpunkt Medienpädagogik gibt, sind die Studierenden darauf angewiesen, im Rahmen ihres erziehungswissenschaftlichen Studiums Kenntnisse und Erfahrungen zu gewinnen, die ihnen in ihrer zukünftigen Praxis im jeweiligen Fachunterricht eine angemessene Behandlung medienpädagogischer Inhalte und einen reflektierten Umgang mit Medien im Unterricht ermöglichen.

1. PROBLEMKREIS: MEDIENPÄDAGOGIK ALS INTERDISZIPLINÄRES HANDLUNGSFELD

Das Prinzip der Freiheit von Forschung und Lehre ermöglicht den Angehörigen der Universität in Rahmen ihrer Disziplin, Gegenstandsbereiche ihres jeweiligen besonderen Interesses einzubeziehen. Auf diesem Wege haben Lehre und Forschung zu Inhalten, die als medienpädagogisch relevant angesehen werden müssen, unter anderem Eingang in die Soziologie, die Politologie, die Psychologie, die Sprachwissenschaften und die Erziehungswissenschaft gefunden. Natürlich hat jeder Lehrerstudent die Möglichkeit, durch das Studium der Veröffentlichungen der jeweiligen Wissenschaftler/innen Medienpädagogik interdisziplinär zu studieren. Wenn er dies aber im Rahmen eines Studienganges oder als Schwerpunkt in einem Fach leisten will, so stößt er doch auf einige Schwierigkeiten. Nehmen wir an, er studiert die Fächer Mathematik und Geographie, so bleibt ihm für ein Studium medienpädagogischer Fragen nur noch die Erziehungswissenschaft, da er allein schon aus zeitlichen Gründen weitere Studien in der Psychologie, Soziologie etc. kaum leisten können wird.

Innerhalb der Erziehungswissenschaft gibt es neben einer Vielzahl von Lehrenden, die medienpädagogisch relevante Fragen im Rahmen ihres jeweiligen Fachgebietes, z.B. der Geschichtsdidaktik, der Vorschulerziehung, der Ästhetischen Erziehung usw. behandeln, einige wenige Lehrende, deren Fach die Medienpädagogik ist. Dies ist ganz im Sinne der Forderung, Medienpädagogik nicht als Teildisziplin, sondern **eher als einen Leitgedanken erziehungswissenschaftlicher Argumentation** zu verstehen. In der Praxis ist damit allerdings die bedauernswerte Situation verbunden, daß es mehr oder weniger dem Zufall überlassen bleibt, ob ein Student im Laufe seines Studiums überhaupt mit medienpädagogischen Fragen konfrontiert wird.

Sowohl auf der Ebene der Universität Hamburg als auch des Fachbereichs Erziehungswissenschaft sind Bemühungen, dieses Problem im Rahmen eines Studienganges oder Studienschwerpunktes Medienpädgogik zu lösen, zur Zeit als gescheitert zu betrachten. Als Folge dieses Zustandes müssen Anstrengungen stehen,

- jeden Studierenden im Rahmen des erziehungswissenschaftlichen Studiums mit mindestens einer medienpädagogisch relevanten Veranstaltung zu konfrontieren, die sich auch um die Einbeziehung von Erkenntnissen aus anderen Fachdisziplinen bemüht,
- Studierenden, die innerhalb ihres Studiums der Erziehungswissenschaft den Schwerpunkt Medienpädagogik studieren wollen, die Möglichkeit eines unter den Kollegen abgestimmten und alle wesentlichen Teile der Medienpädagogik berührenden Studiums zu eröffnen,
- Studierende, die Medienpädagogik als Studiengang wünschen, nicht an andere Universitäten zu verweisen, sondern ihnen im Rahmen der vorhandenen Ressourcen aller relevanten Teildisziplinen dieses Studium nach den Richtlinien einer zu schaffenden "Gemeinsamen Kommission" zu ermöglichen und ihnen dafür ein entsprechendes Zertifikat auszuhändigen,
- Studierenden sowohl in ihren fachbezogenen Studien als auch in der Erziehungswissenschaft den reflektierten Umgang mit Medien, sozusagen als hochschuldidaktisches Prinzip, zu ermöglichen.

2. PROBLEMKREIS: HANDELNDER UMGANG MIT DEN MEDIEN

Der Fachbereich Erziehungswissenschaft steht in der Tradition einer geisteswissenschaftlichen Disziplin, die sich seit Jahrzehnten des Gespräches, des Vortrages und der Lektüre bedient. Technische Medien haben es schwer, hier Zugang zu finden. Diese Aussage beinhaltet nicht nur ein Bedauern, hat diese Tatsache es doch ermöglicht, allzu voreilige Bemühungen um eine Technisierung des Hochschulunterrichts (z.B. durch audio-visuelle Medien oder computer-unterstütztes

Lernen) zum Scheitern zu bringen. Probleme tauchen immer dann auf, wenn sich die Angst vor der Unterrichtstechnologie als der den Pädagogen verdrängenden Zukunftsvision mit der mangelnden Kompetenz im Umgang mit modernen Technologien vereint. Aufgrund der gerade an der Universität praktizierten Trennung von Kopf und Hand gehört es noch heute zum Alltag, daß sich die Lehrenden sogar bei der Einbeziehung der technischen Medien, deren Bedienung schon als "Kulturfertigkeit" anzusehen ist (z.B. dem Diaprojektor, dem Kassettenrecorder), immer noch technischen Personals bedienen.

Wenn im Sinne einer "medienpädagogischen Utopie" von Studierenden auch die handelnde kritische Auseinandersetzung mit Technologien gefordert wird und von ihnen als zukünftigen Lehrern darüber hinaus verlangt wird, daß sie bei der Verwendung von Medien in ihrem jeweiligen Fach auch eine kritische Auseinandersetzung mit den Medien selbst sowie mit Fragen medialer Sozialisation leisten sollen, so müssen sie an der Universität die Chance erhalten, Medienarbeit in eben diesem Sinne zu erfahren; d.h. Medienarbeit an der Universität muß die Berücksichtigung medienpädagogisch relevanter Aspekte mit einschließen.

Hierfür wären folgende Organisationsprinzipien zu fordern:
- Die Verwendung von Medien im Sinne eines schlichten Konsums sollte so gering wie möglich gehalten werden. Eigenproduktion von Medien ist zu fördern.
- Der Umgang mit Medien sollte zum selbstverständlichen Handlungsrepertoire jedes Lehrenden und Lernenden gehören und nicht nur wenigen Spezialisten vorbehalten bleiben.
- Die Forderung nach handelndem und kritischem Umgang mit Medien darf nicht an technischen und administrativen Hindernissen scheitern, sondern bedarf einer aktiven Unterstützung derjenigen Einrichtungen, die über die Medien und die erforderlichen Finanzmittel verfügen.

Mit der Einrichtung von Medienzentren an den Institutionen der Lehrerausbildung wurden hierfür grundlegende Möglichkeiten geschaffen. Wenn der Beginn dieser Arbeit auch im wesentlichen auf technologische Intentionen zurückzuführen ist (z.B. Einsatz von Medien als Multiplikationsfaktoren zur Effektivierung und Intensivierung des Studiums, Produktion von Medien durch Spezialisten und orientiert an technischen und gestalterischen Standards der Massenmedien, Ausbildung der Studierenden an technischen Geräten zum Einsatz von Medien im Unterricht), so haben sich im Laufe der Zeit doch Arbeitsformen herausgebildet, die den o.g. Prinzipien Rechnung tragen.

Hierzu seien aus der praktischen Arbeit am Fachbereich einige Beispiele genannt, wobei die dazugehörigen Schwierigkeiten nicht verschwiegen werden sollen.

BEISPIEL 1: Unterrichtsdokumentation

Hier läßt sich im Sinne medienpädagogischer Argumente eine ausgesprochen positive Entwicklung feststellen:
Zu Beginn der sechziger Jahre gab es in der Bundesrepublik nur wenige Einrichtungen (hauptsächlich die Unterrichtsmitschau in Bonn, das Institut für den wissenschaftlichen Film in Göttingen sowie das Institut für Film und Bild in Wissenschaft und Unterricht in München), die Unterrichtsdokumente produzierten. Dies geschah in der Regel mit hohem technischen Aufwand (16mm-Film) und entsprechend hohen Kosten sowie mit einer recht allgemeinen Zielsetzung (Dokumentation von Unterrichtswirklichkeit), die weder ihrem eigenen Anspruch, noch spezifischen Anforderungen von Veranstaltungen zur Lehrerausbildung gerecht wurde.

In den siebziger Jahren gab es fast an allen Institutionen der Lehrerausbildung Medienzentren oder Unterrichtsmitschauanlagen, in denen Unterrichtsdokumente hergestellt wurden; jetzt schon eher orientiert an den Bedürfnissen der Lehrenden und Lernenden, aber immer noch mit hohem technischen Aufwand (professionelle Videogeräte) und meistens in speziell dafür eingerichteten Studios.

Heute (1986) werden am Fachbereich Erziehungswissenschaft der Universität Hamburg Unterrichtsdokumente in der Mehrzahl von den Lehrenden und Studierenden **selbst** hergestellt, unter Berücksichtigung ihrer jeweiligen inhaltlichen Bedürfnisse, vor Ort (d.h. dort, wo Unterricht stattfindet), mit einem geringen technischen Aufwand (1/2 Zoll portable Videocassetten-Aufnahmesysteme) und einem relativ geringen Kostenaufwand.

Die "Spezialisten" dokumentieren Unterricht nur noch dann - ebenfalls vor Ort - wenn besondere Entwicklungen festgehalten werden sollen, die von allgemeinem Interesse sind und deren mediale Realisierung einen höheren technischen Aufwand erfordert. Nun hat diese Entwicklung nicht ohne Schmerzen stattgefunden. Wie verliebt sind doch Spezialisten in ihre Technik, wie arrogant behandeln sie doch häufig die "Nichtkönner", welche Ängste haben sie vor der Zerstörung ihrer Geräte. Wenn nicht nur Spezialisten Zugang zu den Medien haben sollen, sind medienpädgogische Reflexionen deshalb zu allererst von denjenigen zu fordern, die Verfügungsgewalt über die Medien haben.

BEISPIEL 2: Anschauungsmaterial für die Lehre

Auch hier ist eine erfreuliche Entwicklung zu verzeichnen. Standen am Beginn der Arbeit im wesentlichen die Tafel, der gedruckte Text, Karten und Wandbilder als Medien der Visualisierung zur Verfügung, so finden heute eigentlich alle Medien Eingang in die Lehre. Dabei sind zwei medienpädagogisch bedeutsame Tendenzen zu erkennen. Zum einen wächst der Anteil von Medien, die nicht von speziellen Einrichtungen vorfabriziert sind (z.B. farbige Diareihen, Filme , Folien, Toncassetten), sondern die selbst hergestellt werden, zum andern nehmen die Lernenden selbst die Gestaltung von Medien für ihre Seminare in die Hand (z.B. Anfertigung von Tonprotokollen, Textauszügen, Zusammenschnitten von Sendungen des öffentlichen Fernsehens etc.).

Solche Vorhaben lassen sich von Medieneinrichtungen besonders gut initiieren, da bei der Suche nach fertigen Medien häufig "nichts Passendes" gefunden wird. In diesen Fällen sollte auf die Möglichkeit der Eigenproduktion hingewiesen und diese durch entsprechende personelle und technische Hilfestellung unterstützt werden.

BEISPIEL 3: Selbständiges Lernen / forschendes Lernen

Der Begriff des Studierens ist untrennbar mit dem Bild eines über ein Buch gebeugten, nachdenklichen Menschen verbunden. Wer heute durch den Fachbereich Erziehungswissenschaft geht, wird Studierende aber nicht nur in der Bibliothek über Büchern brütend antreffen, sondern er wird auch einer Reihe von Studenten begegnen, die ebenso intensiv in entsprechenden Auswertungsräumen mit Tonaufzeichnungen und Videoaufzeichnungen arbeiten.
Medienpädagogisch bedeutsam ist hieran nicht die Tatsache, daß auch mit diesen Medien gearbeitet wird, sondern wie die Studierenden sie benutzen.

Zunächst handelt es sich häufig um Dokumente, die sie entweder selbst erstellt haben oder an deren Erstellung sie im Rahmen ihrer Seminararbeit beteiligt waren (siehe Unterrichtsdokumentation). Weiter bedeutet Anhören und Ansehen hier nicht ein "Sich-Berieseln-Lassen" mit optischen und/oder akustischen Informationen, sondern eine aktive Auseinandersetzung, d.h. anhalten, zurückspulen, wiederholen, nachdenken, notieren, evtl. mit anderen sprechen, kurzum analytische Arbeit zu leisten. Und letztlich: Ergebnisse dieser Analysen werden dann entweder schriftlich fixiert und referiert, zunehmend aber auch durch Zusammenschnitte von bestimmten Sequenzen der Aufzeichnungen visualisiert und im Rahmen von Referaten oder Kolloquien als Anschauungsmaterial eingesetzt.

BEISPIEL 4: Video-feed-back

Es erscheint plausibel, wenn die Forderung erhoben wird, daß Studierende im Rahmen ihrer praktischen schulpädagogischen Ausbildung (z.B. in den Didaktik-Seminaren oder während des Schulpraktikums) eine Rückmeldung über ihr konkretes unterrichtliches Handeln erhalten sollen. Und es ist auch sinnvoll, daß man sich hierfür aufgrund der Komplexität dieses Vorgangs des Mediums Videoaufzeichnung bedient, um dessen Möglichkeit einer vielfachen Wiederholung zur besseren Analyse auszunutzen.

Aber: wie nahe sind wir hier bereits der Vorstellung von der Videokamera als Kontroll- und Überwachungsinstrument der Mächtigen, wie sie uns in Orwells "1984" begegnet.

Video darf deshalb hier nur eingesetzt werden, wenn der gesamte Veranstaltungsrahmen sicherstellt, daß das Feedback als Hilfe und nicht als Kontrolle und Selektion verstanden wird. Hierfür gilt es eine Reihe von Kriterien zu erfüllen, um medienpädagogische Forderungen berücksichtigen zu können.

Zunächst muß sichergestellt sein, daß die Studierenden über diese Art von Medienarbeit selbst bestimmen können. Hierzu bedürfen sie einer intensiven Beratung, um erstens ihre Befürchtungen vor einer "Dennoch-Kontrolle" abzubauen, zweitens ihre Ängste vor der Auseinandersetzung mit ihrem eigenen Bild positiv zu wenden und um drittens mit ihnen gemeinsam eine Fragestellung zu entwickeln, die sowohl in ihrem Interesse liegt als auch mit Hilfe einer Videodokumentation verfolgt werden kann. Sie benötigen hierfür Kenntnisse über die technischen und wissenschaftlichen Möglichkeiten einer Videodokumentation, vor allem aber die Zeit und die Kraft für die Konfrontation mit dem eigenen Bild, mit dem fast alle unzufrieden sind. Denn in der Regel entspricht dieses Bild nicht dem Wunschbild, das sie von sich haben wollen und an dessen Zustandekommen die Massenmedien als "visuelle Meinungsmacher" nicht unbeteiligt sind.

Ist die Dokumentation durchgeführt worden (und sind dabei die Schüler nicht nur in eine Objektrolle gedrängt worden, sondern über Sinn und Zweck der Aufnahme gut informiert und auch in ihren Ängsten ernst genommen worden), so gilt es zunächst, für den Hauptbetroffenen, das "Recht am eigenen Bild" zu wahren, ein Datenschutz, der nur von wenigen ernst genommen wird. Hierzu soll den Studierenden die Möglichkeit gegeben werden, die Aufzeichnung allein oder mit einer Person ihres Vertrauens anzusehen, um sich a) in Ruhe an das eigene Bild gewöhnen zu können und b) zu entscheiden, ob mit dieser Aufzeichnung im Seminar gearbeitet werden soll. Haben sie sich hierfür entschieden und die Aufzeichnung freigegeben, so wäre es noch besonders vorteilhaft, wenn sie nur diejenigen Teile zusammenschneiden und im Seminar diskutieren würden, deren Behandlung ihnen ein besonderes Anliegen sind.

ZUSAMMENFASSUNG

Alle hier skizzierten Beispiele beinhalten eine Reihe von medienpädagogisch relevanten Lernzielen, deren Verfolgung im erziehungswissenschaftlichen Studium keiner speziellen medienpädagogischen Veranstaltung bedarf, sondern die eingebettet sein können in den Gesamtzusammenhang erziehungswissenschaftlicher Lehre und Forschung. Es sei allerdings vor der Annahme gewarnt, daß sich diese Lernziele von selbst erfüllen. Auch die hier aufgezeigte Form der Medienarbeit bedarf der ständigen medienpädagogischen Beratung und Reflexion, da die Gefahr der "Verselbständigung von Medien", sei es durch die Technik, die Ästhetik oder massenmedial vorgegebene Produktions- und Rezeptionsmuster, eher größer denn geringer wird.

Die Beispiele sollen nicht suggerieren, daß diese Art der Medienarbeit bereits universitärer Alltag sei. Schon aufgrund der mangelnden technischen Ausstattung ist dies nicht möglich. Die gezeigten Ansätze können aber ausgebaut werden und ihre Grundprinzipien können auch auf die Neuen Medien angewandt werden. Denn es liegt auf der Hand, daß das Problem einer Informationsnormierung durch technische Medien am besten durch individuelle Lern- und Arbeitszusammenhänge aufgehoben werden kann und daß dem Problem des Mediendauerkonsums am besten mit aktiven und kreativen Handlungsmustern, auch in der Medienarbeit, begegnet werden kann.

Der Aufsatz zeigt an mehreren Beispielen der Videoarbeit am Fachbereich Erziehungswissenschaft der Universität Hamburg auf, wie sich allgemeine medienpädagogische Forderungen in der Alltagsarbeit der Lehrerausbildung realisieren lassen. Damit kann deutlich gemacht werden, daß Technologien im Sinne einer kritisch-emanzipatorischen Erziehungswissenschaft dann sinnvoll eingesetzt werden können, wenn sie sich den pädagogischen Sinnzusammenhängen unterordnen und auch in der praktischen Arbeit keine Dominanz und Eigendynamik entwickeln.

RALF WITT

BÜROARBEIT, COMPUTER UND SELBSTGESTEUERTES LERNEN

Während in der soziologischen und berufspädagogischen Auseinandersetzung mit den Wechselwirkungen zwischen Arbeitswelt und Entwicklung neuer Technologien lange Zeit der Bereich der industriellen Produktion im Vordergrund stand, wird heute das Verhältnis von Büroarbeit und Mikroelektronik mit zunehmender Intensität diskutiert. Man hat es dabei mit einer ambivalenten Beziehung zu tun:

Einerseits war kaufmännische Verwaltungstätigkeit immer schon auf Informationsverarbeitung (Buchführung, Kalkulation, Registratur) und Kommunikation (Korrespondenz und Telefonate) gerichtet. Damit wird deutlich, daß die traditionellen Inhalte der Büroarbeit und die Leistungen des Computers durchaus funktional affin sind. In diesem funktionalen Sinne kann man sagen, daß die Computertechnologie die Büroarbeit nicht grundlegend verändert. Auch künftig werden Informationsverarbeitung und Kommunikation die typischen Funktionen sein, die von kaufmännischen Angestellten wahrgenommen werden.

Andererseits wird die Realisierung dieser Funktionen durch die neuen Technologien in so erheblichem Ausmaß perfektioniert, d.h. umfassender angelegt, abstrakter strukturiert, schneller abgewickelt, höher integriert und insbesondere aus dem Bereich menschlicher Tätigkeit in den Bereich maschineller Automatismen überführt, daß gerade dem Sprung im Grad der Perfektionierung die Qualität eines grundsätzlich Neuen zugeschrieben werden muß.

Die Ambivalenz von relativer Konstanz der kaufmännischen Funktionen und erheblicher Differenz in deren technologischer Realisierung schlägt sich in Beschäftigungs-, Qualifikations- und Partizipationsproblemen nieder, die ihrerseits offene Fragen nach den Akzentuierungen von Zielen und Organisationsformen des Lernens in der kaufmännisch-beruflichen Aus- und Weiterbildung aufwerfen.

In den folgenden Überlegungen soll dieser Zusammenhang in drei Schritten erörtert werden: Es sollen zunächst (Teil 1) einige globale Daten über den derzeitigen Stand des Computereinsatzes in der Büroarbeit gegeben und Hypothesen über absehbare Weiterentwicklungen formuliert werden. Sodann soll (Teil 2) unter den drei genannten Aspekten der Frage nachgegangen werden, wie kaufmännische Angestellte von diesen Tendenzen subjektiv betroffen werden. Schließlich soll (Teil 3) mit dem Stichwort des selbstgesteuerten Lernens eine spezifische Akzentuierung kaufmännisch-beruflichen Lernens im Kontext der neuen Technologien thematisiert werden.

1. BESTANDSAUFNAHME UND TRENDHYPOTHESEN

Die technische Kapazität elektronischer Datenverarbeitungssysteme ist insbesondere von der Verarbeitungsgeschwindigkeit und dem Speichervolumen der Zentraleinheiten, von der lokalen Peripherie und von der Einbindung in Telekommunikationsnetze abhängig. In jeder der drei Hinsichten kommt es sowohl auf Hardware als auch auf Software an. Die Entwicklungstendenzen sind durch fortschreitende Miniaturisierung, verstärkte Nutzung der Laser-Technik und immer weitere Integration von Teilfunktionen in umfassende Systemkonzepte der Informationsverarbeitung bei gleichzeitigem Ausbau der Kommunikationsmöglichkeiten zwischen komplexen Systemen gekennzeichnet.

Für die betrieblich-organisatorische Nutzung der Informations- und Kommunikationstechnologien bedeutet dies ein Doppeltes: Einerseits können immer größere Datenmengen und immer leistungsfähigere maschinelle 'Intelligenz' praktisch überall dorthin gebracht werden, wo sie lokal benötigt werden (Dezentralisierungstendenz); andererseits können die einzelnen Datenverarbeitungsstationen immer dichter und lückenloser miteinander kommunizieren (Vernetzungstendenz). Dabei wächst das Maß der 'on line' verfügbaren Informationen und Informationsverarbeitungsmöglichkeiten exponentiell. Dynamische Entwicklungen auf dem Software-Sektor stellen auf mehreren Ebenen (integrierte Standardsoftware, 'Branchenlösungen', betriebsspezifische Programme) Verbindungen zwischen dem hardwaretechnisch prinzipiell Möglichem und den Belangen der Anwender her.

Aus Berichten von Herstellerfirmen, Unternehmensberatungsgesellschaften, Verbänden, Forschungsinstituten und speziellen Untersuchungskommissionen liegen Ansätze zu Bestandsaufnahmen und Trendhypothesen über die Ausbreitung der Computertechnik in der Arbeitswelt vor, aus denen sich ebensowohl gewisse durchgängige Tendenzen wie auch Ungewißheiten, Unterschiede und Gegenläufigkeiten ablesen lassen. Dieses Material kann hier nicht im einzelnen ausgebreitet werden. Es sollen aber exemplarisch einige Ergebnisse der seit 1981 beim Bundesinstitut für Berufsbildung (BIBB) laufenden Untersuchung über den Stand der Informationstechnik in Büro und Verwaltung (1) vorgestellt und punktuell aus weiteren Quellen ergänzt werden.

Die am stärksten komprimierte Aussage dieser Erhebung betrifft das globale Ausmaß des Computereinsatzes in Büro und Verwaltung. Danach setzten im Jahre 1982 47 % der befragten Betriebe eigene EDV ein; 28 % betrieben 'Datenverarbeitung außer Haus', und 25 % der Befragten setzten überhaupt keine elektronische Datenverarbeitung ein. An diese Daten läßt sich die inzwischen vielzitierte und auch von der Bund-Länder-Kommission für Bildungsplanung und Forschungsförderung (2) übernommene Prognose der Enquêtekommision des Deutschen Bundestages (3) anschließen, nach der man damit rechnet, daß bis 1990 etwa 70 % der Erwerbstätigen an ihren Arbeitsplätzen unmittelbar, wenn auch in unterschiedlicher Weise von den Neuen Informations- und Kommunikationstechnologien betroffen sein werden. In den "materialien aktuell" des Instituts für Arbeitsmarkt- und Berufsforschung (IAB) der Bundesanstalt für Arbeit (Ausgabe 1/1987) wird berichtet, daß im Jahre 1985 bereits 27 % der Erwerbstätigen am Arbeitsplatz mit Computern zu tun hatten; der Anteil der Erwerbstätigen, für die programmgesteuerte Anlagen das überwiegend verwendete Arbeitsmittel sind, betrug 1985 8,2 %, während dieser Anteil im Jahre 1969 noch bei 0,4 % lag. Wichtig ist es freilich, diese Globaldaten näher zu differenzieren. Dies soll unter vier Aspekten geschehen.

Branchenaspekt:

Die Anteile der Betriebe, die Computer einsetzen, variieren von Branche zu Branche zwischen weniger als 30 % bis zu 100%, aber für alle Branchen nahmen sie im Laufe der Zeit kontinuierlich zu. Dies legt es nahe, auch für die weitere Entwicklung einen Brancheneffekt zu vermuten, demzufolge in denjenigen Wirtschaftszweigen, in denen bisher niedrige Anwenderquoten vorliegen, die Anteile der Unternehmungen, die EDV-Techniken einsetzen, anwachsen werden. Das zunehmende Angebot an sog. 'Branchenlösungen' auf dem Softwaremarkt unterstützt diese Annahmme.

Betriebsgrößenaspekt:

Ähnlich wie bei der Differenzierung nach Branchen kann man auch in bezug auf die Betriebsgrößen sagen, daß sowohl deutliche Unterschiede als auch konvergierende Tendenzen bestehen: Die Anwendungsgrade sind unterschiedlich, aber generell gilt, daß der Anwendungsgrad desto höher ausfällt, je größer die Zahl der Beschäftigten ist. Bei den Betrieben mit 9 - 19 Beschäftigten betrug die Anwendungsquote 28 %, bei den Betrieben mit 200 oder mehr Beschäftigten 92 %. Bei den kaufmännischen Büroangestellten zeigt sich diese Tendenz noch prägnanter: Schon 32 % der Betriebe mit 1 - 4 kaufmännischen Büroangestellten setzten EDV-Geräte ein. Bei Betrieben mit 100 oder mehr kaufmännischen Büroangestellten werden 100 % erreicht. Es kann angenommen werden, daß künftig gerade auch Klein- oder Kleinstunternehmungen EDV-Technik einsetzen werden. Dazu tragen auch die stark sinkenden Preise für professionell einsetzbare Mikrocomputer bei.

Funktionsaspekt:

Nachdem anfänglich Computer vor allem im Rechnungswesen und Personalwesen eingesetzt wurden, kamen später immer weitere Funktionen hinzu. Bei der Ersteinführung der EDV im Kreditgewerbe wurde in 76 % der Fälle der Giroverkehr, nur bei 5 % auch das Auslandsgeschäft einbezogen. 1982 waren die entsprechenden Anwendungsraten auf 98 % bzw. 71 % angestiegen. Generell kann vermutet werden, daß die Anwendungsraten in vielen Funktionen anwachsen werden.

Vernetzungs- bzw. Integrationsaspekt:

Unter Vernetzung bzw. Integration soll das Ineinandergreifen einzelner Computerfunktionen verstanden werden. Hierbei kann es sich um Integration von Standardsoftware, um Datenaustausch zwischen Programmen für verschiedene Funktionsbereiche und um lokale sowie überregionale Netzwerke zwischen Rechnern und Peripheriegeräten handeln. Auch hier bestehen Unterschiede, aber wiederum so, daß Tendenzen zu fortschreitender Integration zu beobachten sind. Zwei Beispiele aus der BIBB-Untersuchung seien angeführt: Die Funktionen Verkauf, Einkauf, Finanzbuchhaltung und Personalbuchhaltung sind demnach in Anteilen zwische 37 % und 96 % auf EDV umgestellt. Dabei erfolgt eine innerbetriebliche Verzahnung von Verkauf und Finanzbuchhaltung in 59 %, von Einkauf und Personalbuchhaltung hingegen in 3 % der Fälle. Geräte zur Datenfernübertragung werden in 9 % der Industriebetriebe, aber 43 % der Bankbetriebe eingesetzt. Für die Annahme zunehmender Integration und Vernetzung spricht insbesondere die Überlegung, daß die ihrer Natur nach interdependenten ökonomischen Zusammenhänge von sich allein zu Bruchstellen führen, wenn zusammengehörende Daten getrennt verarbeitet werden.

2. ASPEKTE INDIVIDUELLER BETROFFENHEIT

Den angedeuteten Unterschieden in den Tendenzen zu einer quantitativen Ausweitung und qualitativen Verdichtung (Vernetzung) der Anwendungen der neuen Informations- und Kommunikationstechniken entsprechen deutliche Unterschiede in der Art, wie kaufmännische Angestellte von ihnen subjektiv betroffen sind. Wie eingangs erwähnt, soll auf diese subjektive Betroffenheit unter den Aspekten von Beschäftigung, Qualifikation und Partizipation eingegangen werden. Dabei ist dem Qualifikationsmoment als dem pädagogisch zentralen besonderes Gewicht beizumessen.

2.1. Beschäftigung

Generell kann man sagen, daß die Anwendung der Computertechnologie nicht nur vorhandene Arbeitsinhalte und Arbeitsweisen verändert, sondern daß mit ihr Freisetzung bisheriger wie auch Induzierung neuer Beschäftigung einhergeht. So unstrittig diese Aussage dem Grundsatz nach ist, so problematisch und umstritten sind die Mutmaßungen über genaue Salden und exakte Zurechnung von Ursachen und Wirkungen.

HAEFNER unterscheidet nach der Art des individuellen Betroffenseins von der Entwicklung der Computeranwendung drei große Berufsgruppen: die 'Autonomen', die 'Substituierbaren' und die 'Unberechenbaren' (5). Die 'Autonomen' definiert er als diejenigen, die ihre Arbeit im wesentlichen ohne Informationstechnik und ohne intensiven Zugriff auf Information ausführen können. Die kaufmännischen Büroangestellten werden zu dieser Gruppe kaum gerechnet werden können. Die 'Substituierbaren' werden definiert als diejenigen, deren Tätigkeit unmittelbar von der Konkurrenz der Informationstechnik betroffen ist und verdrängt werden kann. Zu dieser Gruppe zählen u.a. die Bankkaufleute, Versicherungskaufleute und Bürohilfskräfte. Die 'Unberechenbaren' werden definiert als diejenigen, die sich intensiv der Informationstechniken bedienen, aber möglicherweise selbst dazu beitragen, daß ihre eigene Arbeitsleistung so detailliert durchstrukturiert wird, daß auch sie sich in maschinelle Prozesse überführen läßt. Zu dieser Gruppe können im kaufmännischen Bereich vor allem die Manager gerechnet werden.

Bei der BIBB-Studie wurden die Unternehmungen auch danach gefragt, welche personalpolitischen Entscheidungen bei ihnen mit dem Einsatz von Computern einhergegangen waren. Dies waren: Neueinstellungen in 10%, Personalfreisetzungen in 12%, innerbetriebliche Umsetzungen in 24 %, Vermeidung von Neueinstellungen bei gestiegenem Geschäftsvolumen in 48 %, Überstundenabbau in 14 % der Fälle. Ohne personelle Folgen blieb der Computereinsatz bei 20 % der Befragten. Mehrfachnennungen waren möglich. Eine mit der Umstellung auf EDV generell verbundene Personalfreisetzung größeren Ausmaßes läßt sich aus diesen Zahlen nicht herauslesen. Die Zahlen sagen allerdings nur darüber etwas aus, ob ein bestimmter Reaktionstyp in den Betrieben überhaupt vorkommt. Sie sagen nichts über das Volumen der Reaktion aus.

In der vom Bundesminister für Forschung und Technologie in Auftrag gegebenen und vom Kölner Institut für Sozialforschung und Gesellschaftspolitik durchgeführten Meta-Studie über "Arbeitsmarktwirkungen moderner Technologien" wird die Hypothese vertreten, daß nicht der technisch-organisatorische Wandel als solcher die Ursache für den Verlust von Arbeitsplätzen sei, sondern daß solche Verluste auf Produktivitäts- und Wettbewerbsschwächen zurückzuführen seien. Diese Hypothese stützt sich u.a. darauf, daß in Branchen mit hohem Innovationsniveau wie Elektrotechnik und Automobilbau neue Arbeitsplätze geschaffen worden, in innovationsschwachen Branchen (z.B. Bau) hingegen Arbeitsplätze verloren gegangen seien (6). An dieser Hypothese zeigt sich auch deutlich, daß es in besonderem Maße problematisch ist, Zusammenhänge zwischen technischer Entwicklung und Beschäftigung als monokausale zu betrachten: Wir haben es stets mit einer Mehrzahl zusammenwirkender Einflußgrößen zu tun.

DOSTAL vom Institut für Arbeitsmarkt- und Berufsforschung der Bundesanstalt für Arbeit vertritt die Auffassung, daß mit dem weiteren Ausbau moderner Technologie eine Art von Vorwegverzehr zukünftiger Beschäftigungsmöglichkeiten einhergehe: Zwar fließe in die Entwicklung neuer Technologien zunächst ein beträchtliches Volumen von Arbeit; aber eben diese Investition laufe per Soldo auf die Verminderung künftig möglicher Beschäftigung hinaus (7).

2.2. Qualifikation

Der Qualifikationsbegriff ist seit der berühmten Schrift von S.B. ROBINSOHN über 'Bildungsreform als Revision des Curriculum' die zentrale Kategorie, über die Begründungszusammenhänge zwischen zu vermittelnden Lehrstoffen und situativen Funktionsbezügen hergestellt werden: Es komme darauf an, künftig relevante Lebenssituationen und die in ihnen maßgeblichen Funktionen zu antizipieren, die für diese Funktion notwendigen Qualifikationen herauszufinden und schließlich diejenigen Bildungsinhalte zu identifizieren, durch die die erforderliche Qualifizierung bewirkt werden soll (8).

Man wird der ROBINSOHNschen Argumentationsfigur in ihrem Grundzug auch im Hinblick auf unsere Fragestellung folgen können, aber es sind Modifikationen erforderlich:

(1) Die Vorstellung, es könnten die 'Anforderungen der Arbeitswelt' Ableitungsvoraussetzungen für Maßgaben der Berufserziehung sein, ist, wie dies HEID (9) herausarbeitet, problematisch, weil es "die" Anforderungen der Arbeitswelt, d.h. eindeutig antizipierbare und klar strukturierbare Anforderungen gerade im Hinblick auf die Automatisierung im Bereich der Büroarbeit keineswegs ohne weiteres gibt. Vielmehr haben wir es mit schwer abschätzbaren, in bezug auf Branche, Betriebsgröße und Funktionszusammenhang unterschiedlichen Entwicklungen zu tun.

(2) Wie auch bei ROBINSOHN selbst an anderer Stelle in seinem Buch deutlich wird (10), orientiert sich eine pädagogische Betrachtung an der Möglichkeit mündigen Verhaltens "in" bestimmten Situationen, nicht "für" diese. Wenn wir den Begriff der Qualifikation auf künftig relevante (berufliche) Lebenssituationen beziehen wollen, so bedeutet dies, daß diese Situationen nicht nur aus der Perspektive von Leistungsanforderungen, sondern auch aus der Perspektive von Gestaltungsmöglichkeiten wahrgenommen werden müssen. Das Qualifikationsproblem hängt mit dem Partizipationsproblem eng zusammen.

(3) ROBINSOHNs leitende These ist es, daß eine Reform des Bildungswesens vor allem eine "Reform von den Inhalten her" (11) sein müsse. Dem ist zuzustimmen. Aber es liegt auch das Mißverständnis nahe, daß zwischen den Inhalten und den Qualifikationen ein direkter Ursache-Wirkungs-Zusammenhang bestehe. Es muß deshalb klargestellt werden, daß nicht von den Inhalten als solchen, sondern erst von der aktiven Auseinandersetzung mit ihnen die qualifizierende Wirkung ausgeht. Die Strukturen von Lerninhalt und Lernprozeß müssen deshalb in gleichrangiger Gewichtung berücksichtigt werden. Gerade vor diesem Hintergrund gewinnt das Konzept des 'selbstgesteuerten Lernens' seine spezifische Bedeutung.

(4) ROBINSOHN gebraucht den Begriff der Qualifikation so, daß er sich auf bestimmte Persönlichkeitsmerkmale (Kenntnisse, Einsichten, Handlungen usw.) bezieht. Obzwar dieser Sprachgebrauch allgemein üblich ist, liegt dennoch eine Betrachtungsweise zugrunde, die pädagogisch nicht ohne Probleme ist, und zwar dies vor allem dann, wenn man die Unterscheidung zwischen Mündigkeit "in" bestimmten und "für" bestimmte Situationen strikt durchhalten will. Es ist begrifflich klarer, wenn man zwischen Persönlichkeitsmerkmalen als solchen und den situativen Zwecken, zu denen sie qualifizieren, deutlich unterscheidet. Es ist eine Sache, über bestimmte Kenntnisse zu verfügen, und eine andere, diese Kenntnisse in einen bestimmten funktionalen Zusammenhang einzubringen. Zieht man aber beides unter einen einzigen

Begriff, nämlich 'Qualifikation', so behandelt man Persönlichkeitsmerkmale, d.h. subjektive Strukturen, allein aus der Perspektive der situativen Strukturen, in die sie eingebracht werden. Der subjektive Eigenwert der betreffenden Persönlichkeitsmerkmale geht auf diese Weise begrifflich verloren; und das dürfte gerade in einer pädagogischen Terminologie kaum verantwortet werden können. Es ist deshalb sinnvoller, den Qualifikationsbegriff nicht im Sinne von Persönlichkeitsmerkmalen zu definieren, sondern im Sinne einer **Beziehung** zwischen Persönlichkeitsmerkmalen (subjektiven Strukturen) einerseits und Leistungsanforderungen bzw. Gestaltungsmöglichkeiten (situativen Strukturen) andererseits. Die Persönlichkeitsmerkmale als solche müssen dann in eigenen Begriffen, u.a. im Begriff der Kompetenz, erfaßt werden (12).

(5) Eine in diesem Sinne zwischen Kompetenz und Qualifikation unterscheidende Terminologie hätte auch den Vorteil, daß eine 1:1:1-Zuordnung von situativ-funktionalen Zwecken, subjektiv erworbenen Kompetenzen und unterrichtlich vermittelten Inhalten vermieden und daß statt dessen das Prinzip, sich mit grundlegenden Kompetenzen flexibel auf immer neue Situationen einzustellen, in den Vordergrund gerückt würde.

Versucht man, vor diesem Hintergrund Aspekte zurLösung des Qualifikationsproblems, wie es durch die neuen Technologien für kaufmännische Angestellte aufgeworfen wird, zu formulieren, so rücken drei Überlegungen in den Vordergrund (13).

Solide kaufmännische Fachbildung

Auch bei fortschreitender Implementation von Computertechnologie in der kaufmännischen Büroarbeit bleiben die grundlegenden Strukturen der Anbahnung, Abwicklung und Erfassung kaufmännischer Geschäfte erhalten. Ohne sie ist auch künftig kaufmännische Berufsausbildung nicht denkbar. Eher müßte man sogar umgekehrt argumentieren: Insoweit ein Arbeitsablauf vom Computer übernommen wird, geht dessen kaufmännische Struktur in die Entwicklung der Software ein, wird also hinter der prozeduralen Oberfläche der Computerabwicklung verschwinden. Dennoch muß vom Sachbearbeiter nach wie vor verstanden werden, um was es der Sache nach geht (14).

Kenntnis grundlegender Informationstechniken

Die eingangs skizzierten Bestandsaufnahmen und Trendhypothesen lassen deutlich werden, daß eine kaufmännische Berufsausbildung ohne Kenntnis grundlegender Informationstechniken nicht mehr verantwortet werden kann. Offen ist dagegen die Frage, wie in den verschiedenen kaufmännischen Ausbildungsberufen die Idee der Grundkenntnisse konkretisiert wird. Hier wird man branchen- und funktionsspezifisch vorgehen müssen. Der Mindestrahmen wird durch die Forderung zu bezeichnen sein, daß jeder Auszubildende (bzw. Berufsschüler) die Möglichkeit erhält, ein eigenes (kleines) Projekt der Computernutzung selbständig zu entwickeln und durchzuführen. Ob dies besser auf der Grundlage von (problemorientierten) Programmiersprachen oder eher durch Arbeit mit Standard-Anwendersoftware (Textverarbeitung, Tabellenkalkulation, Datenbankverwaltung, Geschäftsgraphik) erfolgen sollte, ist gegenüber dem Aspekt des selbständigen Arbeitens nachrangig. Es hat aber den Anschein, daß mit zunehmender Tendenz der Anwendersoftware der Vorrang vor Programmiersprachen ("dBase statt BASIC") gegeben wird (15).

Lernen des selbstgesteuerten Lernens

Die mangelnde Abschätzbarkeit der technologischen Entwicklung insgesamt und die Unmöglichkeit der Vorhersage, wie eine einzelne Person individuell von dieser Entwicklung betroffen sein wird, läßt, zugespitzt formuliert, eigentlich nur eins gewiß sein: Was immer im Rahmen von Aus- und Weiterbildungsmaßnahmen gelernt worden sein mag, unmittelbar so, wie im Lehrgang vermittelt, werden sich die EDV-Kenntnisse später am Arbeitsplatz nicht realisieren lassen. Das später Arbeitsrelevante wird am Arbeitsplatz selbst zu lernen sein. Das Lehrgangswissen gewinnt seine Bedeutung deshalb vor allem als Grundlage für späteres Weiterlernen. Dieses Weiterlernen hat aber seine eigenen Schwierigkeiten, zu deren Überwindung es eines Lernens eigenen Zuschnitts, des 'Lernens des selbstgesteuerten Lernens', bedarf.

2. 3 Partizipation

Sosehr es auch zutrifft, daß sich die Arbeitsbedingungen der kaufmännischen Angestellten unter dem Einfluß der neuen Bürotechnologien tiefgreifend verändern, so wird doch immer wieder darauf hingewiesen, daß die jeweiligen konkret-einzelbetrieblichen Umstellungen keineswegs in einer 'deterministischen' Weise erfolgen (16). Es gibt vielmehr gerade **wegen** der neuen Technologien auch neue Gestaltungsspielräume. In dem Maße, in dem diese bewußt wahrgenommen werden, zeichnen sich auch Möglichkeiten eines Interessenausgleichs zwischen den an den Umstellungsprozessen Beteiligten und mithin Möglichkeiten der "partizipativen Systemgestaltung" (17) ab. Die technischen Möglichkeiten stehen sonach keinesfalls im Gegensatz zu dem pädagogischen Postulat, den Situationsbezug nicht nur aus der Perspektive der Leistungsanforderung, sondern auch aus der Perspektive der Gestaltungsmöglichkeiten herzustellen.

Eine aus wirtschaftspädagogischer Sicht besonders hervorzuhebende Gestaltungsmöglichkeit liegt darin, daß Arbeitsvollzüge, die im Rahmen traditioneller Organisationsmuster in Teilvorgänge zerlegt und verschiedenen Mitarbeitern zugewiesen worden waren, re-integriert werden können. In einem Bericht des Fraunhofer-Instituts für Arbeitswirtschaft und Organisation IAO, über das Forschungsprojekt "Mikroelektronik und berufliche Bildung" (18) wird diesbezüglich auf Organisationskonzepte wie "Computergestützte Integrierte Sachbearbeitung" (19) und die (ebenfalls computergesteuerte) "Rundum-Sachbearbeitung" verwiesen (20).

Trotzdem bestehen Vorbehalte gegenüber dem Einzug der Computertechnik in die Büros: Es gibt viele mit dem Bildschirmarbeitsplatz verbundene hard- und software-ergonomische Probleme; es wird befürchtet, daß die Computertechnik zu neuen Systemen der Kontrolle von Arbeitsleistungen wird; es bestehen Kommunikationsprobleme zwischen EDV - Experten und EDV-Laien; bisher am Arbeitsplatz erworbene Kenntnisse und Erfahrungen werden durch den Einsatz von Computerprogrammen entwertet; es besteht Ungewißheit über die Sicherheit des eigenen Arbeitsplatzes usw. Diese und ähnliche Vorbehalte können sich zu einer generellen Ungewißheit über die eigene Situation am Arbeitsplatz verdichten und auf diese Weise 'Akzeptanzprobleme' (21) hervorrufen.

Zu einem Gutteil kann man Partizipationsprobleme und Akzeptanzprobleme als zwei Seiten derselben Medaille ansehen; und es ist zu vermuten, daß Akzeptanzprobleme reduziert werden, wenn die Mitarbeiter über geplante Implementation von Computersystemen rechtzeitig informiert werden, wenn ihnen die Möglichkeit zur Beteiligung an der Planung eingeräumt wird und wenn frühzeitig vorausgreifende Qualifizierungsmaßnahmen in die Wege geleitet werden. Dabei kommt es darauf an, den Zusammenhang von Partizipation und Akzeptanz nicht primär aus einer Sicht der Defensive zu begreifen: Partizipation bedeutet konstruktive Wahrnehmung von Gestaltungsmöglichkeiten, nicht bloß ein Hinnehmen eines vorgängig fertigen Systems. Angesichts der in der Regel nicht geringen Umstellungsprobleme, die mit der Einführung neuer, computergestützter Systeme verbunden sind, leistet konstruktiv verstandene Partizipation im übrigen auch einen wichtigen Beitrag zur Minderung der Umstellungsrisiken.

Gerade dieser letzte Aspekt macht deutlich, daß Partizipationsfragen zu wesenlichen Anteilen selbst wieder Fragen von Lernprozessen sind, und zwar bei allen Beteiligten. In dem zitierten Projektbericht des IAO wird empfohlen, solche Lernprozesse im Rahmen von Projektgruppen aus EDV-Spezialisten, betroffenen Mitarbeitern und Vertretern des Management oder im Rahmen von Mitarbeiterzirkeln (einer Organisationsform selbstgesteuerten Lernens im Betrieb) zu realisieren (22).

3. COMPUTER UND SELBSTGESTEUERTES LERNEN

Lernprozesse, die sich auf die Einführung und die Benutzung von Computersystemen am Arbeitsplatz beziehen, richten sich in erster Linie auf Handlungswissen, d.h. primär auf 'know how', und erst sekundär auf statisches 'know that', das allerdings große Bedeutung als ein das Hinzulernen erleichterndes Hintergrundwissen gewinnen kann. Der Präsident der Universität Erlangen, FIEBIGER, umschrieb diesen Zusammenhang auf dem DIHT-Symposium "Herausforderung Technologie - Neue Aufgaben für die berufliche Weiterbildung" mit den Worten, man müsse möglichst effizient lernen, Grundlagenwissen auf neugestellte Probleme anzuwenden (23).

Selbstgesteuertes Lernen ist im Kontext des technologischen Wandels in der Büroarbeit vor allem ein Stück der Ausübung von Berufstätigkeit selbst. Wie jede andere Arbeit muß aber auch diese Lerntätigkeit eigens gelernt werden. Es spricht wenig für die Annahme, daß sich die Fähigkeit zum selbstgesteuerten Lernen automatisch und allein schon deshalb einstellt, weil sie situativ erforderlich ist. Wenn aber selbstgesteuertes Lernen als solches gelernt werden soll, dann ist anzunehmen, daß solche Organisationsformen des Lernens besonders hilfreich sind, bei denen es dem Lernenden ermöglicht (und auch zugemutet) wird, selbst steuernd auf seine eigene Lerntätigkeit einzuwirken. Insofern bezeichnet der Begriff des selbstgesteuerten Lernens gleichermaßen eine Ziel- wie auch eine Methodenkategorie beruflichen Lernens.

Selbstgesteuertes Lernen als Komponente der Berufstätigkeit im Kontext von computergestützter Büroarbeit tritt in doppelter Hinsicht in Erscheinung: es geht einerseits darum, die generellen Möglichkeiten des betreffenden Systems kennenzulernen (z.B. die Bedienungsanleitung für neue Software studieren), andererseits darum, die laufende Arbeit nach Maßgabe der Möglichkeiten des Systems abzuwickeln. Beide Arten von Lernprozessen hängen zwar eng miteinander zusammen, weil man normalerweise nur die Leistungen eines Systems näher kennenzulernen bestrebt ist, die auch tatsächlich am Arbeitsplatz zum Zuge kommen. Aber es gibt spezifische Unterschiede in der didaktischen Struktur dieser Lernprozesse, auf die kurz eingegangen werden soll.

Bei Lernprozessen der ersten Art spielt die Tatsache eine wichtige Rolle, daß die Benutzeroberflächen von Softwareprodukten, besonders die Bedienungsanleitungen, oft noch längst nicht jenen Grad an Ausgereiftheit aufweisen, der wünschenswert (und auch grundsätzlich möglich) wäre (24). Didaktische Analysen von Software-Handbüchern, die im Rahmen von Lernveranstaltungen mit Studenten durchgeführt wurden, geben Hinweise auf Gestaltungsmängel, für die hier einige Hinweise genannt seien (25):

- Der Handbuchtext enthält Sachfehler (z.B. wird die Eingabe von Anweisungen syntaktisch falsch beschrieben, etwa indem der Text spitze Klammern setzt, wo das Programm eckige erwartet).

- Der Handbuchtext ist unvollständig (z.B. werden Voreinstellungen von Parametern oder unter bestimmten Bedingungen automatisch ausgelöste Funktionen nicht beschrieben).

- Der Handbuchtext ist unklar (z.B. weil bei der Beschreibung einer Befehlseingabe nicht deutlich wird, welche Zeichen für Konstanten und welche für Variablen stehen).

- Der Handbuchtext ist objektiv unverständlich (z.B. weil er spezifische Begriffe verwendet, die erst an späterer Stelle oder gar nicht definiert werden).

Diese und ähnliche Gestaltungsmängel bereiten in der Regel keine unüberwindlichen Schwierigkeiten. Aber sie machen typische Lernprozesse erforderlich, die der Benutzer selbst steuern muß und auf die man deshalb im Rahmen von Aus- und Weiterbildung gezielt vorbereiten sollte.

Lernprozesse anderer Art werden relevant, wenn es darum geht, die Leistungsmöglichkeiten eines Systems auf konkrete (und abwechslungsreiche) Arbeitsaufgaben anzuwenden. Auch wenn hier zwischen den Aufgabenstrukturen bei Programmierern, bei Anwendern von Software-Tools oder bei Routinearbeit mit branchenspezifischer Software ganz erhebliche Unterschiede in der Art und Kompliziertheit der Probleme bestehen, so gibt es dennoch zumindest eine (wenn auch sehr abstrakte) Gemeinsamkeit: In praktisch allen Fällen des Computereinsatzes geht es darum, den grundsätzlich begrenzten Funktionsvorrat des Systems mit den weit weniger begrenzten Varianten der aus den Situationskontexten definierten praktischen Aufgaben zum Ausgleich zu bringen. Mit der Kategorie der Anwendung allein ist das Bewerkstelligen eines solchen Ausgleichs noch nicht angemessen beschrieben; denn die je eigenen Muster, nach denen sich die Bearbeitung der situativ definierten Aufgaben im Sinne spezifischer Auswahlen und Abfolgen von Systemfunktionen realisieren läßt, müssen ja oft genug überhaupt erst erdacht werden. Hierbei kommt es vor allem auf die Fähigkeit des Sachbearbeiters an, Systemkenntnisse und Kenntnis der kaufmännischen Sachverhalte auf einem hinreichenden Niveau der konkreten Spezifizierung wechselseitig aufeinander zu beziehen. Die Herausbildung dieser Fähigkeit basiert weiterhin auf Lernprozessen, die nicht in Form von organisierten Lehrgängen vorweggenommen werden können, sondern erst im Vollzug der Arbeit realisiert, d.h. vom Sachbearbeiter selbst gesteuert werden müssen.

Es besteht dabei allerdings eine systematische Schwierigkeit, die bei den üblicherweise anzutreffenden Verlautbarungen, daß die Grundlagenkenntnisse bedeutsamer seien als die Detailkenntnisse und die 'extrafunktionalen Qualifikationen' wichtiger als die funktionsspezifischen, gern übersehen wird: Man kann nur lernen, sich mit schwierigen, weil komplizierten, fehlerhaften oder objektiv unverständlichen

Texten auseinanderzusetzen, wenn man gezielt an solche Texte und damit an dessen Details herangeht. Ebenso lassen sich die 'extrafunktionalen Qualifikationen' nicht als solche, sondern immer nur als Fähigkeiten zur Koordination spezifischer Funktionen erwerben; und das setzt voraus, daß man sich auf diese zunächst einmal konkret einläßt.

Warum dies so ist, läßt sich mit kognitiven Lern- und Entwicklungstheorien erklären, zu denen auch PIAGETs Konzept der Äquilibrierung kognitiver Strukturen durch reflexive Abstraktion gehört (26). Das klingt kompliziert, aber die zugrundeliegende Idee ist einfach: es kommt nicht nur darauf an, daß man einzelne spezifische Handlungsmuster erwirbt, sondern vor allem auch darauf, diese so zu koordinieren, daß daraus komplexere Muster resultieren. Solche Koordination gelingt normalerweise nicht auf Anhieb; aber insoweit sie gelungen ist, kann man sich im nachhinein, d.h. reflexiv, die Figur der bereits vollzogenen Koordination bewußt machen, d.h. zu einem Gegenstand eigener Art des Denkens verdichten. Umwege, Ungereimtheiten, Unweglichkeit, Risiken des Handelns werden auf diese Weise erkennbar und behebbar; man wird in seinem Denken und Handeln beweglicher und ausgeglichener oder, wie PIAGET sagt, äquilibrierter und gewinnt im Laufe der Zeit immer tiefere Einsicht in die dem eigenen Handeln zugrundeliegenden hierarchischen und verschachtelten Strukturen. Auf der Grundlage solcher Einsichten ist dann fiktives Probehandeln möglich. Beides zusammen: die nachträgliche Reflexion schon vollzogenen Handelns und der Vorausentwurf von Handlungsexperimenten, das ist im großen und ganzen das, was in den Zielvorstellungen von der Fähigkeit, Grundlagenwissen auf neue Aufgaben anzuwenden, zum Ausdruck kommt.

Der Begriff des Grundlagenwissens gewinnt im Kontext dieser Überlegung einen etwas anderen Zuschnitt, als dies üblicherweise der Fall ist. Er wird ambivalent: Grundlagenwissen im hier gemeinten Sinne der Fähigkeit zu selbstgesteuertem Lernen in bezug auf die Aneignung und situationsgerechte Anwendung von Kenntnissen der modernen Bürotechnologie ist nicht mehr ohne weiteres etwas, womit man in einschlägigen Lehrgängen **beginnt**; es handelt sich vielmehr um komplexe Kompetenzen, zu denen längere und auf nicht-triviale Details gerichtete Lernprozesse erst **hinführen** sollen.

In den Didaktiken des beruflichen Lernens werden unterschiedliche Organsisationsmuster für Lerntätigkeiten diskutiert, denen in verschiedener Weise und Reichweite Momente der Selbststeuerung zueigen sind. Sie können hier nur beispielhaft und stichwortartig angeführt werden: Selbstlernmaterialien (Programmierte Unterweisung, Lehrbriefe, intelligente tutorielle Systeme u.ä.), Leittextmethode, Fallstudien, Simulations-, Rollen- und Planspiele, Übungsfirma, Projektmethode. Anwendungen dieser Konzepte findet man in Schulen, in Ausbildungsbetrieben, überbetrieblichen Ausbildungsstätten und insbesondere in einer größeren Zahl von wissenschaftlich begleiteten Modellversuchen (27).

Man kann drei Gruppen von didaktischen Strukturmerkmalen nennen, in denen das Spezifische dieser Konzepte zum Ausdruck kommt:

Inhaltliche Akzentuierung

Es geht nicht um 'Selbststeuerung als Selbstzweck'. Selbstgesteuertes berufliches Lernen, gerade auch im Hinblick auf die neuen Informations- und Kommunikationstechnologien, ist in dem Sinne inhaltlich akzentuiert, daß es immer auch um den Erwerb berufsrelevanter, detaillierter und komplizierter Kenntnisse und Fähigkeiten geht. Eine Organisationsform des Lernens, die sich allein durch den Wegfall von Steuerungsvorhaben seitens des Lehrers charakterisiert, und dies einhergehend mit Inhalten trivialem Zuschnitts, hat mit selbstgesteuertem Lernen in dem hier gemeinten Sinne nichts gemein.

Handlungsbezug

Selbstgesteuertes Lernen ist unmittelbar oder zumindest mittelbar auf spezifisches berufliches Handeln bezogen. Die Organisationsformen dieses Lernens weisen daher in vielen Fällen deutliche Ähnlichkeiten mit den Strukturen der als Lernziel intendierten beruflichen Tätigkeiten auf. Dennoch muß zwischen der Berufstätigkeit selbst und dem eigens als Lernprozeß organisierten selbstgesteuerten Lernen ein wichtiger Unterschied gemacht werden, auf den das dritte Merkmal Bezug nimmt.

Probehandeln und Reflexion

Selbststeuerung als spezifischer Aspekt der oben angeführten Organisationsformen beruflichen Lernens schließt grundsätzlich Momente des 'Meta-Handelns' ein. Dies kann in der Weise geschehen, daß eine Handlung bewußt als Probehandlung vollzogen wird (was unter 'Ernstbedingungen' zu hohe Risiken in sich bergen kann), oder in der Weise, daß nachträgliche Vergegenwärtigung der Handlungsstruktur (Reflexion) explizit thematisiert und diskutiert wird (wozu aber unter 'Ernstbedingungen' in der Regel die Zeit fehlt).

4. ABSCHLIESSENDE BEMERKUNG

Mit dem Begriff des selbstgesteuerten beruflichen Lernens, so wie er hier im Sinne der Merkmale von inhaltlicher Akzentuierung, Handlungsbezug und 'Meta-Handeln' angedeutet wurde, werden keine wesentlichen neuen Perspektiven in die Theorie der didaktischen Strukturierung von Lernprozessen eingebracht. Es wurden vielmehr Überlegungen ins Spiel gebracht, die seit langem zur Tradition pädagogischen Denkens gehören. Daß sie hier in den Zusammenhang der neuen Bürotechnologien gebracht wurden, hat nicht zuletzt eine eher optimistische als skeptische Einschätzung der mit diesen Entwicklungen verbundenen Möglichkeiten zum Hintergrund. Generell bieten gerade diese Technologien Chancen von einiger Reichweite, die kaufmännische Berufstätigkeit durch Entlastung von eintönig-repetitiver Arbeit und durch Reintegration vordem parzellierter Teiltätigkeiten anspruchsvoller, anregender und persönlich befriedigender, also in diesem Sinne 'humaner' zu machen. Dies setzt allerdings voraus, daß entsprechende Spielräume als solche erkannt und im Hinblick auf Qualifikation und Partizipation der Beteiligten konstruktiv realisiert werden. Die Entwicklung leistungsfähiger Organisationsformen des Lernens unter nachhaltiger Verwirklichung des Konzepts der Selbststeuerung kann hierzu einen wichtigen Beitrag leisten.

ANMERKUNGEN UND LITERATUR

(1) Vgl. hierzu: GRÜNEWALD, U./KOCH, R., Informationstechnik in Büro und Verwaltung. Studie über die Entwicklung und Anwendung der Informationstechnik in den Tätigkeitsfeldern kaufmännischer und verwaltender Berufe. Reihe: Berichte zur kaufmännischen Bildung, Heft 32 (Berlin, BIBB, 1981).

GRÜNEWALD, U./KOCH, R., Informationstechnik in Büro und Verwaltung - II -, Ergebnisse einer Betriebsbefragung zur elektronischen Daten- und Textverarbeitung und den Auswirkungen auf Personaleinsatz und Ausbildung in kaufmännischen Berufen. Reihe: Berichte zur beruflichen Bildung, Heft 58 (Berlin BIBB, 1983).

KOCH, R., Elektronische Datenverarbeitung in der Industrieverwaltung. Ergebnisse einer Befragung von betrieblichen Experten zu den Auswirkungen der elektronischen Datenverarbeitung auf die Qualifikationsanforderungen, den Personaleinsatz und die Aus- und Weiterbildung in kaufmännischen Berufen. (Informationstechnik in Büro und Verwaltung -III-). Reihe: Berichte zur beruflichen Bildung, Heft 68 (Berlin, BIBB, 1984).

GRÜNEWALD, U., Elektronische Datenverarbeitung im Bankgewerbe. Ergebnisse einer Befragung von betrieblichen Experten zu den Auswirkungen der elektronischen Datenverarbeitung auf die Qualifikationsanforderungen, den Personaleinsatz, und die Aus- und Weiterbildung. (Informationstechnik in Büro und Verwaltung - IV -). Reihe: Berichte zur beruflichen Bildung, Heft 69 (Berlin, BIBB, 1984).

(2) BUND-LÄNDER-KOMMISSION FÜR BILDUNGSPLANUNG UND FORSCHUNGSFÖRDERUNG. Rahmenkonzept für die Informationstechnische Bildung in Schule und Ausbildung. Bonn, Dezember 1984.

(3) ENQUETE-KOMMISSION DES DEUTSCHEN BUNDESTAGES NEUE INFORMATIONS- UND KOMMUNIKATIONSTECHNIKEN. Bundestagsdrucksache 9/2442. Bonn 1983.

(4) Vgl. hier und bei allen weiteren ohne Quellenangabe angeführten Erhebungsbefunden die in (1) zitierte Literatur.

(5) HAEFNER, K., Die neue Bildungskrise. Herausforderung der Informationstechnik an Bildung und Ausbildung. Basel/Boston/Stuttgart (Birkhäuser) 1982, S. 172 ff.

(6) FRIEDRICH/RONNING (Inst. F. Sozialforschung und Gesellschaftspolitik): Arbeitsmarktauswirkungen moderner Technologien. Meta-Studie. Köln 1985.

(7) DOSTAL, W., Neue Technologien und Arbeitsmarkt. Ein Überblick. Vortrag in der Universität der Bundeswehr in Hamburg am 27.1.1986.

(8) ROBINSOHN, S.B., Bildungsreform als Revision des Curriculum. Neuwied 1967, S. 45.

(9) HEID, Helmut: Können 'die Anforderungen der Arbeitswelt' Ableitungsvoraussetzungen für Maßgaben der Berufsbildung sein? In: Die Deutsche Berufs- und Fachschule, Heft 11, 1977, S. 833-839.

(10) ROBINSOHN, S.B., vgl. Anm. 8, S. 29.

(11) ROBINSOHN, S.B., vgl. Anm. 8, S. 9.

(12) Zum Begriff der Kompetenz als didaktischer Kategorie vgl. WITT, R., Sachkompetenz und Wissenstruktur, Diss. phil. Hamburg 1975. Ders., Das Verhältnis von Berufsbildung und Allgemeinbildung als Frage der didaktischen Transformation. In: Zeitschr. f. Berufs- u. Wirtschaftspäd., Heft 10, 1982, S. 766 ff.

(13) Vgl. hierzu auch DIEPOLD, P., Technologischer Determinismus oder alternative Gestaltungsmöglichkeiten am Arbeitsplatz? Wie sollen berufliche Schulen mit den neuen Informations- und Kommunikationstechniken als Lerngegenstand im Unterricht umgehen? Vortrag auf der 1. Wissenschaftlichen Fachtagung des Modellversuchs HERMES, Frankfurt 1985 (unveröffl. Mskr.). Ferner ders., Zur Auswirkung neuer Medien und Technologien auf die Lehrerausbildung für Wirtschaftspädagogen. Vortrag auf der Fachtagung des Verbandes der Lehrer an Wirtschaftsschulen (VLW) mit Hochschullehrern für Wirtschaftspädagogik am 15.11.1985 (unveröffl. Mskr.).

(14) Zur Problematik der zunehmenden Abstraktheit kaufmännischer Berufstätigkeit vgl. auch: ACHTENHAGEN, F., Lernen, Denken, Handeln in komplexen ökonomischen Situationen - unter Nutzung neuer Technologien. Eine Projektskizze. (unveröffl. Mskr. Mai 1985)

(15) Vgl. dazu den Beitrag von FREIDINGER/KRAUSS/RABER/SCHNEIDER "Von Basic zu dBase? Anmerkungen zu einem Paradigmenwechsel im Fach Informatik" in der betont schulpraxisbezogenen Zeitschrift "Winklers Flügelstift", Heft 2/1986.

(16) Vgl. DAMM-RÜGER, S., Betriebliche Qualifikationsanforderungen - determiniert durch die technische Entwicklung oder Produkt vieler interdependenter Einflußfaktoren? In: Berufsbildung in Wissenschaft und Praxis, Heft 5, 1985, S. 182 ff. Vgl. ferner, DIEPOLD, P., Anm. 13.

(17) KUBICEK, H., Interessenberücksichtigung beim Technikeinsatz im Büro- und Verwaltungsbereich. In: Berichte der Gesellschaft für Mathematik und Datenverarbeitung, Nr. 125, München 1980.

(18) BEHRENS, A./TREIBER, H., Mikroelektronik in der industriellen Verwaltung. Die Weiterbildung in der kaufmännischen Sachbearbeitung. Reihe: Berichte aus dem Forschungsprojekt Mikroelektronik und berufliche Bildung. Gesamtaus-

wertung, Band 1, hrsg. vom Fraunhofer-Institut für Arbeitswirtschaft und Organisation (IAO), Stuttgart 1986.

(19) UNGER, Das Milliardenprojekt, in: Geldinstitute, 1980, Heft 2, S. 165-168, Heft 3, S. 138-140 (zit. nach BEHRENS/TREIBER, vgl. Anm. 18, S. 12).

(20) Vgl. BEHRENS/TREIBER, Anm. 18, S. 13.

(21) Vgl. STAUDT, E., Widerstände bei der Einführung neuer Technologien. Die Anwendung der Mikroelektronik als Herausforderung an Technologiemanagement und Technologiepolitik. In: VDI-Z, Zeitschr. d. Vereins Deutscher Ingenieure f. Maschinenbau u. Metallbearbeitung, Heft 7/1982, S. 233 ff.

(22) Vgl. BEHRENS/TREIBER, Anm. 18, S. 18.

(23) Pressenotiz, DIE WELT, 9.11.1985. (vgl. hierzu auch Abschnitt 2.2. dieses Vortrags.)

(24) Vgl. hierzu die TAPSOFT-Tagung über Theorie und Praxis der Software-Entwicklung vom 25. - 29.3.1985 an der TU Berlin.

(25) Diese Hinweise beruhen auf der Auswertung einer nicht repräsentativen Auswahl von Software-Handbüchern. Es sei ausdrücklich betont, daß es in der sachlichen sowie auch didaktischen Qualität von Software-Handbüchern sehr große Unterschiede, also auch sehr gute Handbücher gibt.

(26) PIAGET, J., Die Äquilibration der kognitiven Strukturen. Stuttgart (Klett) 1976.

(27) Vgl. die Übersicht in der Zeitschrift TIBB (Technische Information und berufliche Bildung), Heft 1/1985, S. 10.

WOLF MARTIN

COMPUTERTECHNIK UND BERUFLICHE QUALIFIKATION

COMUTERTECHNIK IM BERUF

Im technisch-gewerblichen Bereich werden in erster Linie die Facharbeiter in den Industriezweigen der sog. 5er Gruppen mit dem Computer konfrontiert. Die volkswirtschaftliche Bedeutung dieser fünf Industriezweige (Wachstumsrate seit 1970 ca. 90%, 50% des Exports der Bundesrepublik)

- Elektrotechnik
- Büro- und Datentechnik
- Maschinenbau
- feinmechanische Industrie
- Kraftfahrzeugindustrie

sorgt für den entsprechenden bildungspolitischen Druck, die neuen Technologien in die berufliche Bildung aufzunehmen (Neuordnung der Elektroberufe, Neuordnung der Metallberufe).

Die aktuellen Auswirkungen der Einführung der Computertechnik betreffen am stärksten die Elektrotechnik und die Büro- und Datentechnik. Beim Maschinenbau ist die Entwicklung etwas langsamer, bedingt durch den noch nicht vollständig zu deckenden Bedarf an geeigneten Sensoren und Aktuatoren.

In der Kraftfahrzeugindustrie ist die Situation ähnlich. Doch da gerade im Bereich der Sensoren und Aktuatoren verstärkt die Forschungs- und Entwicklungsarbeiten vorangetrieben werden (vgl. Forschungsprogramm des BMFT: Mikrosensorik), dürfte dieser Engpaß für den Einsatz der Computer bald überwunden sein. In der feinmechanischen Industrie ist die Entwicklung noch uneinheitlich, während einige Teilbereiche, z.B. Uhren-, Foto- und Nähmaschinenindustrie, schon sehr stark betroffen sind, werden andere Teilbereiche noch kaum berührt.

Die durch Computertechnik, insbesondere in Form der Mikrocomputertechnik als betroffen eingestuften gewerblich-technischen Berufe sind diesen Industriezweigen zuzuordnen. Nach einer Battelle-Studie[1] wurden etwa 55 Ausbildungsberufe, d.h. etwa ein Drittel aller Auszubildenden als durch MC-Technologie heute und künftig inhaltlich betroffen bezeichnet. Andere Aussagen beziehen sich mehr auf den aktuellen Stand und stellen entsprechend die Elektroberufe sowie die Büromaschinentechniker und die Meß- und Regelmechaniker in den Vordergrund. Zweifellos liegt beim derzeitigen Entwicklungsstand der aktuelle Bedarf an qualifizierten Facharbeitern schwerpunktmäßig bei den Elektroberufen, und ein Großteil der Vorschläge zur inhaltlichen Gestaltung der Ausbildung im Bereich Computertechnik hat auch diese Zielgruppe im Auge. Doch wäre es kurzsichtig, die Frage nach einer Einbeziehung der Computertechnik in die Ausbildung auf diese Gruppen zu beschränken. Denn "indirekt sind weitere Industriezweige vom technischen Wandel in der Elektroindustrie dadurch betroffen, daß sie Geräte und Systeme einsetzen, die Produktionsprozesse rationalisieren. Insofern beeinflußt die Entwicklung auf dem Gebiet der Elektronik mehr oder weniger drei Viertel der gesamten deutschen Industrie".[2]
(Die BLK geht bei ihren Schätzungen davon aus, daß "etwa 70% aller Beschäftigten von den neuen Informationstechnologien unmittelbar betroffen sein werden".[3]

Aufgrund der unterschiedlichen Entwicklung in den einzelnen Branchen werden die berufsbildenden Schulen zur Zeit mit einer Vielzahl oft widersprüchlicher Einzelanforderungen aus den Betrieben und aus den Kultusbehörden konfrontiert, wie und in welchem Umfang sie den Gegenstandsbereich Computertechnik im Unterricht zu berücksichtigen haben. Dabei haben diese unterschiedlichen Anforderungen noch alle mehr oder minder Entwurfscharakter, d.h. sie sind mehr oder minder unverbindlich und geben meist keine konkrete Hilfe für die Unterrichtsgestaltung.

Gemeinsamkeit besteht nur in der Forderung, daß die Schule auf die weitreichenden Veränderungen im Beschäftigungssystem durch die breite Einführung der Mikrocomputertechnik möglichst schnell zu reagieren habe.

AUSGANGSSITUATION FÜR UNTERRICHT IM BEREICH COMPUTERTECHNIK

Es ist eine der klassischen Aufgaben beruflicher Bildung, die aktuellen Anforderungen des Beschäftigungssystems mit dem Bildungsauftrag in Einklang zu bringen. Bisher waren die Anforderungen des Beschäftigungssystems in der Form der Ausbildungsordnungen für die berufsbildenden Schulen eindeutige Vorgaben, die die Lernziele und Unterrichtsinhalte im Kernbereich (Technologieunterricht) weitgehend prägten. Für den Bereich der Computertechnik ist das Beschäftigungssystem zur Zeit aber nicht in der Lage, eindeutige Anforderungen zu stellen, da der Umstrukturierungsprozeß der Arbeitsplätze uneinheitlich verläuft und die ihm zugrundeliegenden traditionellen Gestaltungsziele zunehmend in Frage gestellt werden. Diese Situation wird durch die ersten Erfahrungen bei der Einführung computergesteuerter Produktionsmaschinen und -systeme bewirkt, die zeigen, daß ein prinzipieller Widerspruch zwischen den Anforderungen des Marktes nach einer flexiblen Fertigung und dem Tayloristischen Prinzip der Arbeitsorganisation besteht.[4] Zur Zeit scheinen zwei Wege möglich, diesen Widerspruch zu überwinden. Zum einen Zurückverlagerung von Entscheidungs- und damit Handlungskompetenz in den Produktionsbereich und zum anderen Erweiterung der zentralen Steuerung durch maschinelle Intelligenz. Im ersten Fall ist aus der Sicht der Betriebe eine umfassende berufliche Handlungskompetenz der Facharbeiter anzustreben, im zweiten Fall die Entwicklung wissensbasierter Systeme (künstliche Intelligenz, 5. Computergeneration) voranzutreiben, um damit Taylors Traum von der vom Können des Facharbeiters unabhängigen Produktion zu realisieren.

In dieser relativ offenen Situation[5] fällt der Berufsschule die Aufgabe zu, eigenständig aus ihren Vorstellungen über die Gestaltung der zukünftigen Facharbeit und des Einsatzes der Informationstechnologie in unserer Gesellschaft Entscheidungen über Unterrichtsinhalte und -methoden im Bereich Computertechnik zu entwickeln. Dabei muß das Interesse der Schule auf jeden Fall aufgrund ihres Bildungsauftrags darin bestehen, eine umfassende berufliche Handlungskompetenz zu vermitteln.

ANSÄTZE ZUR BESTIMMUNG VON LERNZIELEN UND -INHALTEN

Wenn als übergeordnetes Ziel des berufsbildenden Unterrichts die Vermittlung einer umfassenden beruflichen Handlungskompetenz gesehen wird, die den Auszubildenden befähigt, in momentanen und zukünftigen Arbeitssituationen in seinem Berufsfeld zu bestehen, so muß diese berufliche Handlungskompetenz neben der fachlichen auch soziale und politische Kompetenz umfassen, d.h. die allgemeine fachliche Handlungskompetenz ist nur ein Element der beruflichen Handlungskompetenz. Doch auch die allgemeine fachliche Kompetenz setzt sich aus mehreren Elementen zusammen, von denen eins die berufsspezifische Handlungskompetenz ist. Erst in dieser ist eine gegenstandsbezogene, d.h. in diesem Fall eine computerbezogene Handlungskompetenz einzuordnen. Damit läßt sich eine Kompetenzhierarchie benennen:

- berufliche Handlungskompetenz
- allgemeine fachliche Handlungskompetenz
- berufsspezifische fachliche Handlungskompetenz
- gegenstandsbezogene Handlungskompetenz

für die auf jeder Ebene die auf die Informationstechnologie bezogenen Lernziele festzulegen sind. Die direkt auf den Gegenstand Computer bezogenen Lernziele, d.h. die den Hardware-Aufbau und die Programmierung betreffenden Lernziele,

finden erst auf der untersten Ebene dieser Hierarchie ihren Platz.
Auf der übergeordneten Ebene der beruflichen und gesellschaftlichen Handlungskompetenz ist sicher das wesentliche Lernziel die Technikgestaltung und -beherrschung.

Die Entscheidung für ein Lernziel Technikgestaltung bezogen auf die Computertechnik impliziert die Prämisse, daß für die Auszubildenden momentan oder zukünftig die Möglichkeit besteht, auf die Technikgestaltung Einfluß zu nehmen.

Das setzt voraus:

- die Computertechnik in der Produktion ist positiv gestaltbar, d.h. kann zum Nutzen der Mehrzahl der Arbeitenden eingesetzt werden;
- die gesellschaftlichen Bedingungen geben eine realistische Chance zur Mitgestaltung des Einsatzes der Computertechnik.

Die Entscheidung für die Lernziele Technikgestaltung und -beherrschung bedeutet, daß der "Stand der Technik", d.h. die aktuelle Ausprägung der Technik, einer Bewertung unterworfen wird und mögliche Alternativen untersucht werden. Dies ist aber aus der Betrachtung der Technik selbst nicht zu leisten, hier ist der Zusammenhang zwischen Gesellschaft, Arbeit und Technik offenzulegen[6] und z.B. anhand der historischen Entwicklung darzustellen.[7]

Die Bestimmung der Lernziele auf den Ebenen der allgemeinen, der berufsspezifischen und der gegenstandsbezogenen fachlichen Handlungskompetenz erfordert eine Differenzierung nach Art der Konfronation des Facharbeiters in der beruflichen Praxis mit der Computertechnik. In einem ersten Ansatz[8] können drei prinzipielle Tätigkeitsbereiche unterschieden werden, in denen von Facharbeitern ein fachgerechter Umgang mit Computern verlangt wird:

- Bedienung und Kontrolle von Arbeitsmitteln, die durch Computer funktional bestimmt werden (z.B. CNC-Maschinen, Roboter oder Prüfautomaten).
- Fertigung von Computern oder mit Computern ausgerüstete Maschinen oder Anlagen (z.B. Personalcomputer, Nähmaschinen, Kassenterminals oder Heizungssteuerungen).

- Wartung, Reparatur und Inbetriebnahme von Computern oder mit Computern ausgerüsteten Maschinen oder Anlagen (s.o.).

Die Bereiche "Bedienung und Kontrolle" und "Wartung, Reparatur und Inbetriebnahme" sind dabei bezogen auf die Facharbeit die in erster Linie relevanten Bereiche. Während der Bereich "Fertigung" aufgrund der automatisierten Fertigungseinrichtung für die Facharbeit nur noch untergeordnete Bedeutung hat.

In den beiden relevanten Bereichen erfolgt der Umgang mit den Computern auf unterschiedlichen Systemebenen. Im Tätigkeitsbereich "Bedienung und Kontrolle" ist das Verhalten von Maschinen und Anlagen, die integriert Computer enthalten, zielgerecht zu verändern, indem Anwenderprogramme erstellt oder modifiziert werden. Dazu ist die Benutzung von anwendungsorientierten Programmiersystemen und -sprachen sowie der Hilfsmittel des Betriebssystems zur Programmerstellung und -modifiktion notwendig. Es wird dabei aber niemals der Computer (Hard- und Software) isoliert betrachtet, sondern immer im Rahmen einer Produktionsanlage oder -maschine, d.h. es wird eine allgemeine und berufsspezifische fachliche Kompetenz im Umgang mit computergesteuerten Produktionsanlagen und -maschinen verlangt, aber keine isoliert auf den Gegenstand Computer bezogene fachliche Handlungskompetenz.

Für den Tätigkeitsbereich "Wartung, Reparatur, Inbetriebnahme" wird jedoch zusätzlich zu den Arbeiten im Rahmen einer Produktionsanlage oder -maschine das Arbeiten am und im Computer relevant, d.h. es wird die Behandlung der Systemkomponente Computer bis zu dessen Elementen notwendig.

Dazu ist der Computer in bezug auf die Funktion und das Zusammenwirken seiner Hard- und Software-Elemente zu untersuchen und zu bewerten. Die interne Funktion des Computers, wie Speicherung, Datentransport, arithmetisch-logische Verknüpfung und Programmablauforganisation, wie auch die entsprechenden Halbleiter-Bausteine (CPU, Speicher, E/A-Bausteine) sind dabei zu betrachten. Der Computer als Mikrocomputer, i.a. selbst ein standardisiertes Bauelement (Karte oder Chip), ist als Element einer Prozeßsteuerung in der Regel von einer sehr umfangreichen Peripherie umgeben. Ein Schwerpunkt der Arbeit in dem Tätigkeitsbereich liegt in dem Umgang mit dieser Peripherie. Als typische Elemente der anwendungsspezifischen Peripherie sind Ein/Ausgabe-Routinen und Ein/Ausgabe-Bausteine zu nennen. Eine Untersuchung dieser Peripherie erfordert sowohl die Analyse der Anwenderprogramme, meist in einer problemorientierten Sprache geschrieben, und der in ihr eingebetteten oft maschinenorientierten Ein/Ausgabe-Routinen als auch die Analyse der signalmäßigen Verknüpfung der Hardware-Bausteine.

Damit ist für die Facharbeiter im Tätigkeitsbereich "Wartung, Reparatur und Inbetriebnahme" eine allgemeine, berufsspezifische sowie auch eine gegenstandsbezogene Handlungskompetenz im Bereich der Computertechnik anzustreben.

Für alle Tätigkeitsbereiche ist jedoch die Vermittlung der übergeordneten beruflichen und gesellschaftlichen Handlungskompetenz gleichermaßen von Bedeutung.

Die rein gegenstandsbezogene, d.h. computerbezogene Betrachtung der Informationstechnologie ist daher für kein Berufsfeld ausreichend und nur für einige Berufsgruppen überhaupt relevant.

Es läßt sich also eine Zuordnung zwischen der Vermittlung der entsprechenden Handlungskompetenzebene und des betrachteten Ausschnitts des Inhaltsbereichs Computertechnik feststellen

berufliche Handlungskompetenz
- Anwendungen der Informationstechnologie: Zusammenhänge zwischen Arbeit-Gesellschaft-Technik

allgemeine fachliche Handlungskompetenz
- Computersysteme (Benutzeroberfläche) in Anlagen und Maschinen

gegenstandsbezogene fachliche Handlungskompetenz
- Hardware- und Softwareelemente des Computers (Prozessor, Speicher, ..., Betriebssystem, Programmiersprachen).

Eine Behandlung aller Ebenen verlangt immer eine exemplarische Betrachtung. In den praktischen Unterrichtsbeispielen, in denen eine derartig umfassende Behandlung versucht wurde zu realisieren, wurde immer von einem exemplarischen Anwendungsfall ausgegangen, z.B.

Computergesteuerter Rangierbetrieb (Bahnhof Maschen)[9]
Mikrocomputergesteuerte Fernsprech-Nebenstelle[10]
Industrieroboter-Einsatz (VW-Halle 57)[11]

D.h. das Ziel der Vermittlung einer umfassenden beruflichen Handlungskompetenz führt fast zwangsläufig zu einem anwendungsorientierten Unterrichtsansatz. Dabei wird der Umfang der Behandlung der einzelnen Inhaltsbereiche in erster Linie von einer bildungspolitischen Wertung der Handlungskompetenzebene bestimmt und kann nicht aus den unterschiedlichen Qualifikationsanforderungen der beruflichen Praxis abgeleitet werden.

ANMERKUNGEN

1) GIZYCKI, R.v..; WEILER, U.: Auswirkung einer breiten Einführung von Mikroprozessoren auf die Bildungs- und Berufsqualifizierungspolitik. Battelle-Institut, Frankfurt 1979.

2) BUNDESMINISTER FÜR FORSCHUNG UND TECHNOLOGIE: Gesprächskreis "Modernisierung der Volkswirtschaft - Elektronik, Produktivität, Arbeitsmarkt" - Diskussionsergebnis - 20.12.78.

3) BUND-LÄNDER-KOMMISSION FÜR BILDUNGSPLANUNG UND FORSCHUNGSFÖRDERUNG: Rahmenkonzept für Informationstechnische Bildung in Schule und Ausbildung. In: Bildung und Erziehung, 1985, H. 1, S. 123-129.

4) BRÖDNER, P.: Fabrik 2000, Alternative Entwicklungspfade in die Zukunft der Fabrik. Berlin 1985.
MARTIN, W.; RAUNER, F. (Hrsg.): Mikroelektronik und Berufliche Qualifikation. Wetzlar 1983.

5) Zitat eines Industrievertreters auf der Abschlußdiskussion der Hochschultage 1982 von Berufspädagogen, Industrie- und Gewerkschaftsvertretern: "Sollen die Pädagogen selbst mal nachdenken, wie Arbeit gestaltet und Technik angewendet werden soll, damit möglichst viele von dem, was sie tun, möglichst viel verstehen, vielleicht sogar befähigt werden, als Hauptbetroffene über die Gestaltung ihrer Arbeit mitzureden."

6) RAUNER, F.: Die Lehre von der Elektrotechnik in der Berufsbildung. In: Lehren und Lernen, H. 5, 1985.

7) OBERLIESEN, R.: Informationstechnische Bildung und historisch-genetisches Lernen. In: Log in, H. 4, 1984.

8) MARTIN, W.: Mikrocomputer - ein Gegenstand beruflicher Bildung. In: Lehren und Lernen, H. 3, 1984.
MEYER, N.; DERRIKS, F.; HANDEL, Ch.: Lernziele im Unterricht über den Mikroprozessor, Berufsförderungszentrum Essen e.V. Projektgruppe MFA. 1984

9) JACOBS, J.: Ein Berufsschulprojekt - Computergesteuerter Rangierbetrieb. In: MARTIN, W.; RAUNER, F.: Mikroelektronik in der Berufsbildungspraxis. Wetzlar 1986.

10) FITZKE, H.-U.; JAHR, U.; MALKMUS, S.; SCHULENBERG, D.: Fächerübergreifender Unterricht am Beispiel eines mikrocomputergesteuerten Fernsprech-Nebenstellenmodells. In: Lehren und Lernen, H. 5, 1985.

11) PFEIFFER, E.: Technische und gesellschaftliche Aspekte des Industrieroboter - Einsatzes im Produktionsbereich. In: Log in, H. 4, 1984 u. H. 1, 1985.

JÖRN BRUHN

NATURWISSENSCHAFTLICHER UNTERRICHT UND INFORMATIK - PERSPEKTIVEN FÜR DIE ZUKUNFT

NATURWISSENSCHAFTEN - TECHNIK - BILDUNG

Die Naturwissenschaften sind seit über zweitausend Jahren ein Teil unserer Kultur, und fast ebensolange gibt es einen naturwissenschaftlichen Unterricht. Die Zeitströmungen ermöglichten bzw. verhinderten einerseits gewisse Fragestellungen, so daß die Entwicklung nicht gleichmäßig verlief. Naturwissenschaftliche Kenntnisse und Einsichten haben andererseits die Zeitströmungen entscheidend beeinflußt. Man denke nur an das philosophische Werk von KANT, das ohne NEWTONs Physik nicht vorstellbar ist, und in der Gegenwart beispielsweise an die Bemühungen von C.F. VON WEIZSÄCKER, G. VOLLMER, M. DRIESCHNER u.a., Erkenntnisse der Wissenschaften in philosophische Systeme umzusetzen.

Besonders geprägt sind die Wechselwirkungen zwischen Naturwissenschaft und Technik: Naturwissenschaftliche Ergebnisse haben die technische Entwicklung gelenkt, und durch gewisse technische Entwicklungen wurden bestimmte naturwissenschaftliche Forschungen erst ermöglicht. Zahlreiche Beispiele hierfür findet man in der Geschichte der Naturwissenschaften bis zur Gegenwart hin.
Heute wird naturwissenschaftliche Forschung durch Datenverarbeitungsanlagen wesentlich gestützt: Mikroprozessorgesteuerte Meßeinrichtungen und automatische Datenverarbeitungsanlagen bestimmen das Bild eines modernen Labors.

Die neuen Techniken sind aber nicht nur in die naturwissenschaftlichen Laboratorien eingedrungen. Sie bestimmen unseren täglichen Lebensbereich immer mehr. Man schätzt, daß Anfang der neunziger Jahre etwa 70% aller Beschäftigten von ihnen unmittelbar betroffen sein werden. Es ist also nicht verwunderlich, daß unser berufliches und privates Leben immer stärker durch den Computer bestimmt wird. Unzählige Berufszweige haben ihn schon als selbstverständlichen Bestandteil integriert. In weiten Teilen der Bevölkerung sind aber auch Vorbehalte gegen die neue Technik vorhanden, die nicht unterschätzt werden dürfen.

Ist es sinnvoll oder gar notwendig, den Computer in den Unterricht - speziell in den naturwissenschaftlichen Unterricht - einzubeziehen? Das wesentliche Argument aller derjenigen, die sich dafür einsetzen, lautet: Da unsere gesellschaftliche Wirklichkeit durch den Computer bestimmt ist, müssen die Schüler schon in der Schule Einblicke in die Informationstechnik gewinnen. Die Prämisse dieses Arguments ist sicherlich richtig. Doch ist auch die Schlußfolgerung richtig? Um diese Frage entscheiden zu können, muß man m.E. die Bildungsziele der Schule betrachten:

(1) Vorbereitung auf zukünftige Lebenssituation. Daß die Heranwachsenden auf zukünftige Lebenssituationen vorbereitet werden müssen, wird wohl allgemein akzeptiert. Aber kennen wir die Qualifikationen, die dem Menschen von morgen abverlangt werden? Gibt es nur den einen Weg, ihnen diese Qualifikationen zu vermitteln, indem man den Computer in die Schule einführt? Wichtig erscheint, die Technik beherrschen zu lernen, und zwar so, daß sie nicht nur hingenommen wird, sondern daß wir sie verstehen und handhaben können. Dieses Ziel kann letztlich nur erreicht werden, wenn in unserem Bildungssystem auch ein Schritt in diese Richtung unternommen wird.

(2) Tradierung kultureller Werte. Die Tradierung von Kultur nimmt unter den Zielen allgemeinbildender Schulen einen hohen Rang ein, denn sie ermöglicht kulturelle Identität. Sie ist notwendig, um den Schüler erkennen zu lassen, daß er nicht ein von vielen Sachzwängen gesteuertes Objekt ist, sondern daß Wissenschaft, Gesellschaft und Kultur von Menschen stammen, daß er also auch eine Chance hat, die Richtung einer Entwicklung sinnvoll mitzugestalten.
Die Reflexion der Geschichte, der Entwicklung und der Ein-

satzmöglichkeiten des Computers eröffnet den Schülern exemplarisch die Einsicht, daß der gegenwärtige Stand der Informationstechnik nur Stadium eines Prozesses ist; so können in diesem Zusammenhang im Unterricht kulturelle Zusammenhänge erschlossen werden, die die Unterschiede zwischen Natur-, Geistes- und Sozialwissenschaften aufzeigen.

(3) Aufbau eines Weltbildes. Als gebildet gilt im allgemeinen, wer die Dinge in Beziehungen zueinander setzen kann. Die Vermittlung von Bildung, also eines Weltbildes im allgemeinen Sinn, erfordert den Aufbau von Strukturen, die eine geistige Orientierung ermöglichen. Ignorieren die allgemeinbildenden Schulen den Computer als einen Faktor, der die gesellschaftliche Realität verändert, so werden die Teile eines Weltbildes, die die Einordnung der gegenwärtigen Lebensbedingungen ermöglichen, nicht aufgebaut.

(4) Emanzipation und Mündigkeit. Die Vernunft zu gebrauchen und mündig zu sein, heißt, Tatsachenbehauptungen und Werturteile nicht einfach hinzunehmen, sondern sie hinterfragen und dabei der eigenen Urteilsfähigkeit vertrauen zu können. Aufgeklärtsein bedeutet mehr als das bloße Übernehmen bereits ausgearbeiteter kritischer Positionen; es ist durch die Haltung bestimmt, den Dingen mit Hilfe des eigenen Verstandes auf den Grund zu gehen und setzt die Fähigkeit zum Bezug auf tradierte Kulturgüter sowie ein Weltbild voraus.

(5) Verantwortungsfähigkeit und Verantwortungsbereitschaft. Mit der klassischen Vorstellung von Bildung war immer auch die Annahme verknüpft, daß sie in der ethischen Haltung des Gebildeten zum Ausdruck kommt. Bildung ist mehr als die Vermittlung wertneutraler Kompetenzen. Ohne Zweifel ist der verantwortliche Umgang mit dem Computer in einer Gesellschaft, die in weiten Bereichen von diesem Instrument geprägt ist, unverzichtbar. Verantwortungsbereitschaft kann aber nicht durch 'reinen' Umgang mit dem Computer im Berufsleben erworben werden; sie wird durch Erziehung in der Schule vermittelt.

(6) Entwicklung der Persönlichkeit. Verantwortungsfähigkeit und -bereitschaft erfordern eine autonome, sich als Subjekt begreifende Persönlichkeit. In diesem Sinn gehört die Herausbildung der Persönlichkeit des Schülers zu einer Aufgabe der Allgemeinbildung.
Die Erfahrung des eigenen Könnens ist für einen Heranwachsenden Voraussetzung für den Aufbau des Selbstbewußtseins. Wenn diese Erfahrung beispielsweise durch selbständige Arbeit an Datenverarbeitungsanlagen im Unterricht gefördert und die ständig drohende Gefahr einer nicht nur intellektuellen Vereinsamung bei Arbeiten an Terminals vermieden wird, dann kann auch durch den Computereinsatz im Unterricht ein Beitrag zur Erreichung dieses Ziels geliefert werden.

Können oder müssen wir aufgrund der Bildungsziele den Computer von der Schule fernhalten, d.h. die sogenannte "Computerisierung der Schule" verhindern? Oder müssen wir den Eingang des Computers in die Schule fördern? Beide Fragen sind m.E. falsch gestellt. Ein Blick in die Geschichte zeigt, daß wesentliche schulische Veränderungen stets von gesellschaftlichen Kräften ausgingen und durchgesetzt wurden, die Erziehungswissenschaft bzw. die Pädagogik haben in diesem Prozeß nie eine entscheidende Rolle gespielt. Dies zeigen beispielsweise die SÜVERNsche Schulreform von 1816, die STIEHLschen Regulative für den naturwissenschaftlichen Unterricht von 1852, die "Allgemeinen Bestimmungen" von 1872 zur Förderung des naturwissenschaftlichen Unterrichts, die wohl erfolgreichste Reform des mathematischen und naturwissenschaftlichen Unterrichts, die Meraner Reform von 1905, die RICHERTschen Pläne von 1925, die curricularen Bestrebungen nach dem Sputnick-Schock von 1956 usw. Viele politische Äußerungen und Beschlüsse zeigen, daß die Gesellschaft heute den Einzug des Computers in die Schule fordert. Die Frage kann daher nur heißen: Da der Computer Einzug in die Schule halten wird, wie können wir ihn pädagogisch sinnvoll einsetzen? Wir wollen versuchen, für den Bereich des naturwissenschaftlichen Unterrichts eine Antwort auf diese Frage zu geben.

COMPUTER ALS UNTERRICHTSGEGENSTAND

Der Computer als Unterrichtsgegenstand kann in zweierlei Hinsicht thematisiert werden, als technisches Produkt und als sozialer Faktor. Die zweite Aufgabe fällt sicher stärker den nicht-naturwissenschaftlichen Fächern zu. Aber die erste Aufgabe kann - wie bei anderen technischen Gegenständen - im Physikunterricht behandelt werden, wobei es nicht um die genaue technische Realisation geht, sondern um die Ideen, die dem technischen Produkt zugrunde liegen.

COMPUTER ALS MEDIUM IM NATURWISSENSCHAFTLICHEN UNTERRICHT

In seiner Funktion als Medium bietet der Computer vielfältige Möglichkeiten als Träger und Vermittler von Informationen und Wissen zur Unterstützung unterrichtlicher Prozesse. So läßt sich der Computer als programmierbares Präsentationssystem einsetzen. Es ergeben sich neue Möglichkeiten der Veranschaulichung. Die Verwendung von Computerprogrammen als Ersatz für Experimente ist aber nur zu rechtfertigen, wenn für diese folgende Merkmale zutreffen: hoher Gefährlichkeitsgrad, aufwendig und teuer, sehr schneller oder sehr langsamer Ablauf, Effekte sind nur schwer erkennbar, beliebige Wiederholbarkeit ist nicht gegeben usw. Die filmartig ablaufenden 'Animationsprogramme', die nicht beeinflußt werden können, sind geeignet, Gedankenexperimente zu veranschaulichen und Zufallsprozesse zu demonstrieren. Sie können, wenn sie gut gemacht sind, eine motivierende Funktion auf Schüler haben. Jedoch gilt: Die unmittelbare Beobachtung in der Natur und die Erfahrung mit dem eigenen Experiment dürfen nicht durch Medienpräsentation verdrängt werden.

COMPUTERGESTÜTZTES EXPERIMENTIEREN

Im naturwissenschaftlichen Forschungsbereich kann der Computer viele Funktionen übernehmen, wie z.B. Überwachung und Steuerung von Experimenten, Meßwerterfassung, -auswertung und -darstellung. Die einlaufenden Daten werden durch entsprechende Programme verarbeitet. Diese können als Ersatz für eine Anzahl von Meßgeräten angesehen werden. Als Beispiele seien hier nur genannt: Vielfachmeßinstrumente, Frequenzmesser, Speicheroszilloskope, elektronische Stoppuhren usw..

Die Lehrmittelfirmen bieten heute schon für die Schule eine ganze Reihe von Interfaces an, um Meßapparaturen unmittelbar mit dem Computer zu verbinden. In Zukunft werden die Schüler wie selbstverständlich mit dem Computer messen und ihre Messungen auswerten, da das "Meßgerät Computer" sehr benutzerfreundlich ist. Entscheidend bleibt aber, daß der Schüler einen Einblick in die naturwissenschaftliche Methode erhält und daß diese nicht durch einen komplexen, automatisch ablaufenden Prozeß verdeckt wird. Nur durch aktiven Umgang mit Daten lernt der Schüler - diese Aussage ist zeitunabhängig - die naturwissenschaftlichen Methoden und ihre Grenzen kennen. In einer Welt, in der die ursprüngliche Erfahrung immer seltener wird, muß gerade diese unbedingt erhalten werden.

COMPUTER ALS WERKZEUG

Die Auswertung und Interpretation von Meßergebnissen stellt für den naturwissenschaftlichen Unterricht eine wesentliche Grundlage dar. Nicht selten treten jedoch Lernschwierigkeiten auf, wenn es darum geht, allgemeingültige Gesetze und Aussagen induktiv aus diesen Daten zu gewinnen und sie in eine mathematische Form zu bringen. Es fehlt manchem Schüler die Einsicht, weshalb die gemessenen Werte nun gerade auf diese oder jene mathematische Abhängigkeit untersucht werden sollen. Hier bietet der Einsatz eines Computers sich an: Aufgrund seiner graphischen Ausgabemöglichkeiten und seiner

hohen Rechengeschwindigkeit können experimentell gefundene Daten zusammen mit den vermuteten Abhängigkeiten rasch und anschaulich dargestellt werden.
Um Mittelwert und Fehler einer gemessenen Größe aus einer Meßreihe zu bestimmen, sind in der Regel umfangreiche Schreib- und Rechenarbeiten erforderlich. Hier kann der Computer eine wirkungsvolle Unterstützung liefern. Außer der normalen Fehlerrechnung läßt sich auf dem Bildschirm darstellen, wie sich Mittelwert und Fehler mit zunehmender Zahl von Messungen verändern.

Zahlreiche Anwendungsbeispiele, z.B. zu Tier- und Pflanzenpopulationen in Großstädten, zu Rekultivierungsmaßnahmen, zu ökologischen Studien usw., erfordern Selbständigkeit der Schüler und einen durchdachten Umgang mit umfangreichen Daten, der durch Computer übersichtlich gemacht werden kann. Aber nur wenn der Schüler die Grundlagen verstanden hat, ist ein Computereinsatz im naturwissenschaftlichen Unterricht sinnvoll. Sonst liefert auch die Auswertung großer Datenmengen für die Erreichung der Bildungsziele keinen Beitrag.

Der Computer tritt hier als Werkzeug auf. In der amerikanischen Literatur wird hierfür auch der Ausdruck "intellectual tool" benutzt. Dies bedeutet nichts weiter, als daß der Computer für den Benutzer nur ein Mittel zum Zweck ist. Zu vergleichen wäre dies mit der Nutzung eines Bleistifts, eines Lineals oder eines Taschenrechners. Der große Vorteil des Computers liegt nun darin, daß er viele herkömmliche Mittel ersetzen kann, da er alle ihre Funktionen in sich vereinigt.

MODELLBILDUNG UND COMPUTER

Modelle haben in der naturwissenschaftlichen Forschung und Lehre eine zentrale Bedeutung. Die wissenschaftliche Forschung benutzt zur Erkenntnisgewinnung die Methode, Modelle aufzustellen, zu überprüfen und anzuwenden. In der Lehre werden die wissenschaftlichen Erkenntnisse den Schülern häufig über Modelle vermittelt oder anhand von Modellen anschaulich gemacht.

"Eindeutig sind die Bilder, welche wir uns von den Dingen machen wollen, noch nicht bestimmt durch die Forderung, daß die Folgen der Bilder wieder die Bilder der Folgen seien. Verschiedene Bilder derselben Gegenstände sind möglich, und diese Bilder können sich nach verschiedenen Richtungen unterscheiden", so schreibt H. HERTZ in seinen "Prinzipien der Mechanik" (2. Aufl. 1910, S. 2). Während in dieser klassischen Beschreibung nur Folgerungen im Modell gezogen werden und diese mit dem Originalbereich verglichen werden, kommt mit Hilfe des Computers eine weitere Möglichkeit hinzu, die Simulation, d.h. das Experimentieren mit Modellen. Mit Hilfe interaktiver Simulationsprogramme können wichtige Lehrinhalte und Lernziele vermittelt werden, die im herkömmlichen Lehrangebot der Naturwissenschaften häufig defizitär sind. Der Hinweis darauf, daß die Bilder sich in "verschiedener Richtung" unterscheiden können, ist für den Unterricht von großer Bedeutung. Zeigt er doch auf, daß unterschiedliche Modellbildungen möglich sind, d.h. selbständige Modellbildung durch Schüler erfolgen sollte, und daß das Erkenntnisinteresse desjenigen, der die Modelle aufstellt, von Bedeutung ist.

Bei der numerischen Simulation werden naturwissenschaftliche Vorgänge im Rechner in der Form behandelt, daß die jeweils zugrunde liegende Gesetzmäßigkeit, die das Geschehen steuert, auch dem Programm zugrunde liegt. Der Vorteil der Computer-Simulation liegt darin, daß nur elementare mathematische Operationen benötigt werden, die grundsätzlich leicht durchgeführt werden können. Der Computer dient lediglich dazu, die Vielzahl der Wiederholungen dieser elementaren Wiederholungen in einer akzeptablen Zeit durchzuführen. Dadurch wird es möglich, selbst komplizierte Bewegungsvorgänge, wie gedämpfte Schwingungen oder Planetenbewegungen, aus Grundgesetzen direkt simulativ zu gewinnen. Ein großer Vorteil ist dabei für den Lernenden die aktive Auseinandersetzung mit den Modellen, wobei die (simulative) Durchführung von Experimenten an diesen Modellen das schrittweise Sammeln von Erfahrungen über diese Strukturen und das Verhalten dieser Modelle beinhaltet.

Da die Simulation sich auf mathematisch beschreibbare Modelle bezieht, kann man zwei grundsätzliche Simulationsarten unterscheiden: die deterministische Simulation, für die schon Beispiele angegeben wurden, und die stochastische Simulation. Wir betrachten dazu als ein vielzitiertes Beispiel das Hardy-Weinberg-Gesetz aus der Biologie: Die Ausgangspopulation besteht aus Genotypen AA und BB mit den Wahrscheinlichkeiten p und q. In der ersten Filialgeneration treten dann AA, AB und BB mit den Wahrscheinlichkeiten p^2, 2pq und q^2 auf. Dieser Vorgang kann auf einem Computer für viele Folgegenerationen schnell durchgespielt werden, so daß man in kürzester Zeit die Verteilungen einschließlich graphischer Darstellungen für die Filialgenerationen erhält. Wichtig erscheint mir, daß der Schüler lernt, daß das Hardy-Weinberg-Gesetz nur bei random-mating gilt. Daher ist m.E. nur eine stochastische Simulation mit Zufallszahlen, die eine Untersuchung des Einflusses verschiedener Bedingungen ermöglichen, sinnvoll. Dabei gewinnt der Lernende zugleich ein Gefühl dafür, wie groß die Schwankungen in Zufallsprozessen sein können.

Der Schüler der Zukunft sollte nicht nur in der Lage sein, bereits vorhandene Simulationsprogramme zu nutzen, sondern auch selbst Modelle zu formulieren und diese in Programme umzusetzen. Die hierfür geforderte intensive Auseinandersetzung mit den Beziehungen zwischen Modell und Wirklichkeit dürfte im großen Maße zur Förderung der Fähigkeit des wissenschaftlichen Problemlöseverhaltens und zur Schulung der analytischen sowie synthetischen Denkfähigkeit beitragen.

Der Verlust an Wirklichkeit kann hier kein Argument gegen den Einsatz des Computers bei der Simulation sein, denn wir bewegen uns in einer Welt von Modellen, in welcher Modelle entscheiden, was ein Modell ist und wo Vorgänge zum Modell werden. So ist auch die KANTsche "Erkenntnis a priori" ein Modell, mit dem wir in unseren Anschauungen die Welt beschreiben. Der Computer kann in diesem Zusammenhang helfen, zu der Einsicht in den grundsätzlichen Modellcharakter unserer Erkenntnis zu gelangen, und er kann Einsicht und Verständnis für naturwissenschaftliches Denken fördern. Er kann dies z.B. dadurch, daß man mit ihm verkehrte Welt spielen und an den Naturgesetzen "herumdrehen" kann: Was passiert, wenn die Gravitationskonstante zeitabhängig wäre, was, wenn die Lichtgeschwindigkeit im optisch dichteren Medium größer wäre, wenn im Gravitationsgesetz der Exponent 2 durch einen anderen Wert ersetzt würde usw.? Der Schüler kann so auf diesem Weg ein Verständnis dafür gewinnen, warum Modelle der Naturwissenschaften so sind, wie sie sind, und warum die Strukturen der Physik nicht "die materiellen oder magischen Ursachen" der Naturphänomene sind, wie es WAGENSCHEIN formuliert hat.

Man wird dennoch im allgemeinen auf den Einsatz des Simulationsprogramms dann verzichten, wenn man das reale Experiment durchführen kann, sei es als Schüler- oder Demonstrationsversuch. Die Begründung aber ist nicht der Verlust an Wirklichkeit, sondern der Verlust an Unmittelbarkeit. Natürlich sind durch Computer-Simulation keine empirischen Einsichten zu gewinnen. Wohl aber können Experiment und Simulation sinnvoll in einem Prozeß des Erfahrungslernens miteinander verbunden werden.

CURRICULARE ÄNDERUNGEN DURCH DEN COMPUTER

Betrachtet man die Prognosen, die zu verschiedenen Zeiten über zukünftige Entwicklungen gestellt worden sind, im nachhinein, so kann man übereinstimmend feststellen, daß die Entwicklung im kurz- und mittelfristigen Bereich im allgemeinen überschätzt und langfristig unterschätzt wird. Obwohl ich diese Gefahr sehe, wage ich doch die folgende These:

These: Durch die Möglichkeit der Simulation wird sich das Curriculum in den naturwissenschaftlichen Fächern ändern. Durch die Möglichkeiten der stochastischen Simulation wird die statistische Natur des Universums einen gebührenden Platz in der Schule erhalten.

Es werden neue Inhalte aufgenommen werden, deren adäquate Vermittlung erst durch den Einsatz des Computers ermöglicht wird. Dabei interessieren vor allem solche Inhalte, die für das Erreichen der Bildungsziele eine große Bedeutung haben, im herkömmlichen Unterricht aber stark unterrepräsentiert sind: Der zukünftige naturwissenschaftliche Unterricht soll zur Vertiefung des Verständnisses von natürlicher, technischer und gesellschaftlicher Umwelt und zur Verbesserung der Selbständigkeit und Mündigkeit beitragen.

Reizvoll ist z.B. die Beschäftigung mit Fragen chaotischer Systeme, bei denen es verblüffend einfache Möglichkeiten gibt, komplizierte Zeitabläufe und reichhaltige Strukturen mit ganz einfachen, allerdings nichtlinearen, Gleichungen zu modellieren. Es handelt sich um Bewegungsabläufe in makroskopischen Systemen fernab vom thermischen Gleichgewicht, die einerseits durch Bewegungsgleichungen determiniert verlaufen, aber Züge zufälligen Geschehens aufweisen, indem das zeitliche Verhalten irregulär und nicht längerfristig vorhersehbar, also chaotisch ist. Derartige Prozese beobachtet man z.B. bei tropfenden Wasserhähnen, bei Flüssigkeiten im Bereich des Turbulenzeinsatzes, in offenen chemischen Reaktionssystemen mit Massen- bzw. Energieströmen, in nichtlinearen elektrischen Schwingkreisen bei periodischem äußeren

Antrieb, bei der Kavitation in Flüssigkeiten, in Josephson-Elementen, bei optischen Turbulenzen in optisch bistabilem Material, bei Wolkenbildungen und Klimasystemen, bei Bernhard-Ringen, bei der Erklärung von Meteoriteneinschlägen, bei Phasenübergängen, evolutionären und selbstorganisierenden Prozessen usw. Dabei tritt als neue universelle Konstante neben pi und e die Feigenbaum-Konstante 4,669...

LERNEN MIT COMPUTERUNTERSTÜTZUNG

Mit der Weiterentwicklung der Informatik kann die tutorielle Unterstützung des Lernprozesses durch den Computer an Bedeutung gewinnen. Ältere tutorielle Programme waren einem Lehrprogramm in Buchform ähnlich. Der Schüler wurde gezwungen, einen vorgegebenen, ihm mehr oder weniger angepaßten Weg durch das Programm zu beschreiten. Mit einem interaktiven Programm dagegen kann jeder Schüler mit einem nur von ihm abhängigen Tempo arbeiten, wobei der Lernweg gewöhnlich von seinen Antworten abhängt oder auch vom Schüler selbst bestimmt werden kann. Drei Beispiele aus dem Hochschulbereich sollen die Entwicklung deutlich machen:

(1) Massachusetts Institute of Technology (MIT); USA. Am 27.5.1983 wurde vom MIT das Projekt ATHENA als hochschulweites 5-Jahres-Experiment angekündigt mit dem Ziel, moderne Computer und Kommunikationssysteme in alle Phasen des Ausbildungsbetriebes zu integrieren.

(2) Educational Technology, University of California; Irvine; USA. In Irvine wurden schon vor 1970 mit der Unterstützung der National Science (NSF) die ersten Versuche unternommen, den Rechner in die Ausbildung mit aufzunehmen. Zu diesem Zweck wurde ein geeignetes Projekt gegründet, das Physics Computer Development Project (PCDP). Aus ihm entstand dann das Educational Technology Center (ETC).

(3) Computer Assisted Teaching Unit (CATU), Queen Mary College London; UK. Im Jahre 1973 wurde eine eigene Abteilung gegründet, die Computer Assisted Teaching Unit, mit der Aufgabe, computergestützte Lehr- und Simulationsprogramme zu entwickeln. Dies wurde hauptsächlich durch ein Entwicklungsprogramm der englischen Regierung möglich (National Development Program in Computer assisted Learning, NDPCAL).

Mit der Entwicklung der künstlichen Intelligenz oder Artificial Intelligence (AI) kommt zur klassischen Datenverarbeitung die Wissensverarbeitung dazu. Diese Entwicklung schreitet weiter fort, gefördert durch militärischen und industriellen Bedarf. Der Unterschied gegenüber der klassischen Datenverarbeitung liegt darin, daß man mit AI manche Tätigkeiten ausführen kann, die zwar für den Menschen unbewußt oder ohne erkennbaren Aufwand verlaufen, die aber mit den üblichen Computersystemen nicht oder nur bedingt durchgeführt werden können. Heutige Rechner können zwar arithmetische Operationen hocheffizient durchführen, können große Datenmengen exakt speichern und Daten nach einfachen Kriterien selektieren sowie nichttriviale Probleme der symbolischen Informationsverarbeitung lösen, z.B. recht erfolgreich Schach spielen. Schwierigkeiten treten aber auf, wenn es um das unmittelbare Bereitstellen für eine Problemlösung relevanter Informationen geht, z.B. um das Wiedererkennen von Objekten in unterschiedlichen Umgebungen oder bei variierter Gestalt. Dies sind Aufgaben, die mit AI gelöst werden können. Die modellhafte Nachbildung menschlicher Intelligenzleistungen wird sichtbar. Einige Einsichten, die auf diesem Wege gewonnen worden sind, kommen schon jetzt als "cognitive science" in die naturwissenschaftlichen Fachdidaktiken zurück.

Durch das Bereitstellen von AI-Tools, mit denen man ohne großen Aufwand eigene Wissenssysteme und Expertensysteme aufbauen kann, kann sich eine Reform des schulischen Lernens ergeben, die sicherlich größere Bedeutung haben wird als viele Reformen der Vergangenheit. Die Leistungsfähigkeit dieser Systeme wird durch eine Analogie anschaulich, die

CHURCHMAN aufgestellt hat:

AI-System	Vergleichbares philosophisches System
Wissenssystem	John Locke
Expertensystem	Gottfried Wilhelm Leibniz

Ein weiterer Punkt ist pädagogisch wichtig: Die Menschen haben sich gegen das heliozentrische Weltbild gewendet, das dem Augenschein und vor allem dem Selbstverständnis der Menschen widersprach. Man denke nur an die Darstellung in Brechts "Leben des Galilei". Die Menschen haben sich auch gegen die Darwinsche Entwicklungslehre gewendet und tun es z.T. noch heute. Mit den Worten des bekannten Genetikers H.J. MULLER "Hundert Jahre ohne Darwin sind genug" beginnt das Buch "Darwin nach Darwin" von St.J. GOULD aus dem Jahre 1984.

Entsprechend ist die Antwort auf die Frage, ob es einen prinzipiellen Unterschied zwischen den kognitiven Fähigkeiten von Mensch und Computer gibt, wichtig für das zukünftige Selbstverständnis des Menschen mit weitreichenden philosophischen, theologischen und pädagogischen Konsequenzen: Falls es keinen prinzipiellen Unterschied gibt, dann stehen wir vor einer Relativierung der Position des Menschen, vergleichbar der Annahme des heliozentrischen Weltbildes oder der Darwinschen Evolutionstheorie.

LITERATURHINWEISE

A. BORK: Learning with Computers, Digital Press, Mass. 1981

J. BRUHN: Simulation. In: H. GRIESEL, H. POSTEL (Hrsg.): Einführung in die Datenverarbeitung, Hannover 1986.

BUNDESMINISTER FÜR BILDUNG UND WISSENSCHAFT (Hrsg.): Bildung an der Schwelle zur Informationsgesellschaft. Bonn 1986.

BUND - LÄNDER - KOMMISSION FÜR BILDUNGSPLANUNG UND FORSCHUNGSFÖRDERUNG: Rahmenkonzept für die Informationstechnische Bildung im Hochschulbereich. Bonn 1985 (Skript K 50/85).

C.W. CHURCHMAN: Design of Inquiry Systems, Berkeley 1971.

D. CRAEMER: Mathematisches Modellieren dynamischer Vorgänge. Stuttgart 1985.

Fachdidaktisches Seminar Physik an der Universität Hamburg. Seminarpapiere 1982 bis 1986; nicht veröffentlicht.

J. FINKEL: Computer-Aided Experimentation: Interfacing to Minicomputers. New York 1975.

R. HANSEN: Angewandte Informatik 26 (1984), S. 512.

O. LECARME/R. LEWIS: Computers in Education, Amsterdam 1975.

H. SIMON: Computer-Simulation und Modellbildung im Unterricht. München 1980.

P.R. SMITH: A Decade of Computer Assisted Lerning. Preprint.

R. THOM: Mathématique et théorisation scientifique. In: Penser les mathématiques, Paris 1982, S. 253-273.

JÖRN WITTERN

MEDIENDIDAKTISCHE ÜBERLEGUNGEN ZUR VERWENDUNG UND ZUM EINSATZ DER "NEUEN MEDIEN" IM OFFEN STRUKTURIERTEN UNTERRICHT

VORBEMERKUNGEN

Bei den folgenden Überlegungen soll von einer organisatorischen und einer inhaltlichen Prämisse ausgegangen werden. Die organisatorische besagt, daß trotz der Möglichkeit, welche die neuen Medien bieten, auch in Zukunft an der allgemeinen Schulpflicht festgehalten wird. Dies ist nicht selbstverständlich. Die freie Verfügbarkeit der informationstechnischen Medien im institutionellen und privaten Bereich, vor allem aber deren Verklammerung, stellt eine Struktur dar, von der sich die Schule nicht wird ausschließen können. Es wird technisch möglich sein, einen großen Teil der Stoffvermittlung, und zwar einschließlich ihrer didaktischen Aufbereitung und Erfolgskontrolle, vom Schulzimmer abzuziehen und in den Privatbereich zu verlagern.

Eine derartige Entwicklung verfügt über zwei starke Antriebskräfte. Die Mehrheit der Bevölkerung ist noch weit davon entfernt, die neuen Medien zu akzeptieren. Eine Versorgung der Haushalte mit Lern- und Bildungsprogrammen für Kinder, Jugendliche und Erwachsene, für schulisches Lernen, Abschlüsse aller Art, Fort- und Weiterbildung, Umschulung, berufliche Bildung usw. könnte entscheidend zu einer veränderten Haltung beitragen. Wahrscheinlich bewirkt die Einsicht in die Möglichkeiten der Informationsmedien, kontrollierte Wissensvermittlung, Lern- und Weiterbildungschancen bereitzustellen, **den** Motivationswechsel, um eine größere Bereitwilligkeit herbeizuführen. Das politische und wirtschaftliche Interesse liegt auf der Hand.

Die zweite Antriebskraft leitet sich aus einer durchaus achtenswerten erziehungswissenschaftlichen Tradition her, nämlich der Individuation des Lernens. Als entscheidendes Merkmal für die Vereinzelung des Lernens kann die Erziehung zu und das Verlangen nach individueller Leistung sowie nach entsprechenden Nachweisen und Sanktionen bei nicht erbrachter Leistung gelten. Beides wird nicht nur in der Schule aus Gewohnheit praktiziert, sondern stellt eine, wenn nicht die entscheidende, Struktur dar, warum Schule überhaupt in der Gesellschaft akzeptiert wird. Die Pädagogisierung dieses Anspruchs macht einen wesentlichen Teil der didaktischen und methodischen Maßnahmen der Schule aus.

An den informationstechnischen Medien ist nun aber gerade verlockend, daß ihre breite Streuung im privaten Bereich der Haushaltungen eine bisher nicht gekannte Anpassung an individuelle Bedürfnisse gewährleisten kann.

Die Aufrechterhaltung der Institution Schule mit ihrem Unterricht ist also nicht selbstverständlich, sondern bedarf über kurz oder lang einer politisch-gesellschaftlichen Entscheidung. Diese ist sinnvoll nur dann erreichbar, wenn rechtzeitig über Begründungen für Schule nachgedacht wird, welche die dieser Institution eigentümlichen Möglichkeiten der Organisation von Lernen in den Mittelpunkt stellen. Das bedingt unter anderem eine Veränderung der Vorstellung von dem, was lernenswert und lernbar, was wissens- und behaltenswert ist, eine andere Vorstellung von der Rolle des Wissens und der Rolle und Bedeutung des erlernbaren Verhaltens.

Die zweite Prämisse ist inhaltlicher Art und lautet: Es wird vorausgesetzt, daß das allgemeine Ziel, zu kritischer Denkfähigkeit und öffentlicher Handlungsbereitschaft zu erziehen, anerkannt bleibt. Daß dieses Erziehungsziel im Unterricht noch immer nicht erreicht wird, besagt nicht, daß es nicht allgemein - mehr oder minder enthusiastisch - bejaht wird. Es gibt bislang keine Lehrpläne, die das Gegenteil verlangen.

Die Prämisse soll die Grundlage für unsere mediendidaktischen Überlegungen bilden, und zwar nicht nur begrenzt auf die neuen, sondern durchaus auch bezogen auf die bislang üblichen Medien, einschließlich des Lehrers als des Vermittlers von Informationen, wozu nicht nur Wissensstoff, sondern auch Verhaltensweisen zählen.

NEUE MEDIEN ALS MEDIUM UND LERNGEGENSTAND

Als Medium soll ein Vermittlungsträger nur dann gelten, wenn er Informationen im weitesten Sinne transportiert, als didaktisches Medium nur dann, wenn diese Vermittlung zielgerichtet und methodisch erfolgt; Wandtafel, Tageslicht- und Filmprojektor, Reagenzgläser und Computer sind also keine Medien, sondern Geräte. Eine Tafel wird erst dann zum Medium, wenn jemand etwas daran schreibt, um es anderen mitzuteilen, ein Projektor wird es erst durch Folie oder Film, ein Computer durch den Abruf von Informationen oder durch deren Speicherung.

Didaktisch kann ein Medium erst dann genannt werden, wenn das Gerät und das für dieses Gerät vorbereitete Material in einen Lernprozeß eingebracht werden, sei es, daß dieser organisiert abläuft oder spontan ausgelöst wird.

Diese Feststellungen sind wichtig, um die Entscheidungsstruktur deutlich zu machen, die notwendig ist, damit ein Medium entsteht. Die Verdeutlichung der Entscheidungsstruktur wiederum ist wichtig, um aufzuzeigen, wo im Sinne unserer Prämisse kritisches Bewußtsein eingreifen bzw. wie Kritikfähigkeit und Handlungsbereitschaft durch Medien vermittelt und gelernt werden und ob dies überhaupt möglich ist.

Um den Zusammenhang zu klären, soll von einer Hypothese ausgegangen werden, sie lautet: Kritisches Bewußtsein kann nur erreicht werden, wenn das Medium zum Lerninhalt, zum Gegenstand des Lernens wird.

Damit sind zwei Verwendungsebenen von Medien im Unterricht bezeichnet: Medien können einerseits als Vermittlungsträger von Informationen im breitesten Sinne, andererseits als Lerninhalte (und zwar einschließlich ihrer Informationen) eingesetzt werden. Welche Ebene gewählt wird, ist Gegenstand didaktischer Entscheidung.

Die instrumentelle Verwendung von Medien, das Erlernen von deren Benutzung, Sprache und Anwendung verbleibt also, für sich genommen, auf einer unkritischen Ebene, auch wenn der Lernprozeß selbst noch so engagiert und intensiv abläuft. Erst wenn Medien zum Gegenstand kritischer Analyse gemacht werden, können entsprechendes Bewußtsein und Handlungsbereitschaft entstehen.

Durch die Form des Medieneinsatzes kann die kritische Analyse gefördert oder behindert werden. Es kommt also nicht nur auf die inhaltliche, sondern auch auf die methodische Entscheidung an. Dabei können die Medien je nach ihrer didaktischen Gestaltung den kritischen Zugang erleichtern oder erschweren. Die Entscheidung, welche Medien gewählt werden, hängt also auch von deren Binnenstruktur ab. Medien entwickeln mithin eine eigene didaktische Dynamik, unabhängig von den Entscheidungen und dem Verhalten des Lehrers und den Vorgaben der Lehrpläne. Darum müssen didaktisch begründete Forderungen an die Medien gestellt werden.

Bisher ist bewußt nicht zwischen neuen und alten Medien unterschieden worden. Denn für die Erörterung und didaktische Begründung von allgemeinen Zielen unterrichtlichen Handelns ist diese Unterscheidung irrelevant. Sie ist erst dann notwendig, wenn es um die Entscheidung geht, ob die Vermittlung von Fertigkeiten, Sachverhalten oder Verhaltensweisen durch das eine oder das andere Medium vollständiger, motivierender, anschaulicher erfolgen kann oder nicht.

Man kann nicht allgemeine Erziehungsziele wie kritisches Medienbewußtsein und Bereitschaft zum öffentlichen Handeln auf die Verwendung und den Einsatz von elektronischen Medien beschränken, nur weil man ihnen wegen der Gefahren von Datenverbindungen mißtrauischer gegenübersteht als den gedruckten Medien. Man sollte sich immer vor Augen führen, daß es Bücher und Zeitungen waren, die in zwei Weltkriegen Macht über Menschen befestigten und Verbrechen mitbewirkten, und zwar gerade im deutschen Sprachraum. Die Schule sollte also zu einer kritischen Haltung gegenüber dem Vermittlungsvorgang als solchem erziehen, wenn man sich dem in der Prämisse genannten Ziel annähern will.

Erziehung und Lernen vollziehen sich in der Schule fast ausschließlich medial, d.h. vermittelt. Insofern setzen Lehrerinnen und Lehrer einen Teil ihrer Person bewußt als Medium ein. Sie müssen mithin Kritik gegenüber ihrer Rollenwahrnehmung nicht nur zulassen, sondern fördern. Gleiches gilt für die Schule als Institution; denn auch sie wirkt durch ihre Organisationsstrukturen medial. Darum ist die Wirksamkeit einer unterrichtlichen Erziehung zum kritischen Bewußtsein und Handeln allgemein und im besonderen Maße zu kritischer Haltung gegenüber Medien entscheidend davon abhängig, daß jede Form medialer Vermittlung, wo immer sie in der Schule auftritt und eingesetzt wird, bereit zur Rechtfertigung ist und sich offen für Nachfrage und Analyse hält. Wird diese Kette auch nur an einer Stelle auf Dauer unterbrochen, besteht die Gefahr des Scheiterns insgesamt.

UNTERRICHT MIT NEUEN MEDIEN MUSS HANDLUNGSORIENTIERT SEIN

Kritisches Bewußtsein und Bereitschaft zum Handeln bildet sich intensiver und wirksamer, wenn die Sachzusammenhänge selbst erfahren werden. Erfahrung kann nur im Handlungsbezug vermittelt werden. Daraus ergibt sich die Folgerung, daß Unterricht mit informationstechnischen Medien handlungsorientiert organisiert werden muß.

Diese Forderung wird zusätzlich durch eine andere Überlegung gestützt. Informationstechnische Medien sind auf Anwendung hin konstruiert. Sie nicht in ihrem Anwendungsbereich, für den sie konstruiert sind, zu belassen, würde eine grundsätzliche Verfremdung bedeuten, die nicht nur jeden kritischen Zugang, sondern auch das rein pragmatische Ziel, die richtige Anwendung zu lernen, in Frage stellen würde. Anwendung heißt aber Handlung, und zwar nicht nur instrumentelle Handhabung, sondern Handeln im Bezugssystem des Anwendungsfeldes, um das jeweilige Medium sowohl in seiner Vermittlungsfunktion kennenzulernen als auch dessen Stellenwert innerhalb eines Informationssystems beurteilen und dieses System selber durchschauen zu lernen.

Handlungsorientierter Unterricht kann nicht in der üblichen Form geplant werden. Geplantes Lernen aber dürfte für Schule konstitutiv sein, weil nur so für eine Lerngruppe gleiche Lernschritte erreicht und meßbar gemacht werden können. Deswegen entzieht sich der handlungsorientierte Unterricht der herkömmlichen Leistungsmessung - einer der Gründe für seine periphere Bedeutung in der Schule.

Diese Überlegungen waren notwendig, um in aller Kürze aufzuzeigen, wie gegenläufig, und zwar strukturell, also nicht durch Einzelinitiative engagierter Lehrpersonen abänderbar, ein prinzipiell handlungsorientiert aufgebautes Lernen zum unterrichtlich geplanten Lernen steht. Von daher ergibt sich ein weiteres Muster der Resistenz gegenüber neuen Medien im Unterricht.

Dieses Muster ist gefährlich, weil offensichtlich von Intentionen oder zumindest von Ansichten über Ziel und Zweck von Unterricht und Schule bestimmt, die von einem breiten Konsens getragen sind. Es ist daher auch nur durch Änderung der Intentionen korrigierbar.

Das Muster besteht in der Integration neuer Lerninhalte und -gegenstände in das bestehende System von mehr oder weniger aufgelockert organisiertem, aber immer noch frontal und auf meßbare Leistung ausgerichtetem Fachunterricht. Beispiele der Vergangenheit sind dafür die Schicksale der Sexualerziehung und der politischen Bildung. Bei der Einführung der neuen Medien wird dieses Muster mit Informatikunterricht, informationstechnischer Grundbildung, Erlernen von Programmiersprachen, Einführung in EDV usw. ebenfalls schon sichtbar. Die Resistenz der Schule gegen die Geräte und ihre Anwendung wird zwar durchlöchert, aber durch die Integration der informationstechnischen Medien in das herkömmliche Muster von Lern- und Lehrorganisation, verbunden mit Berechtigungs- und Kompetenznachweisen, droht eine Resistenz gegen das Gefahrenpotential und dessen kritische Aufarbeitung.

Da kritisches Bewußtsein nicht meßbar, abfragbar oder auch nur glaubwürdig nachweisbar ist, muß seine Vermittlung anders als durch noch so kunstvoll aufbereitete, lust- und motivationsbetonte Darbietungsformen erfolgen. Die im handlungorientierten Unterricht erfahrbare ständige Betroffenheit und ihre transferierende Reflexion kann allein jene emotionale Schranke gegenüber den Gefahren der Medien aufbauen, die den Schüler befähigt, kognitiv vorgetragene und zu verarbeitende Argumente als existentiell wichtig einzustufen und demgemäß zu handeln.

Damit führt die Erörterung der beiden Prämissen, indem wir sie verbinden, zu einer dreiteiligen These:

1. Teil - Wenn Schule sich den neuen informationstechnischen Medien verweigert, geschieht das Lernen mit und an ihnen sowie über sie im außerschulischen Raum mit der Gefahr, daß Schule infolge der jetzt schon absehbaren technischen Möglichkeiten in der gesellschaftlichen Einschätzung und im Bewußtsein des Einzelnen eine Randstellung erhält oder sogar überflüssig wird. Eine unkritische Einstellung gegenüber den neuen Medien ist dabei wahrscheinlich.

2. Teil - Wenn Schule die neuen Medien in ihr herkömmliches System von unterrichtlichen Lehr- und Lernformen integriert, kann sie möglicherweise der Gefahr einer Auflösung ihrer Kompetenz entgehen, schafft auch technisches und Handha-

bungswissen, aber nur vereinzelt in der Gesamtheit der Person verankertes kritisches Potential.

3. Teil - Wenn Schule ihr Lehr- und Lernsystem mit dem Ziel verändert, daß die neuen Medien nur durch selbständiges, handlungsorientiertes Erfahren ihres Anwendungsbereiches vom Lernenden erkannt, verstanden und eingeordnet werden können, ist die Gefahr der Auflösung sehr gering, weil Schule damit ein Lern- und Arbeitsfeld für sich reklamiert, das keine andere Institution zu übernehmen vermag. Ein in der Person des Lernenden verankertes kritisches Bewußtsein kann sich bilden, was allerdings keineswegs zwangsläufig geschieht, es strahlt aber, wenn vorhanden, auf die Benutzung und Verwendung der informationstechnischen Medien sowohl im öffentlichen als auch im privaten Bereich aus.

ZIELE UND INHALTE BEIM UMGANG MIT NEUEN MEDIEN

Nur der dritte Teil der These dürfte eine echte Chance für die Zukunft der Schule eröffnen. Daher sollen auf dieser Basis einige wichtige Ziele und Inhalte von Lernen und vom Umgang mit den neuen Medien dargestellt und an Beispielen verdeutlicht werden.

Die Entscheidung, die neuen Medien überhaupt als Lerninhalte aufzunehmen, leitet sich aus der Überzeugung her, daß bei Ablehnung die Kinder und Jugendlichen außerhalb der Schule mit ihnen vertraut werden und damit zwangsläufig naive Technikgläubigkeit und unkritisches Verhalten gegenüber den Gefahren entstehen müssen.

Programmieren und die Mechanik der Anwendung lernen, darf also nicht das Ziel, sondern höchstens rasch zu erarbeitende Grundlage für den Einsatz im Rahmen handlungsorientierter Unterrichtsvorhaben sein. Die Schulen sollten darauf bestehen, nicht nur über Computer verfügen zu können, sondern den Anschluß an die bestehenden Systeme der Kabel- und Telekommunikation so zügig wie möglich zu erhalten und mit Videokameras ausreichend selbständig arbeiten zu können. Ob wirklich jede Schule vollständig ausgerüstet werden muß oder ob regionale Medienzentren, die dann nicht nur für Schulen, sondern auch für die Erwachsenenbildung, für Aus- und Weiterbildung offenstehen müßten, über Ausleihe, geeignete Studios usw. eine Mitträgerschaft bei der Lernorganisation übernehmen können, soll hier nicht entschieden werden. Unabdingbar ist jedoch die Gleichbehandlung der Schularten. Die entsprechenden bildungspolitischen Maßnahmen werden sehr streng daraufhin betrachtet werden müssen, ob sie nicht den Grundsatz der gleichen Ausgangslage für alle Schüler verletzen.

Der Computer allein ist ohne die Verbindung zu Bildschirmtext und ohne den Zugang zu Datenzentren mediendidaktisch sinnlos, weil die Lernenden dadurch nur partiell in die Anwendung eingeführt werden. Außerdem muß für den Schüler entweder über die Schule oder das Regionalzentrum der Zugriff auf nicht zu niedrige Speicherkapazität gewährleistet sein, weil sonst eine qualitativ falsche Vorstellung von den Möglichkeiten der Datenspeicherung und der Abrufbarkeit von Daten entsteht.

Das in der Zielsetzung verlangte kritische Bewußtsein sollte also nur auf der Basis einer breiten und gesicherten Information über Einsatz und Verwendungsmöglichkeiten der Geräte erfolgen. Das bedeutet nicht etwa die Anpassung von Schule und Unterricht an Computer und Kabelkommunikation oder die Beschränkung didaktischer Vermittlung auf diese Systeme, sondern deren Benutzung innerhalb eines von den Lernenden selbständig oder bei Jüngeren in relativer Selbständigkeit abzugrenzenden Handlungsspielraumes.

Eine Anwendungebene besteht z.B. im Abruf von Informationen aller Art und in allen Fächern, sei es zum sofortigen und unmittelbaren Einsatz im Unterricht oder in Projekten, sei es für den Bereich der Hausaufgaben, der Unterrichtsvorbereitung, der Vorbereitung von schriftlichen oder mündlichen

Darstellungen aller Art. Freilich dürfen die elektronischen Daten nicht die einzigen sein, die herangezogen werden, denn gleichzeitig müssen der Vergleich und die Überprüfung von Informationen gelernt und geübt werden.

Dabei ist es wichtig, daß die Lernenden infolge der Benutzung der neuen Medien nicht den Eindruck gewinnen, die Informationen und ihre Vermittlung seien objektiver geworden. Eine der Grundeinsichten, die vermittelt werden müssen, besteht in der Erfahrung von Subjektivität bei Auswahl, Übermittlungsart und Verarbeitung von Informationen und Daten. Diese Struktur verändert sich auch nicht durch die Menge der Daten, die Größe der Zentren, die Schnelligkeit der Übertragung oder gar die Art der Darbietung. Das Mißtrauen, mindestens Skepsis und Zweifel gegenüber erhaltenen Informationen müssen zu einer Grundhaltung jedes Einzelnen werden, wenn kritisches Bewußtsein in der sogen. Informationsgesellschaft überhaupt aufrechterhalten werden soll und kann.

Durch Vergleichen der Übermittlungs- und Darstellungsformen und Überprüfung derselben Information und ihrer Veränderungen läßt sich diese Einsicht leicht gewinnen und immer wieder verstärken, so daß sie durchaus zu einer über kognitive Prozesse hinausreichenden Grundhaltung wird. Dabei ist es wichtig zu beachten, daß unsere Schule bisher anders verfährt. Üblich ist **ein** Lehrbuch pro Fach, das in vielen Fällen seine Informationen ex cathedra verkündet und aus Sparsamkeitsgründen möglichst für viele Schülergenerationen konzipiert ist und mehrere Schuljahre überdauern soll.

Wer bezweifelt, daß die Schule in der Lage oder gar willens ist, Grundeinsichten dieser Art in den affektiv-emotionalen Schichten der Person zu verankern, möge sich vergegenwärtigen, wie der Glaube an die letztlich doch vorhandene Objektivität der Information anerzogen wird. Auf die Rolle des Lernmaterials bei diesem Vorgang ist schon hingewiesen worden. Für das Absinken dieser Überzeugung in den affektiven Bereich viel entscheidender dürfte jedoch sein, daß der

Lernende in der Grundschule in der Regel für mehrere Jahre auf eine Lehrperson fixiert bleibt. An dieser Stelle kann nicht das Für und Wider dieses Systems erörtert werden, es bildet nur ein Beispiel dafür, welche Bereiche Schule auf Veränderungen hin zu bedenken hat, wenn es um den Einbau der neuen Informationsmedien in das Lernen unter der Prämisse der Zielsetzung geht.

Bislang muß Schule unbedingt den Eindruck vermitteln, als ob es grundsätzlich möglich sei, Informationen zu objektivieren, weil sonst ihr Beurteilungs- und Meßsystem von Lernleistung zusammenbricht. Dieses System ist gefährdet, wenn man Lernende zu der Einsicht erzieht, daß grundsätzlich nicht nur eine, sondern sehr häufig mehrere Antworten auf eine Frage nicht nur möglich, sondern auch richtig sind und daß - nebenbei bemerkt - die eindimensionalen Fragen die uninteressantesten und am ehesten computerisierbaren sind.

Offensichtlich liegt der Meinung, daß sich die Vermittlungsaufgabe von Schule in dieser Eindimensionalität erschöpft, die Auffassung zugrunde, daß Lernvorgänge computerisierbar seien (ein Urteil, das vor allem von nichtpädagogischen Computerexperten geäußert wird). Derartige Behauptungen zeigen, daß Schule in erster Linie vermitteln muß, **was** Lernen ist und für den Menschen bedeutet. Sonst wird vom Schüler eine Lernleistung verlangt und erwartet, die auf der Überzeugung von der Richtigkeit und Wahrheit vermittelter Informationen beruht, wobei häufig noch magische Bezüge wie Gläubigkeit, bewirkt durch beliebte oder vertrauenswürdige Lehrpersonen, besonders im Kindesalter eine Rolle spielen. Diese Erwartung wird so internalisiert, daß sie Handlungen und Einstellungen bestimmt.

Die vielfach beklagte unkritische Haltung gegenüber den Informationen der sogen. Massenmedien und der Glaube an die Wahrheit gedruckter oder bildlicher Mitteilungen ist somit nicht Schuld der Medien, sondern Fehler unserer Erziehung, in erster Linie der Schule. Die Medien bieten infolge ihrer Vielzahl und unterschiedlichen Mitteilungskanäle sogar jedem einzelnen die Chance, sich davon zu überzeugen, daß es nur wenige eindeutige Informationen gibt, und versetzen ihn in die Lage, zu überprüfen und zu vergleichen.

Der Aspekt von Schule und Informationsvermittlung ist so ausführlich dargestellt worden, weil daraus einige für unser Thema wichtige Folgerungen im Hinblick auf die Gestaltung von Unterricht abgeleitet werden können. So ist z.B. der Einbau der elektronischen Informationsmedien in das Vermittlungssystem der Schule notwendig, sowohl um Informationen in großer Zahl und durch unterschiedliche Vermittlungskanäle zu erhalten, als auch deren kritische Verarbeitung überhaupt erst zu ermöglichen. Beides kann in der Form von Erziehung und Sozialisation nur die Schule leisten, unter der Voraussetzung, daß die angeführten Prämissen gelten und der politische Wille für die Schaffung der Rahmenbedingungen sowie die auf Professionalität und Kompetenz beruhende Zusammenarbeit der didaktischen Entscheidungsträger gewährleistet ist.

DER EINSATZ DES COMPUTERS

Die Forderung, schon Grundschüler mit dem Computer vertraut zu machen, kann also nur heißen, ihnen Einsicht in die Notwenigkeit zu vermitteln, Informationen verschiedener Herkunft zu vergleichen und zu bewerten und so erfahren zu lassen, daß die Beurteilung eines Sachverhaltes und die daraus resultierende Handlungsentscheidung immer nur relativ richtig sein kann. Damit wird die Einführung in die Benutzung der Geräte von vornherein auf eine realistische Grundlage gestellt: sie dient dazu, möglichst rasch und knapp über eine möglichst große Zahl von Informationen zum gleichen Sachverhalt zwecks Durchsicht und eigener Verarbeitung zu verfügen. Auf dieser Basis kann eine technische Grundbildung mit den Grundsätzen der Systemanalyse vertraut machen, ohne ihren Nutzen zu leugnen, aber auch ohne ihr Ergebnis zu überschätzen. Denn sie erscheint den Schülern als Summe der von ihnen bewerteten Informationen und enthält damit auch immer einen Rest Subjektivität.

Daher sollte der Computer nicht isoliert eingesetzt werden. Abgesehen davon, daß ein derartiges Vorgehen einen falschen Eindruck von der Realität vermittelt, festigt sich bei den Lernenden auch ein einseitiges Bild von den Möglichkeiten der Datenbeschaffung und Informationsverarbeitung. Außerdem erfahren sie nicht, wie notwendig Kommunikation für die vollständige Ausführung eines Vorhabens ist.

Wenn z.B. in einer vierten Klasse ein Plan- oder Simulationsspiel mit dem Handlungsrahmen durchgeführt wird, den Bau und die Einrichtung eines Spielplatzes in der Nähe der Schule zu planen, können die Kinder den Computer - sofern die Erlernung der grundsätzlichen Handhabung schon erfolgt ist - etwa als Hilfsmittel bei Skizzen für die Anlage, bei Konstruktionszeichnungen für Geräte, als Speicher für Informationen einsetzen, die sie sich erarbeitet haben. Aber erst die Beschaffung von Daten außerhalb der Schule durch Befragungen, Behördenbesuche, Erkundungen verschiedener Spielplätze usw. und ihre Eingabe in das Gerät - es wäre auch eine Teilung der Lerngruppe denkbar, und zwar in eine Gruppe, die in herkömmlicher Weise mit handschriftlichen Karteien arbeitet, und in eine, die den Speicher des Computers benutzt -, erst der Abruf von Daten mit Hilfe der Kabelkommunikation, der direkte Kontakt mit Schulen in anderen Städten, so daß ein sofortiger Informationsaustausch durch geschriebenes und gesprochenes Wort sowie durch Bildinformationen hergestellt werden kann, alles dies bringt den Computer in ein System ein, das kommunikativer Handlungsorientierung angemessen ist und die Kinder ohne abgehobene Unterweisung, durch Handhabung im Handlungszusammenhang, die Anwendungsbezogenheit der Geräte erfahren läßt.

Die Ausstattung der Schulen mit Computern allein, ohne daß diese in ein Informations- und Kommunikationssystem eingebaut sind, bewirkt mit großer Wahrscheinlichkeit infolge der eingeschränkten und isolierten Erfahrung der Schüler keine ausreichenden Kenntnisse über die Anwendung und die Vernetzung von Informationen. Der isolierte Einsatz von Computern im Unterricht stellt mithin keine ausreichende Basis für den als Bildungsziel formulierten Aufbau eines kritischen Bewußtseins dar, wohl aber die Benutzung einer breiten Informationsbasis und die Kommunikation mit Erwachsenen und anderen Kindern, die immer wieder zur Korrektur und Ergänzung der Informationen und mithin der Entscheidungsgrundlagen führt.

Man kann mit Recht einwenden, daß die Lernenden in unserem Beispiel noch keinen Zugang zu den Gefahren der Datenbeschaffung und -benutzung gewonnen haben. Diese Einsicht ist nicht zwangsläufig mit zu vermitteln, weil sie nur über die persönliche Betroffenheit bewirkt werden kann. Die Vermittlung wird grundsätzlich erschwert, weil auch im allgemeinen Bewußtsein außerhalb der Schule nur eine ungenügende Vorstellung von den Gefahren vorhanden ist.

Ein weiteres Beispiel: In einem Planspiel - die Thematisierung ist in diesem Fall unerheblich - wird die Klasse in drei Gruppen aufgeteilt, von denen zwei gegeneinander spielen und die dritte als Entscheidungsinstanz fungiert. Neben der Lösung der Spielaufgabe hat jede Gruppe die Anweisung, so viele Informationen wie möglich über die andere zu sammeln. Die Daten würden sich nur auf die Spiel- und Rollenrealität beziehen, können aber auch Rollenauffassung, Kooperationsbereitschaft u.ä. erfassen und werden bei der Entscheidungsfindung herangezogen. Die Daten werden gespeichert und bei den nächsten Gruppenvorhaben den Leitern der Gruppen zur Verfügung gestellt.

Noch ein Beispiel sei kurz skizziert. Bei älteren Schülern wird die Bewerbungssituation simuliert. Jeder hat eine Bewerbung zu schreiben, Adressat ist eine Entscheidungsgruppe aus der Klasse. Diese speichert die Daten aus den Bewerbungen, ebenso die mit Videokameras aufgezeichneten Einzelgespräche und die Testergebnisse. Die Gruppe entscheidet aufgrund der Daten, ohne ihr Votum zu begründen. In der Nachbesprechung legt die Gruppe die Entscheidungsgründe offen, auch die Daten und Filme werden zugänglich gemacht.

Die Situationen verdeutlichen trotz fehlender Konkretion, daß auf diesen und ähnlichen Wegen wesentliche Elemente nichtöffentlicher Dateien für die Schüler durchschaubar werden. Sie erfahren einerseits die Faszination, Daten zu sammeln, zu speichern und Macht mit ihnen auszuüben, sie erfahren andererseits die Ohnmacht der Betroffenen, und zwar indem sie selbst betroffen sind. Didaktisch bedeutsam ist daher, daß sie beides kennenlernen, da dann sowohl Gegenstrategien wirkungsvoller entwickelt werden können als auch die emotionale Beteiligung vielschichtiger ist.

Entscheidend für die Transferleistung sind also mehrere Faktoren. Der Handlungs- und Sachzusammenhang hat in dem für den Schüler zugänglichen und ihn berührenden Erfahrungshorizont zu liegen. Die Erfahrung muß in unregelmäßigen Abständen im Zusammenhang mit unterschiedlichen Vorhaben immer neu verstärkt werden, jedoch so, daß die emotionale Betroffenheit erhalten bleibt. Die Reflexion und die Entwicklung von Gegenhaltungen soll deutlich machen, daß nicht die Maschinen verändert werden müssen, sondern nur die Menschen, die mit ihnen umgehen, Veränderungen bewirken können.

ENTWICKLUNG VON KOMMUNIKATIONSFÄHIGKEIT

Als weiterer inhaltlicher Aspekt einer auf die neuen Medien bezogenen Grundbildung soll die Entwicklung der Kommunikationsfähigkeit skizziert werden. Sie steht häufig im Mittelpunkt von Diskussionen, weil sie durch die mit den neuen Medien verbundene Individuation vor den Geräten, Sicht- und Bildschirmen gefährdet erscheint, obwohl durch die Kabel- und Telekommunikation ganz neue Möglichkeiten eröffnet werden. Die Schule hat die Chance - und sie ist von allen Erziehungsinstanzen die einzige, die dies in umfassender Form leisten kann - beide Aspekte, sowohl die Vereinzelung als auch die Kommunikation erfahren zu lassen und diese Erfahrung einer reflektierenden Verarbeitung zuzuführen.

Die Schule erfüllt damit einen alten Bildungsauftrag in neuem Gewand. Denn es werden jene Formen sprachlicher Mitteilung gelernt und geübt, ohne die die neuen technischen Kommunikationsmöglichkeiten nicht ausgeschöpft werden können. Um diese Aufgabe wahrnehmen zu können, muß die Schule nicht nur über eine Grundausstattung im kommunikationstechnischen Bereich verfügen und diese in die Unterrichtsvorhaben integrieren, sondern auch die Vermittlung im Unterricht kommunikativ gestalten.

Entwicklung von Fähigkeiten zum Dialog und Gespräch sowie zur schriftlichen Mitteilung an andere ist allerdings nicht an den Umgang mit neuen Medien gebunden. Auch hier sind diese nur Hilfsmittel, deren Handhabung gelernt und um deren Möglichkeiten gewußt werden muß. Allerdings bewirken sie Veränderungen. Man denke nur daran, wie sehr das Telefon innerhalb einer Generation das Kommunikationsverhalten beeinflußt, die Kommunikationsmöglichkeiten erweitert und die Mitteilung sowohl im beruflichen als auch im privaten Lebensbereich von der schriftlichen auf die mündliche Sprachform umgestellt hat.

Schule hat zwar, die Diskussion um den Aufbau sprachlicher Kompetenz zeigt das deutlich, auf die Ausweitung nichtschriftlicher Kommunikation reagiert, im schriftlichen Bereich tut sie sich aber nach wie vor schwer; denn schriftliche Darstellung in der Schule ist selten kommunikativ, d.h. Mitteilung an andere und auf Antwort hin angelegt, sondern dient vor allem dem Nachweis und der Kontrolle von Kenntnissen, insbesondere auch der Schriftsprache. Diesen Sektor auch auf Mitteilung umzustellen, ist ein entscheidender Beitrag, den Schule zur Bewältigung des Umgangs mit den neuen Kommunikationsmedien leisten kann. Denn sie bieten mit den Geräten zur Textverarbeitung nicht nur für den wirtschaftlichen und beruflichen Bereich interessante Systeme an, sondern eröffnen auch für Freizeit und Haushaltung neue Formen schriftlicher Kommunikation. Auf beide Sektoren kann und soll Schule vorbereiten.

Wenn Schule den zuletzt in der Diskussion um die Curriculumreform immer wieder angeführten Lebensbezug für Inhaltsauswahl, Vermittlungsformen und Gestaltung des Schullebens ernst nimmt, muß sie sich auch für die neuen Medien öffnen und dadurch dem Schüler helfen, Orientierung für die Welt außerhalb der Schule und nach der Schulzeit zu finden. Damit ist nicht die Ablösung alter durch neue Medien gemeint, gewissermaßen als Fortschreibung der Rationalisierungsmaßnahmen in den Betrieben. Die alten Medien werden ihren Platz behalten. Es geht auch nicht um Computerkenntnisse, damit der ökonomische Anschluß an irgendwelche zukünftigen Entwicklungen nicht verpaßt wird. Dieses Argument erscheint im Hinblick auf die Schule ohnehin verfehlt, denn wenn wir heute damit begännen, könnten sich die Wirkungen erst in 15 Jahren zeigen, und damit wäre der Anschluß nicht mehr herzustellen. Schule muß sich dagegen wehren, daß Kinder und Jugendliche unter dem Verwertungsaspekt gegenwärtiger Erwachsenenprobleme betrachtet werden. Gleichwohl muß sie sich den neuen Medien um der Schüler willen öffnen, aber auch um ihrer selbst willen, weil ihr Erziehungsauftrag sonst von anderen - nicht zuletzt von den Medien selbst - übernommen wird.

LITERATUR

GREIFF, B.v. (Hrsg.): Das Orwellsche Jahrzehnt und die Zukunft der Wissenschaft. Opladen 1981.

HAEFNER, K.: Die neue Bildungskrise. Herausforderung der Informationstechnik an Bildung und Ausbildung. Basel, Boston, Stuttgart 1982.

ISSING, L. und KNIGGE-ILLNER, H.: Unterrichtstechnologie und Mediendidaktik. Weinheim 1976.

KAISER, E.: Lehren, Lernen und Computer. Datenverarbeitung in Schule, Aus- und Weiterbildung. Stuttgart 1977.

LORBEER, W.: Computer in der Schule? München 1979.

ORTNER, G.E. (Hrsg.): Mit Medien lernen - mit Medien leben. Schriftenreihe: Pädagogik und Information, Bd. 2. Alsbach/Bergstr. 1981.

ORTNER, G.E. (Hrsg.): Bildschirm - Bildung? Pädagogische und politische Perspektiven der neuen Medien. Schriftenreihe: Pädagogik und Information, Bd. 5. Alsbach/Bergstr. 1980.

PIEPHO, H.-E. (Hrsg.): Individuelles Lernen und Studieren. Schriftenreihe: Pädagogik und Information, Bd. 1. Alsbach/Bergstr. 1980.

WALTER, J.: Lernen mit Computern. Möglichkeiten - Grenzen - Erfahrungen. Düsseldorf 1984.

WEIZENBAUM, J.: Die Macht der Computer und die Ohnmacht der Vernunft. Frankfurt/M. 1977.

WITTERN, J.: Mediendidaktik - ihre Einordnung in eine offen strukturierte Entscheidungstheorie des Lehrens und Lernens. 2 Bde., Opladen 1975.

ROLF OBERLIESEN

INFORMATIONS- UND KOMMUNIKATIONSTECHNOLOGISCHE GRUNDBILDUNG FÜR ALLE

Legitimation und didaktische Konzeption einer fächerübergreifenden curricularen Innovation

Mit der beschleunigten Entwicklung und umfassenden Verwendung neuer Informations- und Kommunikationstechnologien bahnen sich unabweisbar radikale Veränderungen unserer Arbeits- und Lebensbedingungen an. Sie lassen erkennen, daß es bei den derzeitigen Planungen und dem Ausbau dieser Techniken um neue technische und soziale Qualitäten geht, die mit traditionellen Vorstellungen nur wenig noch gemein haben. Diese Veränderungsprozesse werden nicht von einzelnen Werkzeugen oder Maschinen bestimmt, die für klar ersichtliche Zwecke eingesetzt werden, sondern von vielfältig vernetzten soziotechnischen Systemen, in denen menschliche und technische Handlungsvollzüge mannigfaltig miteinander zu einem komplexen Zusammenhang verknüpft sind (1).

Das Bildungssystem ist zunächst insofern von diesen Entwicklungen betroffen - das ist neu - als es selbst zu einem Zielbereich dieser Technisierung wurde, in der Absicht, "Neue Technologien in den Unterricht einzuführen" (2): Schule als Markt von Informations- und Kommunikationstechnologien - es handelt sich immerhin um 200.000 Computerarbeitsplätze für Schüler -, auf den eine ganze Branche von Computer- und Softwareherstellern mit massiven Mitteln Einfluß zu nehmen versucht (3). Mit dieser beabsichtigten Informatisierung und Computerisierung von Schule und Unterricht (4) gerät die Schule unübersehbar in einen ökonomischen Argumentations- und Interessenzusammenhang.

Befürworter der "Computerisierung" der Schule argumentieren, das Bildungssystem sei in eine neue Krise geraten, da zukünftig menschliches Denken und Handeln an vielen Stellen durch technische Informationsverarbeitung abgelöst werde. Es wird die Zukunft einer "Homutergesellschaft" beschworen, in der die Menschen eine harmonische Symbiose mit den Computern einzugehen haben, wo Informationstechnik von kognitiv-intellektuellen Überforderungen befreit, Muße, Kreativität und Sinnlichkeit wieder gepflegt werden können und die gesellschaftlichen Führungsaufgaben von einer kleinen Gruppe rationaler Intelligenz, den "Unberechenbaren" übernommen wird (5).

Das Bildungssystem wird aufgefordert, die durch den umfassenden Einsatz von Informations- und Kommunikationstechnologien hervorgerufenen gesellschaftlichen Veränderungen durch geeignete Maßnahmen zu unterstützen. Es gelte, einen "hoffnungslosen Rückstand der Schule zu den tatsächlichen ökonomisch-technischen und gesellschaftlichen Entwicklungen zu verhindern", um "langfristig gesellschaftliche und wirtschaftliche Nachteile und Schaden zu ersparen", die Schule habe auf die veränderte ökonomische Situation zu reagieren (6) und die den veränderten Produktionsweisen entsprechenden Qualifikationen zu vermitteln.

Das Bildungssystem hatte bisher stets auch eine Zubringerfunktion für das Beschäftigungssystem, aber gleichbedeutend war auch die Aufgabe, "Gegenkräfte gegen die nackte Produktionsabhängigkeit" (7) zu mobilisieren, Sinn und Orientierung zu vermitteln. Die Herausforderung von Bildung und Erziehung kann aber nicht - in der Verkürzung auf eine reine Qualifikationsvermittlung - darin bestehen, sich sozusagen nahtlos an die erkennbaren ökonomischen Veränderungen anzupassen. Wohl aber ist das Bildungssystem aufgerufen, auf dem Hintergrund einer veränderten gesellschaftlichen Wirklichkeit - einer veränderten sozialen Organisation der Arbeitsteilung, der Industrialisierung geistiger Arbeit, der Mediatisierung des Wirklichkeitsbezuges, das ihr zugrundeliegende Bildungsverständnis neu zu orientieren (8). Unter der unbestrittenen Annahme, daß Bildung zunächst darauf abzuzielen habe, die Individuen zu einer historisch angemessenen Bewältigung ihrer Lebenssituation zu befähigen, kann nicht ein für allemal festgelegt sein, was Bildung inhaltlich bedeutet.

NEUORIENTIERUNG DES ALLGEMEINBILDUNGSKONZEPTS

Es gilt, an das ursprünglich emanzipatorische Verständnis von Bildung anzuknüpfen, die pädagogisch und gesellschaftlich progressiven Momente des klassischen Bildungsbegriffs weiterzudenken, wie das HEYDORN, BLANKERTZ, HORKHEIMER, ADORNO u.a. getan haben. Bildung erscheint dann zentral bestimmt durch Selbstbestimmungs-, Mitbestimmungs- und Solidaritätsfähigkeit (9).

Bildung bedeutet hierin stets auch immer allgemeine Bildung. Dies umfaßt die Bedeutungsmomente von Bildung

- als einen Anspruch aller Menschen einer Gesellschaft, ein Verständnis von Bildung, das sich gegen jede Ungleichheit der Entwicklungschancen von menschlichen Fähigkeiten und Fertigkeiten richtet,

- die sich auf das Insgesamt der menschlichen Fähigkeiten richtet, die Bildungsklassiker sprachen von "allseitiger Bildung",

- die sich auf die Aneignung von und Auseinandersetzung mit dem die Menschen gemeinsam betreffenden Aufgaben und Probleme bezieht.

Bestätigen wir die Gültigkeit dieser zentralen Momente, müssen sich angesichts der radikalen Veränderungen unserer Lebens- und Arbeitsbedingungen bedeutende Folgerungen für die Neuorientierung des Allgemeinbildungskonzepts ergeben.

Einer Allgemeinbildung muß es darum gehen, ein geschichtliches Bewußtsein von den zentralen Problemen unserer gemeinsamen Gegenwart und der für uns voraussehbaren Zukunft zu vermitteln und die Einsicht in die Mitverantwortlichkeit aller angesichts dieser Problemzusammenhänge zu erreichen, Bereitschaft anzubahnen, sich diesen Problemen zu stellen und am Bemühen um ihre Bewältigung teilzunehmen (9). Ein neuorientiertes Allgemeinbildungskonzept kann daher nicht an dem gesellschaftlichen Schlüsselproblem (10) der Wirkungszusammenhänge um neue Informations- und Kommunikationstechnologien vorbei. Sie repräsentieren insofern ein Schlüsselproblem, als ihre weitere Entwicklung ganz entscheidend die Daseinsentwicklung von Gesellschaft und Individuum prägen wird und die Lösung der damit einhergehenden Probleme bedeutende Wirkungen auf das Profil der Gesellschaft und den darin enthaltenen individuellen Perspektiven der Menschen haben wird. Dies scheint unstrittig.

Wenn beispielsweise durch den Einsatz neuer Technologien, die eindeutig Integrationstechnologien darstellen, auch die Chance der Umgestaltung von Industriearbeit für alle zu "souveränem Arbeitshandeln", "ganzheitlicher Tätigkeit" und Gestaltung besteht, was KERN/SCHUMANN nach ihren neueren Untersuchungen immerhin als Möglichkeit sehen (11), dann stellt sich auch akzentuiert die Frage nach den Qualifikationen neu. Hierbei ist allerdings festzuhalten, daß sich der Qualifikationsbedarf in der Regel nicht mit den neuen Technologien selbst ergibt, sondern vielmehr über ihre arbeitsorganisatorische Einbindung. Angesichts dieser möglichen Entwicklungen und der notwendigen Gestaltung von Arbeit, aber auch Freizeit und Politik, erscheint weniger eine Vervielfachung von Spezialwissen als vielmehr eine allgemeine Qualifikationsverbreiterung erforderlich (12).

Nur ein Mehr an umfassender Allgemeinbildung - nicht vertieftes Fachwissen in Elektronik oder Datenverarbeitungstechnik -, die die zentralen technologischen, sozialen, kulturellen und historischen Entwicklungen der Gesellschaft mit einbezieht, kann die Heranwachsenden in die Lage versetzen, sich in diesen Veränderungsprozessen zu behaupten, ihre eigenen Interessen wahrzunehmen, kann verhindern, daß sie zu "funktionalen Analphabeten" werden, wie die Enquête-

Kommission des Bundestages formuliert. Eine umfassende Allgemeinbildung muß als bedeutende Voraussetzung für jede soziale Beherrschung und Gestaltung von neuen Informations- und Kommunikationstechnologien angesehen werden.

Der aufgezeigte Hintergrund für ein neuorientiertes Allgemeinbildungskonzept muß für schulische Lernprozesse bezogen auf das Thema insbesondere bedeuten (12):

1. Die Auseinandersetzung mit neuen Technologien ist nur in gesellschaftlich-historischen Zusammenhängen sinnvoll (13). Die Veränderungsprozesse müssen selbst zum Gegenstand der Auseinandersetzung werden: Technisierung muß als prinzipiell gestaltbarer Prozeß begreifbar werden, in den ökonomische Interessen, politische Machtkonstellationen sowie auch kulturelle Wertvorstellungen hineinwirken.

2. Die Auseinandersetzung mit neuen Technologien ist nur sinnvoll in polytechnischen Zusammenhängen, die eine ganzheitliche Betrachtung der gesellschaftlichen Differenzierungen und geteilter Arbeits- und Lebenspraxis ermöglichen. Dies hat Folgen für die Organisation von Lernen und Unterricht.

3. Die Auseinandersetzung mit neuen Technologien ist nur im Zusammenhang mit einer erhöhten Eigentätigkeit der Lernenden, bezogen auf längerfristige existentielle Interessen, sinnvoll. Es ergibt keinen befreienden Sinn, universelle technische Mittel von passiven Menschen anwenden zu lassen (14). Je größer die potentielle Wirkung dieser Technologien, um so größere Eigenverantwortung ist erforderlich.

INFORMATIONS- UND KOMMUNIKATIONSTECHNOLOGISCHE GRUNDBILDUNG

Die soziale Beherrschung und Gestaltung neuer Technologien erfordert Grundeinsichten über die Wirkungsbedingungen und Beziehungen zwischen technischer Entwicklung und Gesellschaft, ein Verstehen der Zusammenhänge, sowie die Fähigkeit zu verantwortlicher Einflußnahme auf die Richtung und den Ablauf, sowohl des technischen als des sozialen Wandels. Spezifische Wirkungen auf die eigene Lebenswirklichkeit und die damit im Zusammenhang stehenden individuellen Lebens- und Entscheidungsräume müssen als solche richtig eingeschätzt und zur Orientierung eigenen Handelns zwischen den differierenden technischen, politischen als auch individuellen Zielsetzungen dienen. Nur eine derartig umfassende Kenntnis, sowie ein hierauf bezogenes Bewußtsein schaffen für den Heranwachsenden die Voraussetzung, diese Auseinandersetzung zu bestehen (15): Wenn Schule Heranwachsende für die sinnenhafte Bewältigung der durch umfassende Verwendung von Informations- und Kommunikationstechnologien massiv bestimmten Arbeits- und Lebenswirklichkeit qualifizieren will, dann muß sie eine hierauf bezogene gemeinsame Grundbildung für alle Heranwachsenden ermöglichen, die eine derartige kritische Auseinandersetzung erlaubt (16).

Entscheidend für die Verankerung einer solchen Grundbildung - als verpflichtender Lernbereich für alle Lernenden der Sekundarstufe I - kann daher weder eine volkswirtschaftliche Argumentation noch die Forderung nach einer breiten Akzeptanz neuer Technologien noch die Vermittlung vom Beschäftigungssystem kurzfristig geforderter Qualifikationen oder die Rationalisierung des Bildungswesens durch weitere Technisierung sein.

Durch die Vereinbarung der Kultusminister in der Bund-Länder-Kommission für Bildungsplanung und Forschungsförderung vom 11.12.1984 wurde ein gemeinsames Rahmenkonzept für die "Informationstechnische Bildung in Schule und Ausbildung" festgelegt, das einer Grundbildung für alle Schüler einen wichtigen Platz einräumt (17). Informationstechnische Grundbildung ist von der allgemeinen Zielsetzung her hier gegen ein Fach Informatik als "wissenschaftsbezogenes und wissenschaftspropädeutisches Fach im Sekundarbereich II" ebenso abgehoben wie gegen eine "berufsbezogene informationstechnische Bildung". Das Rahmenkonzept stützt sich dabei auf die bisherigen "Entwicklungen und Erfahrungen in den Ländern, die Ergebnisse der von der Kommission empfohlenen Modellversuche, die Konzeption der Bundesregierung im Bericht zur Informationstechnik, sowie die entsprechenden Entschließungen der Europäischen Gemeinschaft". Die Kultusminister schlagen mit diesem Konzept einen integrativen fächerübergreifenden Ansatz vor.

Hiermit drückt sich scheinbar ein bundeseinheitlicher Trend aus. Dennoch ist nicht übersehbar, daß die Rahmenkonzepte und curricularen Ansätze in den einzelnen Bundesländern sehr weit differieren. Die Entwicklungen in den Ländern lassen erkennen, daß die im BLK-Papier genannten Aufgaben einer informationstechnischen Grundbildung, wie zum Beispiel "Vermittlung von Kenntnissen über Einsatzmöglichkeiten und Kontrolle der Informationstechniken", die sowohl gesellschaftswissenschaftlich als auch mathematisch-naturwissenschaftlich-technische Aufgabenfelder tangieren, unterschiedlich gewichtet und in unterschiedliche pädagogische Konzepte eingebettet werden (18).

Wenn auch fraglos hier ein weites Spektrum neuer Informationstechnologien in der Schule angesprochen ist, bezieht sich das BLK-Konzept doch fast ausschließlich auf den Computer als neue Technologie. Die Vernetzung neuer Technologien untereinander und die damit im Zusammenhang stehenden Aufgaben sind ausgeklammert, was erhebliche Folgen haben muß für die Lehrerausbildung als auch für die Ausstattung der Schulen mit Geräten, die hier nahezu ausschließlich Bezug auf Computer und zugehörige Software nimmt. Die Thematisierung der Beherrschung und des Umgehenkönnens damit bedeutet eine deutliche Verengung auf den Computer und seine Bedienung. "Damit erhält diese Technik und ihre Bedienung einen

Vorrang, der einer Grundbildung für alle Schüler aller Schulformen mit dem Anspruch einer möglichst umfassenden Information über Bewertung der neuen Technologien nicht gerecht wird", wie auch PFEIFFER/ROLFF feststellen (19). Die Entwicklung der Kommunikationstechnologien gerät damit vollkommen aus dem Blick, und es wird die Chance versäumt, die neuen Technologien in ihrer Gesamtheit und ihrer Verknüpfung behandeln zu können. Wir gehen daher hier von einer die Informations- und Kommunikationstechnologien umfassenden Grundbildung aus.

GRUNDANNAHMEN ZU EINER DIDAKTISCHEN STRUKTUR UND KONZEPTION

Intentionen

Die Ziele einer schulisch vermittelten Grundbildung ergeben sich auf der Basis der beschriebenen Begründungszusammenhänge auf mehreren Ebenen und in verschiedenen Dimensionen: Zum einen geht es um eine erkenntnisorientierte, zum anderen um eine handlungsorientierte Dimension, die jedoch eng aufeinander bezogen sind.

Hinsichtlich der erkenntnisorientierten Dimension gilt es zunächst, an den Alltagserfahrungen der Lernenden, an ihrer gegenwärtigen Betroffenheit anknüpfend, ein Grundwissen zu vermitteln, das erst eine Auseinandersetzung mit diesem Erfahrungshorizont ermöglicht. Diese Ebene des Grundwissens bezieht sich auf die mögliche Bedeutung neuer Technologien für die gegenwärtige und zukünftige Lebens- und Arbeitswelt, in denen die Lernenden als Benutzer auftreten.

Auf einer höheren Ebene hingegen, die PFEIFFER/ROLFF als "Systemwissen" bezeichnen (20), muß es gelingen, ein Wissen zu befördern, das, über die unmittelbare Erfahrung und Anschauung hinausgehend, sich auf den Systemcharakter neuer Informations- und Kommunikationstechnologien richtet. Hier stellt sich das didaktische Problem einer systematischen

Behandlung von gesellschaftlich historischen Entwicklungszusammenhängen wie auch von Funktionsstrukturen einzelner geschlossener Informationssysteme, aber auch ihrer Vernetzung und Integration. Über wissenschaftsorientierte Lernprozesse ist dieses Wissen, insbesondere auf die spezifischen Leistungsfähigkeiten, aber auch Begrenztheiten neuer Technologien im Zusammenhang mit ihrer jeweiligen Verwendung zu beziehen. Angesichts der breiten geforderten Qualifizierung kommt dieser Ebene eine hohe Bedeutung zu. Es ist jedoch vor Mißverständnissen zu warnen: Eine rein technologisch-instrumentelle Form von Wissen kann keine Orientierung und Handlungsfähigkeit vermitteln. Technisches Wissen allein wird leicht funktionalisierbar für die verschiedensten Zwecke und Intentionen und bringt dazu noch verstärkt die Gefahr der Hinwendung zu einem Verständnis, das auf der Annahme einer zwanghaft erfolgenden autonomen Entwicklung basiert.

Unerläßlich ist desweiteren eine Ebene, die Kenntnisse um die methodischen Kriterien der Erfassung, Verarbeitung und Umsetzung von Informationen umfaßt und gleichzeitig Einsicht in die damit verbundenen Erkenntnisgrenzen ermöglicht. Hier wird in kritischer Distanz die Reflexion der Ambivalenz von informationsumsetzenden Systemen, bezogen auf die verschiedenen gesellschaftlichen Verwendungszusammenhänge auch unter Einbeziehung diesbezüglicher Normen und Werte, möglich sein (21).

Mit dieser erkenntnisorientierten Dimension korrespondieren bedeutsame spezifische Fähigkeiten und Fertigkeiten in der handlungsorientierten Dimension: Inbesondere sei verwiesen auf die Entfaltung von Kritikfähigkeit. Mit der zunehmenden Informatisierung sind Lernende zum einen zwar mit der Verarbeitung von Informationen vertraut zu machen, zum anderen besonders aber auch zu befähigen, die darauf bezogenen zentralen Fragen zu erschließen und die verschiedenen Handlungsmuster zu beurteilen und zu bewerten. Entfaltung von Handlungsfähigkeit - basierend auf einem entsprechenden gesellschaftspolitischen Verantwortungsbewußtsein - bedeutet hier besonders angesichts des Spannungsfeldes von Interessen und Werten bezüglich der Entwicklung und Anwendung neuer Informationstechnologien, die Lernenden zu qualifizieren, eigene Standpunkte zu entwickeln und so an gesellschaftlichen und demokratischen Prozessen teilzuhaben und solidarisch mitwirken zu können. Andererseits gilt es hinsichtlich der nachfolgend beschriebenen Gegenstandsbereiche und Spannungsfelder, auch personale Ansprüche für ein selbstbestimmtes und sinnerfülltes Leben zu formulieren.

Angesichts der vielfältigen Verflechtung und Vernetzung von Informations- und Kommunikationstechnologien und den damit hervorgerufenen medialen Wirkungen, muß eine Grundbildung auch wesentliche Momente der Medienerziehung mitumfassen. Das bedeutet zum Beispiel, daß neue Technologien gleichzeitig sowohl als Bestandteil von Massenkommunikation als auch als Instrumente der Realitätsaneignung zu reflektieren sind (22).

GEGENSTANDSBEREICHE

Die Veränderung der Lebenswirklichkeit der Lernenden als Betroffene muß sich auf den Gegenstandsbereich des Lernens von neuen Informations- und Kommunikationstechnologien abbilden. Wenn auch entsprechend gegenwärtiger Verwendung neuer Technologien alle Arbeits- und Lebensbereiche hiervon durchdrungen scheinen, lassen sich verdichtet mehrere bedeutende individuelle und gesellschaftliche Problembereiche beschreiben, auf die hin Lernprozesse exemplarisch Grundeinsichten erschließen sollten (vgl. Abb.).

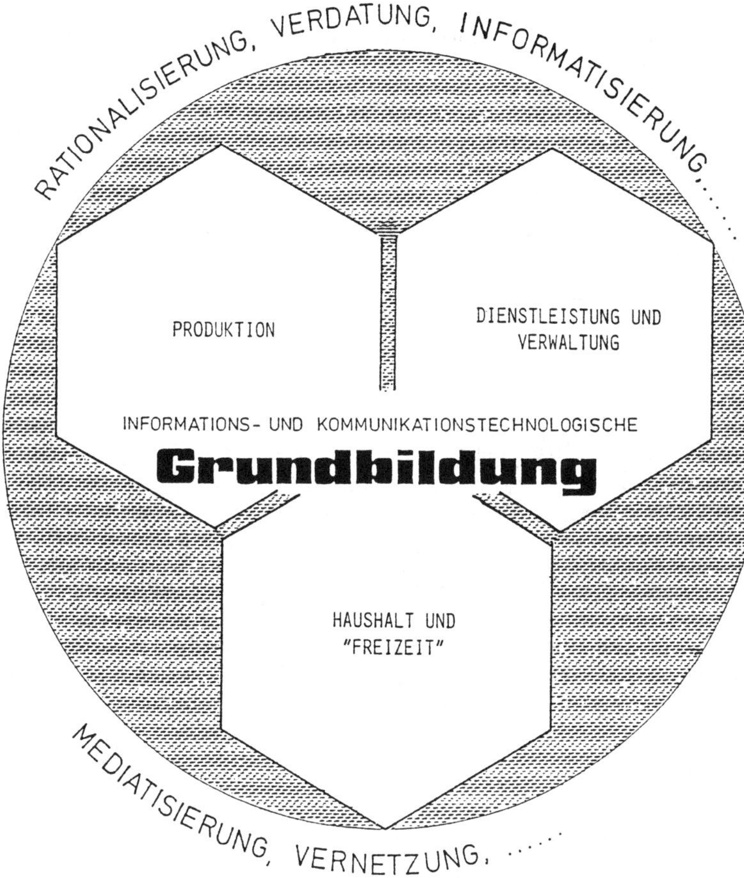

INDIVIDUUM / GESELLSCHAFT

OBERLIESEN

Im Produktionssektor zeichnet sich unter dem zunehmenden Einsatz der neuen Technologien ein Umbruch der Produktions- und Arbeitskonzepte ab. In der Perspektive der Ausweitung der Informationstechniken im Bereich der materiellen Produktion liegt die Errichtung vernetzter computergestützter Produktionssysteme, die sich fließförmig organisieren lassen. Dies bedeutet generell eine weitere Abnahme menschlicher Arbeit sowie eine verstärkte Technisierung des Produktionsprozesses. Bestimmte Arbeitstätigkeiten werden zunehmend überflüssig, andere werden grundlegende Wandlungen erfahren und neue Qualifikationsanforderungen mit sich bringen. Symptomatisch hierfür sind die Bereiche computergestütztes Konstruieren und Zeichnen (CAD), computergestützte Arbeitsvorbereitung (CAM) sowie der Einsatz von computergesteuerten (CNC) Maschinen, Industrierobotern und Produktionsüberwachungssystemen.

Im Dienstleistungs- und Verwaltungssektor ist von einer weiteren Vernetzung und Integration von herkömmlicher Bürotechnik, Nachrichtentechnik und neuen Medien auszugehen, die auch dort erhebliche Veränderungen der Arbeit hervorrufen wird. Hierfür stehen insbesondere die generelle Zunahme von Bildschirmarbeit, computergestützte Textverarbeitung (CTV), computergestützte Sachbearbeitung, aber auch Telekommunikation und technische Kommunikation. Indem sich die Art und Weise verändert, in der öffentliche und private Organisationen mit Informationen umgehen, eröffnen sich auch dort neue Aussichten auf Produktivitätssteigerung und Automatisierung. Es ergeben sich neue Qualitäten von Verwaltungsleistungen, die andere Möglichkeiten der sozialen Kontrolle durch Überwachung und Planungspraktiken für die Gesellschaft als Ganzes als auch für den einzelnen Bürger hervorbringen können.

Als dritter wichtiger Sektor muß der Reproduktionsbereich (Haushalt und Freizeit) benannt werden. Neue Kommunikationsmedien wie Kabel- und Satellitenfernsehen, Bildschirmtext und Video lassen die bisher getrennten Bereiche Arbeit und Freizeit zusammenwachsen. Dies geschieht zum einen durch die Vermehrung des Unterhaltungssektors, zum anderen aber auch durch die wachsende Gelegenheit zur Heimarbeit an Rechnersystemen. Der derzeitige Ausbau von leistungsfähigen informations- und kommunikationstechnischen Infrastrukturen läßt generell eine weitere Technisierung unserer individuellen und gesellschaftlichen Kommunikation sowie ein weiteres Ansteigen von Sekundärerfahrungen gegenüber unmittelbaren Erfahrungen erwarten. In diese Strukturen eingebettet kann beispielsweise ein Heimcomputer zum Spielzeug, aber auch gleichzeitig zu einem Heimarbeitsplatz, zu einem Bankschalter, zu einem Einkaufskatalog oder auch zum Nachhilfeinstrument werden (23).

Diese Gegenstandsbereiche müssen zugleich die Lernfelder bestimmen, auf die sich eine informations- und kommunikationstechnologische Grundbildung zu beziehen hat (vgl. Abb. S. 241).

LERNORGANISATION

In den vergangenen Jahren gab es bereits verschiedene Versuche, Informations- und Kommunikationstechnologien in der allgemeinbildenden Schule, insbedondere in den Fächern Informatik, Mathematik, Technik und Physik zu thematisieren. Diesem ersten Bemühen lagen vielfach maschinensystemorientierte didaktische Ansätze zugrunde. Zeitlich spätere didaktische Erörterungen richteten sich darauffolgend stärker an algorithmischen oder anwendungsorientierten Ansätzen aus oder versuchten, beide miteinander zu verbinden. Der im Kontext der Curriculumreformen der 70er Jahre entwickelte anwendungsorientierte informatikdidaktische Ansatz der Thematisierung von Informationstechnologien im allgemeinbildenden Unterricht bindet beispielsweise das Erlernen der Methode des Problemlösens an den Kontext der Anwendungen von Datenverarbeitungssystemen in Produktion, Verwaltung und Wissenschaft und versucht damit, auch die gesellschaftlichen Wirkungszusammenhänge mit in diese Konzeption zu integrieren. Informatische Methoden erhielten hierin instrumentellen Charakter.

Die Praxis des algorithmen- und anwendungsorientierten Unterrichts erschöpft sich jedoch in der Regel im Erlernen von Programmierfähigkeiten. Der Kontext sozio-ökonomischer Wirkungen (zum Beispiel der Wirkungen des Rechnereinsatzes auf die Arbeit in der Produktion) verblieb peripher und von den vorausgegangenen Programmierübungen abgehoben. Für die Lernenden erschienen diese Probleme als nicht zum Kern der Auseinandersetzung gehörig und wurden daher vielfach ignoriert.

Eine entsprechende Auseinandersetzung mit neuen Informations- und Kommunikationstechnologien erfordert Lernorganisationen, die komplexe Lernzugänge besonders fördern und dabei gleichzeitig auf einem hohen Maß an Selbstorganisation von Lernprozessen und Eigentätigkeiten beruhen. Chancen und Probleme neuer Informations- und Kommunikationstechnologien ergeben sich wesentlich mit ihrer je spezifischen Verwendung, der Art und Weise ihrer Nutzung. Wenn Heranwachsende eine hierauf bezogene Handlungskompetenz erwerben sollen, muß die Auseinandersetzung mit neuen Technololgien hieran anknüpfen.

Dazu sind Lernprozesse erforderlich, in denen bewußt Erfahrungen aus erster Hand vor solche aus zweiter Hand gesetzt sind. Praxisbezogenes Lernen, Praxiswissen (24) im Sinne von Wissen, das sich aus eigener Tätigkeit herleitet, bedeutet für informations- und kommunikationstechnologische Grundbildung jedoch unabdingbar unmittelbare, konkrete Auseinandersetzung mit neuen Technologien und ihren spezifischen Wirkungen. Eigene Planung und Herstellung von informations- und kommunikationstechnologischen Wirkungszusammenhängen vermag erst Alternativen technologischer und arbeitsorganisatorischer Entwicklung überhaupt vorstellbar werden zu lassen. Das bedeutet keineswegs einen Freibrief für die Computerisierung der Schule. Nur wenige technische Systeme, die jedoch bestimmte Anforderungen zu erfüllen haben, reichen hier aus.

In deutlicher Abhebung von den genannten didaktischen Ansätzen wird daher hier einer benutzerorientierten didaktischen Konzeption gefolgt. Dies bedeutet insbesondere auch, daß nicht mehr das Erlernen einer Programmiersprache als Gegenstand einer informations- und kommunikationstechnologischen Grundbildung angesehen wird. Werkzeuge der Bearbeitung konkreter Aufgabenstellung sind hier unter anderem Benutzersprachen, sogenannte Softwaretools (25). Benutzersprachen erschließen jeweils bestimmte, relativ umfassende Verwendungsbereiche, wie zum Beispiel Textverarbeitung oder Dateiverwaltung. Der Anwender bestimmt die inhaltliche Lösung und Organisation eines Problems, wofür die Benutzersprache problembezogene Sprachelemente zur Verfügung stellt. Indem eine Problemlösung nicht mehr bis auf die Ebene der Programmiersprache transformiert werden muß, ergibt sich die Möglichkeit, komplexe, realitätsnahe Ausgangssituationen mit ihren gesellschaftlichen Dimensionen angemessener in den Mittelpunkt des Unterrichts zu stellen.
Mit der benutzerorientierten Konzeption werden die Lernenden in ihrer Rolle als Benutzer in den Lernprozeß einbezogen. Es eröffnen sich hier in besonderer Weise Gelegenheiten, reale Ausgangssituationen aus der gegenwärtigen Lebenswirklichkeit der Heranwachsenden zu problematisieren, Situationen, die in engem Zusammenhang mit verschiedenen sie künftig betreffenden veränderten Arbeits- und Lebensbedingungen stehen. An ausgewählten Beispielen erfahren sie ihre eigene Betroffenheit, eingebunden in konkrete gesellschaftliche und individuelle Wirkungen der unterschiedlichen Verwendungen neuer Technologien, sowie der prinzipiellen Begrenztheit algorithmischer Problemlösung.

Eine umfassende informations- und kommunikationstechnologische Handlungsfähigkeit kann nur über Lernprozesse angebahnt werden, die neue Technologien in ihren komplexen Vernetzungen und Wirkungszusammenhängen thematisieren und für die Schule in bedeutsamen Problembereichen (Lernfeldern) erfahrbar werden lassen. Für Schüler, die sich als durch neue Informations- und Kommunikationstechnologien Betroffene erfahren, ist die Verwirklichung ihrer Interessen und ihre

Beteiligung bei der Organisation von Lernprozessen unabdingbar. Dies verlangt einen projektorientierten Unterricht, in dem den Lernenden die Möglichkeit eröffnet wird, Kompetenz und Urteilsvermögen im Hinblick auf unterschiedliche informationstechnologische Gestaltungen (zum Beispiel von computerbestimmten Arbeitsorganisationen) zu objektivieren.

VERDECKTE INFORMATISIERUNG UND TECHNISIERUNG SCHULISCHEN LERNENS?

Entwicklung und Einführung einer informationstechnischen Grundbildung müssen insgesamt sorgfältig und kritisch begleitet werden hinsichtlich der formulierten Befürchtungen einer weiteren Technisierung von schulischem Lernen sowie einer hierdurch scheinbar legitimierten verdeckten Einführung von Informationskonzepten. Diese Befürchtungen lassen sich zum Teil an einigen Länderkonzeptionen bereits konkretisieren, wo Grundbildung sich als "Computerführerschein", als "4. Kulturtechnik" entwickelt und "kompetente Nutzung von Informationstechnik", allenfalls "Technologiefolgeabschätzung" meint.

Da eine konkret handelnde Auseinandersetzung, wie zuvor für eine Grundbildung begründet, sich auch auf den Umgang mit den technischen Systemen selbst bezieht, besteht natürlich latent die Gefahr, einer irreversiblen durch die massiven Strategien des Marktes geforderten flächendeckenden Ausrüstung der Schulen mit Computersystemen, mit allen negativen Effekten bis hin zur Personaldatenverarbeitung im gesamtem Schul- und Ausbildungssektor. Eine informations- und kommunikationstechnologische Grundbildung kann jedoch nur in dem Maße verwirklicht werden, wie es gleichzeitig gelingt, der Computerisierung der Schulen zu widerstehen. Bei der von der Computerindustrie forcierten umfassenden Ausstattung der Schulen ist daher eher Zurückhaltung als Übereifer angebracht. Vielmehr ist eine dezidierte pädagogische Reflexion erforderlich. Der pädagogischen Qualifikation der Lehrer kommt daher entscheidende Bedeutung zu (26).

Fragen zur weiteren curricularen Organisation einer informationstechnologischen Grundbildung in der Sekundarstufe I müssen noch als weitgehend offen angesehen werden. Die Bund-Länder-Kommission empfiehlt eine Form, "die eine Verknüpfung der entsprechenden Angebote" im Übergang von der Sekundarstufe I zur Sekundarstufe II ermöglicht. Die Grundbildung "soll im wesentlichen durch Einbettung in das Lernangebot vorhandener Fächer" verwirklicht werden. Die Auswahl der Fächer wird nicht vorgegeben, wohl aber darauf hingewiesen, daß die Grundbildung "am einfachsten in den Fächern zu verwirklichen sei, die induktiven, deduktiven und statistischen Methoden einen Vorrang einräumen und sich formalisierter Verfahren und Darstellungen" bedienen (27). Hier wird zwar einem fächerübergreifenden integrativen Ansatz gefolgt, ohne jedoch ein Informatikangebot im Wahlpflichtbereich auszuschließen (28).

Offen bleibt, inwieweit, gesehen auf die verschiedenen curricularen Organisationen und die damit benannten Unterrichtsfächer/Lernbereiche, Altersstufen und Stundendeputate, die Ziele einer informations- und kommunikationstechnologischen Grundbildung erreicht werden können. Wie die angebotenen Lernfelder und didaktischen Annahmen sich in schulischer Praxis bewähren, bleibt abzuwarten. Hier sind praxisorientierte curriculare Entwicklungen und Evaluationen erforderlich.
Dazu begleitend ist dringend eine kritische erziehungswissenschaftliche Forschung aufgerufen, sich verstärkt den "humanen Folgewirkungen", den Wandlungen von Vorstellungen von Weltbild, vom Lehren und Lernen zuzuwenden. Wie wird sich das Maschinendenken auf unser Denken und unsere Sozialisation auswirken? Inwieweit führt der Umgang mit Rechnersystemen im Verbund mit der neuen Informations- und Kommunikationstechnologie zu Beeinträchtigungen unseres Erlebens und Verhaltens? (29) Dies sind nur einige, wenn auch zentrale Fragen eines Fragenkomplexes, die für die weitere Ausformulierung einer informations- und kommunikationstechnologischen Grundbildung und darüber hinaus von entscheidender Bedeutung sein müssen.

ANMERKUNGEN

(1) RAMMERT, W.: Soziotechnische Revolution: Struktureller Wandel und Strategien der Technisierung. In: JOKISCH, R. (Hrsg.): Techniksoziologie, Frankfurt/M. 1982; vergleiche auch die Studie von KUBICEK, H./ROLF, A.: Mikropolis, Hamburg 1985.

(2) So OSCHATZ, G.B. bei seiner Schlußrede auf der Akademie-Tagung "Neue Technologien und Schule" am 16.10.83 (unveröffentlichtes Redemanuskript) sowie WILMS, D.: Wir müssen den Computer in die Schulen einführen. In: Bild der Wissenschaften, 1984, H. 4, S. 146-154. Einen Überblick über diese Argumentationen gibt KERKHOFF, L.v.: In tiefer Sorge - Die Argumente der Unternehmer zur Computerisierung der Schule. In: JÄGER, M./JÄGER, S. u.a.: "Da wird der Geist Euch wohl dressiert .." kontrolliert und abserviert, Mülheim 1985.

(3) Die Gründung der Gemeinschaftsinitiative von Politik, Wirtschaft und Wissenschaft "Computer und Bildung" am 19.03.84 in Bonn, die die Unterstützung mancher Ministerien des Bundes und der Länder hat, mag hierfür als symptomatisch gelten.

(4) Zu dieser drohenden Technisierung der Schule und des Lernens vgl. TILLMANN, K.-J.: Die Computerisierung der Schule findet nicht statt. In: Bildschirm - Faszination oder Information? Pädagogisches Jahresheft III des Friedrich Verlages, Seelze 1985.

(5) Vgl. HAEFNER, K.: Die neue Bildungskrise - Herausforderung der Informationstechnik an Bildung und Ausbildung, Basel/Boston/Stuttgart 1982.

(6) OSCHATZ, 1983, a.a.O.; vgl. auch VDI-Nachrichten vom 2.03.84: "Die Schule allein kann der stürmischen Entwicklung der neuen Technologien in ihrem Lehrangebot nicht schnell und umfassend genug nachkommen .. (es) sind kurzfristig

private und institutionelle Initiativen gefordert, um gerade der Jugend die Anpassung an den Strukturwandel zu erleichtern".

(7) So GROLLE in seiner Auseinandersetzung mit den Thesen von HAEFNER, vgl. GROLLE, J.: Führt die Revolution der Informationstechnik zu einer neuen Bildungskrise. In: Log in - Informatik in Schule und Ausbildung, 1984 H. 2, S. 31-34.

(8) Vgl. hierzu besonders die von der Max-Traeger-Stiftung herausgegebene Studie von KLEMM, K./ROLFF, H.-G./TILLMANN, K.-J.: Bildung für das Jahr 2000 - Bilanz der Reform, Zukunft der Schule, Reinbek 1985.

(9) KLAFKI, W.: Neue Studien zur Bildungstheorie und Didaktik. Weinheim/Basel 1985.

(10) Vgl. BAUMGÄRTNER, F.: Grundeinsichten als Strukturierungsprinzip der Allgemeinbildung. In: Demokratische Erziehung, 1980. S. 420-427; sowie RÜGEMER, W.: Neue Allgemeinbildung ohne Inhalt? In: Demokratische Erziehung, 1980, S. 413-419.

(11) KERN, H./SCHUMANN, M.: Das Ende der Arbeitsteilung? München 1984.

(12) Vgl. RÜGEMER, W.: Das Ende der öffentlichen Schule oder neue Allgemeinbildung. In: Demokratische Erziehung, 1984, H. 7/8, S.45-51, sowie KLEMM/ROLFF/TILLMANN, 1985, a.a.O.

(13) OBERLIESEN, R.: Informationstechnologische Bildung und historisch-genetisches Lernen. In: Log in, 1985, H. 5, S. 25-30; OBERLIESEN, R.: Information, Daten und Signale, Geschichte technischer Informationsverarbeitung, Reinbek 1982.

(14) Vgl. auch RÜGEMER, W.: Grundlinien einer neuen Allgemeinbildung. In: Demokratische Erziehung, 1985, H. 10, S. 30-33.

(15) Vgl. TILLMANN, 1985, a.a.O., S. 140.

(16) Zu den entsprechenden Entwicklungen in anderen Ländern, belegt mit Begriffen wie Computer literacy, Bürgerinformatik u.a. vgl. PESCHKE, R./HULLEN, G./DIEMER, W.R. (Hrsg.): Anforderungen an neue Lerninhalte - Ergebnisse der Fachtagung Mikroelektronik und Schule III, HIBS, Wiesbaden 1984, Bd. 1 sowie BOSLER, U./HAMPE, W. u.a. (Hrsg.): Grundbildung Informatik, Stuttgart 1985.

(17) BUND - LÄNDER - KOMMISSION FÜR BILDUNGSPLANUNG UND FORSCHUNGSFÖRDERUNG: Rahmenkonzept für die Informationstechnische Bildung in Schule und Ausbildung. In: Bildung und Erziehung, 1985, H. 1, S. 123-129.

(18) Vgl. z.B. die konzeptionellen Unterschiede der Rahmenpläne von Bayern und NRW:
BAYRISCHES STAATSMINISTERIUM FÜR KULTUS UND UNTERRICHT (Hrsg.): Gesamtkonzept für die informations technische Bildung in der Schule. München 1985; KULTUSMINISTERIUM DES LANDES NRW (Hrsg.): Neue Informations-und Kommunikationstechnologien in der Schule - Rahmenkonzept, Düsseldorf 1985.

(19) PFEIFFER, H./ROLFF, H.G.: Informationstechnisches Wissen oder praktische Bildung? In: Zeitschrift für Sozialisationsforschung und Erziehungssoziologie, 1985, H. 2; zur Kritik des BLK-Konzepts vgl. weiter auch KELLERSHOHN, H.: Die programmierte Schule - Zur Kritik der Technologisierung der Schule. In: JÄGER/JÄGER, 1985, a.a.O.

(20) PFEIFFER/ROLFF, 1985, a.a.O.

(21) Vgl. HANSEN, K.-H.: Gehören "Neue Technologien" zur Allgemeinbildung? In: Didaktik - Arbeit, Wirtschaft, Technik im Unterricht, 1984, H.19, S. 19-25.

(22) KM NRW, Rahmenkonzept, 1985, a.a.O., S. 16.

(23) Vgl. HENTIG, H.v.: Das allmähliche Verschwinden der Wirklichkeit, München/Wien, 1984, a.a.O. sowie KLEMM/ ROLFF/ TILLMANN, 1985, a.a.O.

(24) Vgl. PFEIFFER/ROLFF, 1985, a.a.O.

(25) vgl. BOSLER/HAMPE, 1985, a.a.O. sowie MENZEL, K./ ZIEGENBALG, J.: Benutzersysteme - Entwicklung und Tendenzen. In: Log in, 1985, H. 1, S. 11-18 und OBERLIESEN, R.: Softwaretools, die neuen Werkzeuge für den Unterricht über Technik und Arbeit? In: GATWU (Hrsg.): Neue Technologien und technisch-ökonomische Bildung, Bad Salzdetfurth 1987.

(26) Vgl. KLEMM/ROLFF/TILLMANN, 1985, a.a.O.

(27) BUND-LÄNDER-KOMMISSION, 1985, a.a.O.

(28) Im Auftrag der Bund-Länder-Kommission erfolgt derzeit beispielsweise in NRW ein Modellversuch, der eine Grundbildung in zwei curricularen Varianten untersucht, vgl. Landesinstitut für Schule und Weiterbildung (Hrsg.): Informations- und Kommunikationstechnologische Grundbildung (GRIN) - Modellversuch Sekundarstufe I, Soest 1985.

(29) Vgl. z.B. MÜLLERT, N.R.: Wenn die Welt auf den Computer zusammenschrumpft. In: Westermanns Pädagogische Beiträge, 1984, H. 9, S.420-425; sowie VOLPERT, W.: Zauberlehrlinge, Weinheim/Basel 1985.

DIE AUTOREN UND HERAUSGEBER

Wolf ANDRE-DEITERT, geb. 1944, Wiss. Ang., Leiter des Audiovisuellen Zentrums, Fachbereich Erziehungswissenschaft der Universität Hamburg.

Jörn BRUHN, geb. 1936, Professor für "Erziehungswissenschaft unter besonderer Berücksichtigung der Didaktik der Physik" am Fachbereich Erziehungswissenschaft der Universität Hamburg.

Bernhard CLAUSSEN, geb. 1948, Dr. phil., Dipl. Päd., Professor für Erziehungswissenschaft am Fachbereich Erziehungswissenschaft der Universität Hamburg.

Hannelore FAULSTICH-WIELAND, geb. 1948, Dr. phil., Dipl. Psych., Professorin am Fachbereich Sozialarbeit der Fachhochschule Frankfurt/Main.

Marianne HORSTKEMPER, geb. 1949, Dr. phil., Dipl. Psych., EDV-Dozentin, Lehrbeauftragte am Fachbereich Erziehungswissenschaft der Universität Hamburg.

Renate LUCA-KRÜGER, geb. 1946, Dr. phil., Dozentin für "Allgemeine Erziehungswissenschaft unter besonderer Berücksichtigung der Medienpädagogik" am Fachbereich Erziehungswissenschaft der Universität Hamburg.

Wolf MARTIN, geb. 1942, Dr. Ing., Professor für Elektrotechnik am Institut für Gewerblich-Technische Wissenschaften (Fachbereich Erziehungswissenschaft) der Universität Hamburg.

Barbara METTLER-MEIBOM, geb. 1947, Dr. phil., Priv. Doz. am Institut für Politische Wissenschaft (Fachbereich Philosophie und Sozialwissenschaften) der Universität Hamburg, Leitung der Projektgemeinschaft "Optionen des Ausbaus der Telekommunikationsinfrastruktur", Hamburg.

Rolf OBERLIESEN, geb. 1940, Dr. paed., Professor für "Erziehungswissenschaft unter besonderer Berücksichtigung der Technikdidaktik" am Fachbereich Erziehungswissenschaft der Universität Hamburg.

Ernst SCHAACK, geb. 1935, Professor für Erziehungswissenschaft am Fachbereich Erziehungswissenschaft der Universität Hamburg.

Anneliese STIEBELING, geb. 1947, Wiss. Ang., Fachbereichsplanerin am Fachbereich Erziehungswissenschaft der Universität Hamburg.

Klaus-Jürgen TILLMANN, geb. 1944, Dr. paed., Dipl. Päd., Professor für "Erziehungswissenschaft - Schulpädagogik, Schwerpunkt: schulische Sozialisation" am Fachbereich Erziehungswissenschaft der Universität Hamburg.

Thomas VOSS-FERTMANNN, geb. 1958, M.A. (Medienwissenschaft), Wiss. Mitarbeiter am Fachbereich Erziehungswissenschaft der Universität Hamburg.

Ralf WITT, geb. 1939, Dr. phil., Dipl. Hdl., Professor für Wirtschaftspädagogik am Fachbereich Erziehungswissenschaft der Universität Hamburg.

Jörn WITTERN, geb. 1930, Dr. phil., Professor für Erziehungswissenschaft am Fachbereich Erziehungswissenschaft der Universität Hamburg.

AUSWAHLBIBLIOGRAPHIE

ANDERS, G.: Die Antiquiertheit des Menschen. Über die Seele im Zeitalter der zweiten industriellen Revolution. München 1956.

ARMBRUSTER, B. u.a.: Neue Medien und Jugendhilfe: Analysen - Leitlinien - Maßnahmen. Neuwied 1984.

BAACKE, D.: Kommunikation und Kompetenz. Grundlegung einer Didaktik der Kommunikation und ihrer Medien. München 1980.

BAETHGE, M. / OBERBECK, H.: Zukunft der Angestellten. Neue Technologien und berufliche Perspektiven in Büro und Verwaltung. Frankfurt/Main 1986.

BAYERISCHES STAATSMINISTERIUM FÜR KULTUS UND UNTERRICHT (Hrsg.): Gesamtkonzept für informationstechnische Bildung in der Schule. München 1985.

BOSLER, U. / HAMPE, W. u.a. (Hrsg.): Grundbildung Informatik. Stuttgart 1985.

BOSLER, U. / HANSEN, K.-H. (Hrsg.): Mikroelektronik, sozialer Wandel und Bildung. Weinheim/Basel 1981.

BRÖDNER, P.: Fabrik 2000. Alternative Entwicklungspfade in die Zukunft der Fabrik. Berlin 1985.

BUND - LÄNDER - KOMMISSION FÜR BILDUNGSPLANUNG UND FORSCHUNGSFÖRDERUNG: Rahmenkonzept für die Informationstechnische Bildung in Schule und Ausbildung. In: Bildung und Erziehung, 1985, H. 1, S. 123-129.

CLAUSSEN, B.: Sozialisation in der Industriegesellschaft, elektronische Massenkommunikation und sozialkundlich-politische Bildung - Tendenzen und Perspektiven im 'Orwellschen

Jahr' und darüber hinaus. In: Kübler, H.-D. (Hrsg.): Jenseits von Orwell. Analysen zur Instrumentierung der Kultur. Frankfurt/Main 1984. S. 36-71.

CRUSIUS, R. / STEBANI, I. (Hrsg.): Neue Technologien und menschliche Arbeit. Hamburg 1984.

EURICH, C.: Das verkabelte Leben. Wem schaden und wem nützen die Neuen Medien. Reinbek 1980.

EURICH, C.: Computerkinder. Wie die Computerwelt das Kindsein zerstört. Reinbek 1985.

FAULSTICH, P.: Arbeitsorientierte Erwachsenenbildung. Frankfurt/Main 1981.

GIESECKE, H.: Das Ende der Erziehung. Neue Chancen für Familie und Schule. Stuttgart 1985.

GIZYCKI, R.v. / WEILER, U.: Auswirkungen einer breiten Einführung von Mikroprozessoren auf die Bildungs-und Berufsqualifizierungspolitik. Battelle-Institut, Frankfurt 1979.

GRANSOW, V.: Der autistische Walkman. Berlin 1985.

GROLLE, J.: Führt die Revolution der Informationstechnik zu einer neuen Bildungskrise. In: Log in - Informatik in Schule und Ausbildung. 1984, H. 2, S. 31-34.

HAEFNER, K.: Die neue Bildungskrise. Herausforderung der Informationstechnik an Bildung und Ausbildung. Basel/Boston/Stuttgart 1982.

HENTIG, H.v.: Das allmähliche Verschwinden der Wirklichkeit. München/Wien 1984.

INGENKAMP, F.-D.: Neue Medien vor der Schultür. Weinheim/Basel 1984.

JANSHEN, D.: Rationalisierung im Alltag der Industriegesellschaft. Frankfurt/Main 1980.

KERN, H. / SCHUMANN, M.: Das Ende der Arbeitsteilung? München 1984.

KEVENHÖRSTER, P.: Politik im elektronischen Zeitalter. Politische Wirkungen der Informationstechnik. Baden-Baden 1984.

KLAFKI, W.: Neue Studien zur Bildungstheorie und Didaktik. Weinheim/Basel 1985.

KLEMM, K. / ROLFF, H.G. / TILLMANN, K.-J.: Bildung für das Jahr 2000. Bilanz der Reform, Zukunft der Schule. Reinbek 1985.

KOFLER, L.: Beherrscht uns die Technik? Technologische Rationalität im Spätkapitalismus. Hamburg 1983.

KREBSBACH - GNATH, C., u.a.: Frauenbeschäftigung und neue Technologien. Sozialwissenschaftliche Reihe des Battelle-Instituts e.V. Bd. 8. München 1983.

KRUEDENER, J.v. / SCHUBERT, K.v. (Hrsg.): Technikfolgen und sozialer Wandel. Zur politischen Steuerbarkeit der Technik. Köln 1981.

KUBICEK, H./ROLF, A.: Mikropolis. Mit Computernetzen in die "Informationsgesellschaft". Hamburg 1985.

KULTUSMINISTERIUM DES LANDES NRW (Hrsg.): Neue Informations-und Kommunikationstechnologien in der Schule - Rahmenkonzept. Köln 1985.

KULTUSMINISTERIUM DES LANDES RHEINLAND-PFALZ (Hrsg.): Handreichung Informationstechnische Grundbildung. Entwurf zur Erprobung im Schuljahr 1985/86. Mainz 1985.

KUNCZIK, M.: Gewalt im Fernsehen. Bonn 1975.

LANDESINSTITUT FÜR SCHULE UND WEITERBILDUNG (Hrsg.): Informations- und Kommunikationstechnologische Grundbildung (GRIN) - Modellversuch Sekundarstufe I. Soest 1985.

LENHARDT, G.: Schule und bürokratische Rationalität. Frankfurt/Main 1984.

LINDNER, R. / WOHAK, B. / ZELTWANGER, H.: Planen, Entscheiden, Herrschen. Vom Rechner zur elektronischen Datenverarbeitung. Reinbek 1984.

LUGER, K.: Medien im Jugendalter. Wien/Köln/Graz 1985.

MALETZKE, G.: Medienwirkungsforschung. Grundlagen, Möglichkeiten, Grenzen. Tübingen 1981.

MARTIN, W. / RAUNER, F. (Hrsg.): Mikroelektronik und Berufliche Qualifikation. Wetzlar 1983.

METTLER - MEIBOM, B.: Soziale Kosten in der Informationsgesellschaft. Überlegungen zu einer Kommunikationsökologie. Frankfurt/Main 1987.

METTLER - MEIBOM, B.: Breitbandtechnologie. Über die Chancen sozialer Vernunft in technologiepolitischen Entscheidungsprozessen. Opladen 1986.

MÜLLERT, N.R. (Hrsg.): Schöne elektronische Welt - Computer-Technik der totalen Kontrolle. Reinbek 1982.

OBERLIESEN, R.: Information, Daten und Signale. Geschichte technischer Informationsverarbeitung. Reinbek 1982.

ORTMANN, G.: Der zwingende Blick. Personalinformationssysteme - Architektur der Disziplin. Frankfurt/Main 1984, 1987^2.

PESCHKE, R. / HULLEN, G. / DIEMER, W.R. (Hrsg.): Anforderungen an neue Lerninhalte - Ergebnisse der Fachtagung Mikroelektronik und Schule HIBS. 3 Bd., Wiesbaden 1984.

POSTMAN, N.: Das Verschwinden der Kindheit. Frankfurt/Main 1983.

PREUSS, U.K.: Bildung und Herrschaft. Beiträge zu einer politischen Theorie des Bildungswesens. Frankfurt/Main 1975.

PREUSS - LAUSITZ, U. u.a.: Kriegskinder - Konsumkinder - Krisenkinder. Zur Sozialisationsgeschichte seit dem Zweiten Weltkrieg. Weinheim/Basel 1983.

RENCKSTORF, K.: Neue Perspektiven in der Massenkommunikationsforschung. Berlin 1977.

ROGGE, J.U.: Heidi, PacMan und die Video-Zombies. Reinbek 1985.

ROLFF, H.-G. / ZIMMERMANN, P.: Kindheit im Wandel. Eine Einführung in die Sozialisation im Kindesalter. Weinheim/Basel 1985.

ROLFF, H.-G./ ZIMMERMANN, P.: Neue Medien und Lernen: Herausforderung, Chancen und Gefahren. Weinheim/Basel 1985.

SAXER, U. u.a.: Die Massenmedien im Leben der Kinder und Jugendlichen. Zug 1980.

SCHMERL, Ch.: Das Frauen- und Mädchenbild in den Medien. Opladen 1984.

SCHORB, B.: Familie am Bildschirm. Neue Medien im Alltag. Frankfurt/Main 1982.

TILLMANN, K.-J.: Die Computerisierung der Schule findet nicht statt. In: Bildschirm, Faszination oder Information. Pädagogisches Jahresheft III des Friedrich Verlages, Seelze 1985.

TURKLE, S.: Die Wunschmaschine. Vom Entstehen der Computerkultur. Reinbek 1984.

ULLRICH, O.: Weltniveau - In der Sackgasse des Industriesystems. Berlin 1979.

ULLRICH, O.: Technik und Herrschaft. Frankfurt/Main 1977.

VOGELHEIM, E. (Hrsg.): Frauen am Computer. Was die neuen Technologien den Frauen bringen. Reinbek 1984.

VOLPERT, W.: Zauberlehrlinge - Die gefährliche Liebe zum Computer. Weinheim/Basel 1985.

WALTER, J.: Lernen mit Computern. Möglichkeiten - Grenzen - Erfahrungen. Düsseldorf 1984.

WEIZENBAUM, J.: Die Macht der Computer und die Ohnmacht der Vernunft. Frankfurt/Main 1978.

WINN, M.: Die Droge im Wohnzimmer. Reinbek 1979.

WITT, R.: Sachkompetenz und Wissenstruktur. Diss. phil. Hamburg 1975.

WITTERN, J.: Mediendidaktik - ihre Einordnung in eine offen strukturierte Entscheidungstheorie des Lehrens und Lernens. 2 Bd., Opladen 1975.

GLOSSAR

(Zusammengestellt von den Autoren und Herausgebern)

ALLGEMEINBILDUNG

Bildung erwerben heißt, daß ein Subjekt in einer Gesellschaft handlungs-, kritik- und genußfähig wird, indem es sich Wissen, Kenntnisse, Fähigkeiten und "Geschmack" einer Kultur aneignet und dabei zugleich eine unverwechselbare Individualität erwirbt. Allgemeinbildung im häufig falsch verstandenen Sinne bezieht sich vor allem auf sprach-literarische Inhalte und grenzt sich als "höhere" Bildung gegen eine (niedere) Berufsbildung ab. Demgegenüber muß betont werden, daß Allgemeinbildung heute technische, ökonomische und politische Inhalte einschließen muß und insofern als eine grundlegende Basis für jede Berufsbildung (für die des Facharbeiters wie die des Akademikers) zu gelten hat.

BETRIEBSSYSTEM

Der Betrieb eines Computers setzt eine bestimmte elektronische Datenverarbeitungseinrichtung (Hardware) aber auch entsprechende Programme (Software) voraus. Hier wird unterschieden zwischen solchen Programmen, die eine bestimmte Anwendung des Computers ermöglichen (z.B. Textverarbeitung, Steuerung einer Maschine o.ä.) und solchen, die unabhängig von diesem speziellen Anwendungsfall zum Betrieb des Computers erforderlich sind (Systemsoftware). Die wichtigste Systemsoftware ist das Betriebssystem. Sie ist fester Bestandteil des Computersystems und bestimmt wesentlich dessen Leistungsfähigkeit. Im allgemeinen wird sie vom Hersteller direkt mitgeliefert.

BUND - LÄNDER - KOMMISSION für Bildungsplanung und Forschungsförderung (BLK)

Um es zu ermöglichen, daß die Bundesregierung trotz des föderalistischen Systems der Bundesrepublik an der Bildungsplanung beteiligt werden kann, wurde 1970 - durch eine vorangegangene Grundgesetzergänzung ermöglicht - die BLK gegründet. Alle Bundesländer sowie die Bundesregierung entsenden Vertreter in diese Kommission. Sie verabschiedete 1973 einen gemeinsam erarbeiteten langfristigen Rahmenplan für die Entwicklung des gesamten Bildungswesens ("Bildungsgesamtplan"). Anregung und Vorbereitung von Bildungsforschung und wissenschaftlicher Forschung von überregionaler Bedeutung gehört zu ihren Aufgaben. Die BLK hat im Dezember 1984 ein Rahmenkonzept zur informationstechnologischen Bildung verabschiedet, das mit diversen Modellversuchen in den Ländern aufgegriffen wurde.

CNC - MASCHINEN

Computergesteuerte Werkzeugmaschinen (Computer numerical control) stellen eine Weiterentwicklung der NC-Werkzeugmaschinen dar. Im Gegensatz zu diesen ist die CNC-Maschinensteuerung mit einem Mikroprozessor ausgerüstet, der es erlaubt, Informationen, die bei der NC-Maschine in Form von vorgefertigten Lochstreifenprogrammen eingegeben wurden, unmittelbar in der Maschine zu speichern und zu bearbeiten. Die Steuerinformationen können jederzeit auf dem Bildschirm dargestellt und direkt verändert werden. Solche Maschinensysteme eröffnen erhebliche Chancen für die Gestaltung von Arbeit: Die Programmierung kann in die Werkstatt verlagert werden (Werkstattprogrammierung).

DATENTECHNIK

Die Datentechnik umfaßt Geräte und Verfahren zur Verarbeitung und Übertragung von Daten. Dabei versteht man unter Daten in maschinenverständlicher Form dargestellte Informationen (vgl. DIN 44 300).

EXPERTENSYSTEM

Ein Expertensystem ist wesentlich mehr als ein Superlexikon. Es besteht aus zwei Teilen, einem Teil, in dem das Faktenwissen abgespeichert ist, und einem Teil, der Schlußfolgerungen aus diesem Wissen ziehen kann. Erprobte Expertensysteme liegen z.B. vor zur Beratung der Ärzte für Entscheidungen bei bakteriogenen Infektionskrankheiten. In einem Dialog erfragt das System Angaben über den Patienten und entwickelt dann Diagnose- und Therapievorschläge.

HANDLUNGSKOMPETENZ

Fähigkeit des Menschen, Wissen und Einsichten in konkreten Situationen auch umsetzen zu können. So ergibt sich aus der Einsicht, bestimmte Interessen zu haben und sie durchsetzen zu wollen, noch nicht automatisch die entsprechende Fähigkeit, Ansprüche anzumelden und Konflikte durchhalten zu können. Handlungskompetenzen werden in der Regel erst in aktuellen "Ernstsituationen" selbst erworben, lassen sich aber auch durch vorweggenommene Simulation (z.B. in der Schule) vorbereiten.

HARDWARE

Ein Computersystem besteht aus Hardware- und Software-Elementen. Die Hardware umfaßt alle gerätetechnischen Teile, d.h. alle dinglichen Funktionseinheiten.

INFORMATIK

In Anlehnung an die amerikanische "computer science" wurde Informatik als neue Disziplin an deutschsprachigen Hochschulen und z.T. auch bereits als Unterrichtsfach an den Schulen (Schwerpunkt Sekundarstufe II) eingeführt. Als Grundlagen der Informatik sind Mathematik und Elektrotechnik anzusehen, darüber hinaus haben sich aber auch eine Reihe von Spezialbereichen konstitutiert (z.B. Betriebs- und Wirtschaftsinformatik, aber auch medizinische, juristische oder linguistische Anwendungsgebiete), die zusammenfassend als angewandte Informatik bezeichnet werden können.

INFORMATIONSGESELLSCHAFT

Der Begriff steht für die Konstitution einer (humaneren) nachindustriellen Gesellschaft, in der Informationen und Informationsdienstleistungen eine zentrale Bedeutung zukommt. Kritiker dieses Konzepts sprechen demgegenüber von einer "informatisierten Gesellschaft", d.h. einer Gesellschaft, die auf den verschiedensten Ebenen stark von Computeranwendungen bzw. der Anwendung der Mikroelektronik geprägt ist. Die Hoffnung auf eine humanere Gesellschaft wird dabei meist als nicht zu rechtfertigende Illusion angesehen.

INFORMATIONSTECHNOLOGISCHE GRUNDBILDUNG

Aus der Auseinandersetzung um den Problemzusammenhang "neue Technologien und Bildungswesen" ergibt sich die Forderung nach einer Grundbildung für alle Lernenden. Diese habe insbesondere zur Aufgabe (Bund-Länder-Kommission, 1984), die auf die veränderte Lebenswirklichkeit der Lernenden bezogenen Erfahrungen aufzuarbeiten und einzuordnen, Kenntnisse über Grundstrukturen anzubahnen und Kenntnisse über Einsatzmöglichkeiten und der Kontrolle neuer Informationstechnologien zu vermitteln. Gegenwärtig finden in verschiedenen Bundesländern Modellversuche zur curricularen und didaktischen Struktur einer informations- und kommunikationstechnologischen Grundbildung mit zum Teil sehr divergierenden Konzeptionen statt.

INFORMATISIERUNG

Jede Verarbeitung von Informationen durch Maschinen erfordert, diese Informationen vorher formal und inhaltlich zu standardisieren. Dadurch erfahren die Ausgangsinformationen generell qualitative Veränderungen. Mit der zunehmenden Verwendung neuer Informations- und Kommunikationstechnologien und der damit einhergehenden Informatisierung könnten sich erhebliche Konsequenzen für die individuelle und gesellschaftliche Kommunikation ergeben.

INTEGRATIONSTECHNOLOGIEN

Die sogen. "neuen" Technologien unterscheiden sich qualitativ erheblich von den "älteren" Techniken. Informations- und Kommunikationstechnologien vermögen nicht nur einzelne Bereiche, sondern nahezu alle Sektoren der Wirtschaft, der Produktion wie auch den gesamten Kultur- und Freizeitbereich zu durchdringen. Gleichzeitig bewirkt dies, daß bisher völlig getrennte Sphären sich untereinander vernetzen, sich neue gesellschaftliche Verhältnisse bis hin zu sich verschiebenden (neuen) Herrschaftsstrukturen, Abhängigkeitsverhältnissen und Machtbalancen ergeben.

KÜNSTLICHE INTELLIGENZ

Bei der künstlichen Intelligenz (Artificial Intelligence) handelt es sich um eine neuere Forschungsrichtung der Informatik, die versucht, die natürliche Intelligenz des Menschen durch entsprechende Computersysteme nachzubilden. Als Hauptprobleme stellen sich hierbei die Vielfalt der menschlichen Sprache (Semantik) dar sowie der assoziative Zugriff des

Menschen zu den in seinem Gehirn vorhandenen Informationen (Assoziativspeicher). Wichtige Teilgebiete dieser Forschungsrichtung sind inzwischen Computer-Sehen, Verarbeitung natürlicher Sprachen, Robotertechnologie und Expertensysteme.

INTERESSE (emanzipatorisches)

Das emanzipatorische Interesse strebt danach, Individuen in den Stand zu setzen, die Bedingtheiten ihres Denkens und Handelns analysieren und erkennen zu können und damit befähigt zu werden, kritische und selbstbestimmte Entscheidungen zu treffen. Im weiteren Sinne zielt emanzipatorisches Interesse darauf, die menschlichen Lebensverhältnisse so zu verändern und zu verbessern, daß politische Herrschaft durch den freien Willen mündiger Bürger mitgetragen und dadurch legitimiert wird.

INTERESSE (technisch - pragmatisches)

Im technisch-pragmatischen Interesse sind Gesichtspunkte der Handhabbarkeit, Funktionalität oder Machbarkeit Hauptkriterien des Handelns. Das technisch-pragmatische Interesse wird oftmals im Gegensatz zum emanzipatorischen Interesse gesehen und in den Zusammenhang eines Profitinteresses gestellt.

INTERFACE (Schnittstelle)

Als Schnittstelle wird jener Punkt eines Computersystems bezeichnet, der einen Übergang zwischen zwei Bereichen darstellt. Es gibt Schnittstellen zwischen Einrichtungen der Hardware (technische Schnittstellen), Schnittstellen zwischen gemeinsam arbeitenden Programmen (Software-Schnittstellen) und Schnittstellen zwischen einzelnen Arbeitsbereichen eines Datenverarbeitungssystems (organisatorische Schnittstelle). Der Gestaltung der Schnittstellen kommt hinsichtlich der Verträglichkeit und des Zusammenwirkens aller Teilsysteme und deren Austausch untereinander (Kompatibilität) eine hohe Bedeutung zu.

ISDN

Mit dieser Kurzbezeichnung (Integrated Services Digital Network) ist ein digitales Fernmeldenetz gekennzeichnet, das verschiedene Übertragungsdienste integriert. Nach den Ausbauplänen der Deutschen Bundespost soll das bisher bestehende (analoge) Telefonnetz digitalisiert und mit dem vorhandenen digitalen Text- und Datennetz (IDN) zum sogenannten ISDN zusammengefaßt werden. Vom Breitband-ISDN wird gesprochen, wenn neben den bisherigen Diensten auch Hörfunk-, Fernseh- und Bildfernsprechübertragungen (Breitbandkommunikation) erfolgen sollen. Dazu ist jedoch ein Ersatz des bisherigen Netzes durch ein Breitbandnetz (z.B. durch Glasfaserkabel) erforderlich.

KOMPETENZ (kommunikative)

Kommunikative Kompetenz bezeichnet die Fähigkeit von Menschen, in wechselnden Situationen ihre eigenen Bedürfnisse zu empfinden und auszudrücken. Kommunikative Kompetenz ist insofern auch die Voraussetzung dafür, sich gegen ungerechtfertigte Macht- und Herrschaftsansprüche zur Wehr zu setzen. Das Erlernen von kommunikativer Kompetenz setzt Erfahrungen autonomen, selbstbestimmten Handelns in wechselnden Situationen voraus.

MASSENMEDIEN

Massenmedien, auch "Massenkommunikationsmittel", sind öffentliche Medien, die regelmäßig und massenhaft ein breitgestreutes Publikum erreichen. Zu den Massenmedien zählen hauptsächlich Buch, Zeitschrift, Zeitung, Hörfunk, Film, Fernsehen und Schallplatte. Massenmedien sind entweder privatwirtschaftlich, öffentlich-rechtlich oder unter staatlicher Kontrolle organsisiert. Die besondere pädagogische Bedeutung erlangen die Massenmedien durch ihren zunehmenden Einfluß auf alle Bereiche menschlichen Zusammenlebens.

MEDIATISIERUNG

Mediatisierung steht als Begriff für die Tatsache, daß sich Erfahrungen bei der Nutzung technischer Medien in ihrer Qualität erheblich ändern. Damit ändern sich ggf. auch ihre Bedeutungen für den einzelnen und auch für gesellschaftliche Gruppen.

MEDIEN

Medien sind Mittel der Kommunikation und Information und im weiteren Sinne Informationsträger bzw. Informationssysteme. In diesem Sinne dienen Medien der Kommunikation zwischen mindestens zwei Partnern. Darüber hinaus kann der Begriff verstanden werden als Manifestation spezieller Informations- und Kommunikationsarten.
Zu den Medien im Kommunikationsprozeß gehört in erster Linie die Sprache. In der Pädagogik sprechen wir von personalen Medien (Lehrer, Eltern, Therapeuten), von Handlungsmedien (Rollenspiele, Bewegung, Theater) und von Sachmedien. Zu den Sachmedien gehören die alten Medien - Tafel, Kreide, Bücher und Karten - ebenso wie die technischen (audio-visuellen) Medien - Tonband, Fernseher und Film. Weiterhin sind dazu nichttechnische Sachmittel zu zählen: Farben, Ton, Materialien aller Art, die besonders im Bereich der affektiven und kreativen Erziehung Verwendung finden.

MEDIEN (neue)

Die Bedeutung des Begriffs "Neue Medien" wird im Zusammenhang verschiedener Verständnisansätze unterschiedlich verwendet. Entgegen weitverbreiteter Gebrauchsformen sollte er nicht für einzelne neue technische Geräte (wie z.B. Videorecorder, Bildplatte, Computer etc.) genutzt werden. Entscheidend ist die Vernetzung von Einzelgeräten (in der Regel durch Kabel), die Steuerung (durch Mikroelektronik) und die Zentralisierung (mittels Großrechner), durch die Informations- und Kommunikationssysteme entstehen, die sich der jeweils neuesten Technologie bedienen. Ging es in der jüngeren Vergangenheit zunächst um Fachinformationssysteme, so finden die hierin verwendeten Technologien heute zunehmend Eingang in die Unterhaltungsindustrie, die Massenkommunikation und den individuellen Kommunikations- und Arbeitsalltag (z.B. Kabelfernsehen, Bestellung von Waren mittels BTX, Computerarbeitsplatz in der eigenen Wohnung usw.). Die gewaltige Dimensionierung dieser Technologien und das anhaltende wirtschaftliche und staatliche Interesse an ihrem Ausbau lassen erahnen, daß es sich hier um die Schaffung einer neuen Informations- und Kommunikationsinfrastruktur handelt.

MEDIENPÄDAGOGIK

Der Begriff wird in Abhängigkeit vom jeweiligen Argumentationszusammenhang unterschiedlich verwendet. Er bezeichnet einerseits einen wissenschaftlichen Forschungs- und Lehrbereich, in dem pädagogisch relevante Aspekte der Massenkommunikation und Fragen der Optimierung von Lehr-Lernprozessen durch Einsatz von Medien thematisiert werden. Andererseits ist Medienpädagogik auch ein Handlungsfeld schulischen und außerschulischen Lernens. Fragestellungen der Medienpädagogik beziehen sich auf Funktionen und Wirkungen der Medien. Medienpädagogische Ziele richten sich auf sinnvolle Verwendung der Medien, die Fähigkeit zur kritischen Rezeption und das Erlernen eigener medialer Ausdrucksmöglichkeiten.

MIKROPROZESSOR

Die Zentraleinheit (engl. Central-Processing-Unit (CPU)) ist das Herz einer Datenverarbeitungsanlage. Sie enthält das Steuerwerk und die arithmetisch-logische Einheit, Speicher, sowie Ein- und Ausgabekanäle. Das Steuerwerk steuert den Programmablauf, die arithmetisch-logische Einheit führt Rechnungen und logische Operationen aus. Diese Einheiten sind heute meistens auf einem Chip, dem Mikroprozessor, untergebracht.

PERIPHERIEGERÄTE

Die Peripheriegeräte eines Computers dienen zur Ein- und Ausgabe von Informationen, d.h. zur Kommunikation mit der Umwelt. Es sind zum einen Geräte zum Informationsaustausch mit Menschen, wie z.B. Bildschirmterminals oder Drucker, und zum anderen Einrichtungen zur Meßwerterfassung (Sensoren) und Beeinflussung von technischen Prozessen (Aktuatoren).

PRODUKTIVITÄT

Produktivität läßt sich allgemein mit Ergiebigkeit übersetzen. In der Volks- und Betriebswirtschaft werden unterschiedliche Arten der Produktivität unterschieden, die bedeutsamste ist die Arbeitsproduktivität. Sie wird gemessen als Produktion je Beschäftigten oder als Produktion je Arbeitsstunde. Durch Rationalisierung wird eine Steigerung der Produktivität angestrebt.

PROGRAMM

Als Programm wird eine aus Befehlen und anderen Anweisungen zusammengesetzte Arbeitsvorschrift für eine Datenverarbeitungsanlage bezeichnet. Programme werden unterschieden je nach Einsatz (Anwendungs- und Systemprogramme) oder nach der verwendeten Programmiersprache (z.B. Basic-Programme), in der sie geschrieben wurden. Als Sammelbezeichnung für mehrere Programme wird auch der Begriff "Software" verwendet.

PROGRAMMIERSPRACHEN

Programmiersprachen dienen zur Formulierung der Lösungsvorschrift eines zu bearbeitenden Problems in einer für den Computer verständlichen Form. Mit Hilfe von Programmiersprachen werden Programme formuliert. Man unterscheidet zwischen maschinenorientierten Sprachen, die auf einen speziellen Computertyp Bezug nehmen, und programmierten Sprachen, die in ihrer Sprachstruktur auf einen Anwendungsbereich zugeschnitten und aufgrund ihrer Standardisierung auf verschiedenen Computern lauffähig sind.

QUALIFIKATION

Der Begriff wird vor allem im Zusammenhang mit der grundsätzlichen bildungspolitischen/bildungsökonomischen Frage verwendet, welchen Bildungsauftrag das Schulwesen gegenüber dem Beschäftigungssystem zu erfüllen hat. Mit dem Qualifikationsbegriff verbindet sich sowohl eine Erwartung an den Ausbildungsbereich zur Vermittlung spezieller Kompetenzen als auch der Anspruch des Beschäftigungssystems auf speziell vorgebildete Arbeitskräfte. Inwieweit beides vom Schulsystem gewährleistet werden kann bzw. sollte, hängt u.a. mit den Einlösungsmöglichkeiten angesichts sich immer mehr spezialisierender Arbeitsbereiche zusammen, vor allem aber mit dem Menschenbild, an dem sich Bildung und Erziehung orientiert. In jedem Fall sollte Qualifizierung in Richtung auf ein Berufsfeld mit dem Ziel einhergehen, zuvörderst multivariat nutzbare Einsichten und Fähigkeiten zu vermitteln und zu gewährleisten, daß sie auf dem Hintergrund selbstbestimmter Lebensplanung kritisch eingeschätzt werden können.

RATIONALISIERUNG

Rationalisierung zielt generell auf die Erhöhung der Wirtschaftlichkeit von betrieblichen Abläufen, sowohl im Produktions- als auch Verwaltungsbereich. Neue Informations- und Kommunikationstechnologien sind Rationalisierungstechnologien, als solche wurden sie entwickelt. In betrieblicher Verwendung sind sie in besonderem Maße geeignet, Personal- und Sachkosten einzusparen, Produktions- und Verwaltungsvorgänge zu beschleunigen und in allen Bereichen Arbeitstätigkeiten zu kontrollieren. Ihr umfassender Einsatz hat daher erhebliche Auswirkungen auf die Beschäftigungsstruktur und die Qualität betrieblicher Arbeit.

RECHNERKONFIGURATION

Je nach Anwendungsbereich können Computersysteme sehr unterschiedlich mit Speichern, Programmen, Peripheriegeräten (z.B. Druckern, Bildschirmen) und Übertragungswegen (z.B. zu anderen Computersystemen) ausgestattet sein. Die Art und Weise des Aufbaus und die grundsätzliche Systemstruktur, die Rechnerkonfiguration (Systemarchitektur) bestimmen dabei die wesentlichen Grundzüge ihrer Eigenschaften.

SCANNERKASSEN

Scannerkassen sind Kassen, die mit speziellen Einrichtungen zur Zeichenerkennung versehen sind (Laserschacht-Fenster, opto-elektronisches Auge). Gewöhnlich werden Etiketten - entweder mit Streifencode oder auch mit Klarschrift bedruckt - gelesen, dabei werden die aktuellen, im Computer gespeicherten Daten für die betreffenden Artikel abgerufen und registriert. Über die eigentliche Kassiertätigkeit hinaus können damit gleichzeitig Arbeitsvorgänge wie z.B. Lagerhaltung, Bestellwesen etc. mit erledigt werden.

SENSOR

Werden Rechner zur Prozeßsteuerung eingesetzt (zum Beispiel für einen Produktionsprozeß), müssen sie die anfallenden Größen dieses Prozesses, wie zur Beispiel Druck, Temperatur oder Weg automatisch erfassen können. Hierzu sind spezielle Meßfühler (Sensoren) erforderlich, die eine Umwandlung der auftretenden Werte in elektrische Signale in einer computerverständlichen Form ermöglichen.

SIMULATION

In der "Simulation" werden besonders interessierende Eigenschaften der Wirklichkeit möglichst genau nachgebildet, mit Modellen Abläufe antizipiert. Dieses Vorwegnehmen von Wirklichkeit anhand von Modellen anstatt mit Objektsystemen ist ein Erkenntnismittel, das nicht nur in der Technik, sondern auch in den Wissenschaften eine weite Verbreitung gefunden hat. Computersimulationsprogramme erlauben heute die modellhafte Bearbeitung hochkomplexer Zusammenhänge.

SOFTWARE

Dieser Begriff ist bedeutungsgleich mit Programmen. Er bezieht sich generell auf die nicht-physischen Teile eines Computers. Software wird damit abgehoben von der Hardware, der Gesamtheit der physischen Bestandteile des Computers wie den miniaturisierten Halbleiterelementen. Es wird unterschieden zwischen Systemsoftware, die zum wirtschaftlichen Betrieb des Computers erforderlich ist, und Anwendersoftware, die bestimmte Aufgabenbearbeitungen wie z.B. Textverarbeitung ermöglicht.

SOZIALISATION

Sozialisation bezeichnet die Gesamtheit aller Lernprozesse, wobei Lernen als gesellschaftlich vermittelt, durch Gesellschaft geprägt und auf Gesellschaft bezogen gedeutet wird; insbesondere bedeutet Sozialisation die Tradierung, Erschließung und Modifikation von gesellschaftlichen Werten und Verhaltensmustern auf dem Wege von Prägung und Eigenaktivität im Lernprozeß.

SPEICHER

Hierunter wird jedes Medium verstanden, das Daten aufnehmen, aufbewahren und wieder abgeben kann. Die wichtigsten Speicher eines Computersystems sind Arbeitsspeicher und externer Speicher. Der Arbeitsspeicher (Zentralspeicher, Hauptspeicher) dient dazu, Daten und Programme aufzunehmen, die aktuell bearbeitet werden. Externe Speicher wie Magnetdiskette, Magnetplatte oder Magnetband dienen mehr der "Vorratshaltung".

SYSTEMANALYSE

Systemanalyse, auch Systemplanung, Systementwicklung oder mit dem englischen Begriff "system engineering", bezeichnet einen wichtigen Arbeitsbereich in der automatisierten Datenverarbeitung. Hier werden die Voraussetzungen für den Einsatz von Datenverarbeitungssystemen untersucht, die zu erledigenden Aufgaben, die Bedingungen und Abläufe sowie die produzierten Ergebnisse betrachtet (Ist-Analyse). Die so ermittelten Strukturen werden dann in ein Soll-Konzept für die maschinelle Verarbeitung gebracht. Daraus werden die Vorgaben für die Programmentwicklung abgeleitet.

TAYLORISIERUNG

Taylorisierung der Arbeit bezeichnet unterschiedliche Rationalisierungs- und Intensivierungsstrategien der Lohnarbeit. Der Begriff geht zurück auf den amerikanischen Ingenieur Frederick W. TAYLOR (1856-1915), der als Pionier der Arbeitswissenschaft gilt. Er entwickelte ein System der "wissenschaftlichen Betriebsführung", das die Zergliederung des Arbeitsablaufs in einzelne Elemente als ökonomischste Form der Arbeit propagierte. Die Einführung von Zeitnormen, Akkordsystemen und Auslesemethoden nach seinem System sollte den ökonomischen Erfolg steigern. Trennung von Kopf- und Handarbeit wurde als Prinzip gefordert, harmonische Kooperation sollte durch Motivationsstudien und Bonus-Systeme gesichert werden.

TECHNIKAKZEPTANZ

Eine mangelnde Technikakzeptanz wurde besonders in der Diskussion um eine angeblich vorhandene beziehungsweise zunehmende "Technikfeindlichkeit der Jugend" mit dem Beginn der 80er Jahre beklagt. Gegenwärtig wird dazu befürchtet, daß eine "ganze Generation von Computer-Analphabeten", entlassen in die Arbeitswelt, eine mangelnde Akzeptanz neuer Technologien am Arbeitsplatz hervorrufen könne, was mittelfristig bedeutende Auswirkungen auf die internationale Wettbewerbsfähigkeit und die gesamte Volkswirtschaft habe. In der Folge dieser Begründungskontexte gerät das Bildungssystem unter einen einseitig ökonomisch begründeten Handlungsdruck.

TELEARBEIT

Die neuen Informations- und Kommunikationstechniken bieten (mittels neuer Fernmeldenetze und neuer Endgeräte wie z.B. Personal-Computer) die Möglichkeit, Arbeit räumlich zu dezentralisieren, ohne die betriebliche Anbindung aufzugeben: Telearbeitsplätze, ob zu Hause (Teleheimarbeit) oder in

Büros, lassen sich unmittelbar an die betriebliche Datenverarbeitung anbinden.
Mit der Einführung von Telearbeit sind nicht unerhebliche soziale und psychische Konsequenzen verbunden, die bei der Bewertung der Wünschbarkeit derartiger Arbeitsplätze mitberücksichtigt werden müssen: so z.B. die potentielle ständige Verfügbarkeit der Arbeitnehmer durch Zusammenfallen von Arbeitsplatz und Wohnbereich, Vereinsamung und Vereinzelung durch den Wegfall sozialer Kontakte zu Kollegen, Störung des häuslichen Zusammenlebens usw.

UNTERRICHTSTECHNOLOGIE

Mit Unterrichtstechnologie wird eine spezifische didaktische Richtung bezeichnet, die sich dem Zusammenhang des Einsatzes von Lehr- und Lernmedien im Unterricht widmet zum Zwecke der Objektivierung von Lehrfunktionen bis hin zur systematischen Planung, Steuerung, Überprüfung und Veränderung von Lehr- und Lernprozessen mit Hilfe technischer Medien. Derartige didaktische Ansätze sind vor allem im Zusammenhang mit dem sog. "Computerunterstützten Unterricht" in der pädagogischen Diskussion als für die Schule nur in wenigen ausgewählten Teilbereichen sinnvoll einzusetzen erachtet worden, da weder die sozialen Funktionen des Lehrers noch z.B. persönliche Wärme, situationsbezogenes Handeln u.a.m. durch Apparate ersetzbar sind.

WIRKUNGSFORSCHUNG

Die Wirkungsforschung untersucht die Wirkungsweisen der Massenmedien, speziell ihre Wirkung auf Kinder und Jugendliche. Drei Richtungen der Wirkungsforschung sind dabei zu unterscheiden: Die erste beschäftigt sich mit den physischen Folgeerscheinungen (gesundheitliche Schäden bei nicht voll entwickelten Kindern und Jugendlichen), die zweite mit den psychischen Einflüssen (Art und Umfang des Verstehens von Medienaussagen, Erlebnisqualitäten während des Konsums, geistige und psychische Verarbeitung des Materials) und die dritte mit den sozialen Wirkungen der Massenmedien (politische Meinungen, moralisches Urteil, soziales Verhalten). Wirkungsforschung als quantitative Rezeptionsforschung wird zunehmend kritisiert und vermehrt durch qualitative Forschung (Lebenswelt- und Biographieforschung) ergänzt bzw. ersetzt.